Angela Jurkat

Apokalypse –

Endzeitstimmung in Kunst und Literatur des Expressionismus

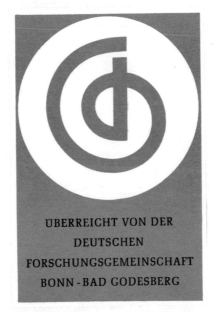

VDG 1993

Die Deutsche Bibliothek – CIP-Einheitsaufnahme

Jurkat, Angela:

Apokalypse : Endzteitstimmung in Kunst und Literatur des
Expressionismus / Angela Jurkat. - Alfter : Verl. und Datenbank für
Geisteswiss., 1993
    Zugl.: Bonn, Univ., Diss., 1993
    ISBN 3-929742-21-7

030067154

Meiner akademischen Lehrerin und "Doktormutter" Frau Professor Dr. Maria Moog-Grünewald möchte ich an dieser Stelle sehr herzlich Dank sagen für all ihre wertvollen geistigen Anregungen, die umsichtige Betreuung der vorliegenden Dissertation und die fachliche und menschliche "Rückenstärkung" während meines gesamten Studiums. Mein Dank gilt zudem Herrn Prof. Dr. Gunter Schweikhart für seinen freundlichen Rat und seine Bereitschaft, diese Studie aus der Sicht des Kunsthistorikers zu begutachten, sowie Frau Dr. Silke Tammen, die in einem ausführlichen konstruktiven Gespräch ebenfalls ihr Interesse an meiner Arbeit bekundet hat.

Inhaltsverzeichnis

Einleitung

"Apokalypse": - Neunzehn Jahrhunderte sind vergangen, seit Johannes von der griechischen Insel Patmos aus sein Buch in die Zeit warf, um, erregt von fieberndem Wissen, der Menschheit ihren Untergang und das Ende aller Zeiten vor Augen zu führen, sobald die Mächte des Bösen entsiegelt seien. Und dieses Ende - so habe ihm der Sohn Gottes selbst offenbart - sei nahe; denn die Verderbtheit auf Erden müsse gesühnt werden. Zugleich jedoch ließ er in seiner Schrift über dem dunklen Abgrund auch ein Licht der Hoffnung aufleuchten, das dem geläuterten Menschen letztlich Erlösung durch Gottes Gnade verheißt.

Über Jahrhunderte hinweg hat diese "Offenbarung" sowohl mit ihrer drohenden Ankündigung des Weltendes als auch mit ihrer Heilsverheißung nicht nur das abendländische Denken und damit das religiöse und ethische Empfinden der gesamten Christenheit geprägt, sondern auch die feste Vorstellung einer von Gott bestimmten Geschichte.

In dem gleichen Maße aber, wie sich der Mensch im Laufe der Jahrhunderte immer selbstbewußter auf seine eigenen geistigen Fähigkeiten verließ und nach Autonomie strebte, veränderte sich auch sein Geschichtsverständnis. So unterscheidet sich das neuzeitliche Geschichtsdenken vom mittelalterlichen im Wesentlichen dadurch, daß es das permanente Fortschreiten auf ein Ziel hin nicht mehr Gottes Heilsplan, sondern der Entwicklung der menschlichen Vernunft zuschreibt. Durch diese neue Geschichtsauffassung - vor allem aber durch die Maxime der Aufklärung - hat auch das Apokalypse-Verständnis eine grundlegende Veränderung erfahren. Lessing vollzieht bereits im Jahre 1780 mit seinem Werk "Die Erziehung des Menschengeschlechts" den ersten Schritt zur vollständigen Säkularisierung der Offenbarung, wenn er schreibt: "Erziehung gibt dem Menschen nichts, was er nicht auch aus sich selber haben könnte. (...) Also gibt auch die Offenbarung dem Menschen nichts, worauf die menschliche Vernunft, sich selbst überlassen, nicht auch kommen könnte."[1] Das

---

1   G. E. Lessing: Die Erziehung des Menschengeschlechts. In: Lessings Werke. 5 Bde. Hrsg. von F. Bornmüller, Leipzig (o.J.), Bd. 5, S. 627.

heißt mit anderen Worten: Die Offenbarung der letzten und eigentlichen Bestimmung des Menschen und der Welt entspringt nicht der geheimnisvollen Sphäre numinoser Weisheit und Allmacht, sondern vollzieht sich auf der Ebene rationaler Erkenntnis- und Einsichtsfähigkeit. Auch bedürfen wir auf dem Wege zum Heil und zur vollendeten Menschwerdung nicht zwingend der göttlichen Gnade oder religiösen Führung, da wir dank unseres autonomen Geistes selbst zu unserer höchsten Vervollkommnung gelangen können, und zwar durch "völlige Aufklärung" und "moralische Reinigkeit des Herzens, die uns die Tugend um ihrer selbst willen zu lieben fähig macht. (...) Sie wird kommen, sie wird gewiß kommen, die Zeit der Vollendung."[2]

Eine Folge der Thesen der Aufklärung war, die periodisch wiederkehrenden Menschheitskatastrophen als Phänomene auf- und absteigender Entwicklungsphasen zu sehen, die sich in der Retrospektive analysieren lassen und somit durchschaubar werden. Der "aufgeklärte" Mensch weigerte sich fortan, sie abergläubisch als eine mythische Grunderfahrung zu begreifen oder als Strafe Gottes für die Verdorbenheit seiner Geschöpfe schauervoll hinzunehmen. Seinem emanzipierten Selbstbewußtsein schien es gemäßer, sie entweder als wissenschaftlich nachweisbare kosmische Unfälle zu betrachten oder sie als folgenschwere, durch menschliches Versagen verursachte Fehlentwicklungen zu interpretieren. Der Schrecken verlor somit seine numinose Gewalt, so viel er auch sukzessive an diesseitiger Intensität zunahm. Mit der Erfindung der Atomspaltung hat er heute seinen endgültigen Höhepunkt erreicht: In ihrem Drang nach Omnipotenz hat sich die Menschheit die Möglichkeit der Sprengung des Erdballs und damit der totalen Selbstvernichtung verschafft.

Während die Epochen vor dem Atomzeitalter das Ende aller Zeiten immer als ein relatives angesehen und auf ein besseres "Danach" gehofft haben, erscheint in der Gegenwart die Apokalypse als absolutes Weltende, als endgültige Zerstörung allen Seins. Damit hat der Apokalypse-Begriff inhaltlich einen eindeutig negativen Aspekt erhalten, der, jegliche Hoffnung ausschließend, seine ursprüngliche Bedeutung nicht mehr erfaßt.

Der Abgrund, vor dem wir heute stehen, läßt uns die Augen vor der Apokalypse verschließen, weil wir das Ausmaß ihrer möglichen Di-

---

2   Ebenda, S. 629.

mension nicht ertragen können. Wir stellen uns blind, leben in den Tag hinein, als ob der Untergang unmöglich sei, und erweisen uns damit als "Analphabeten der Angst".[3]

Diese Haltung hindert uns daran, in der Angst den Impetus alles apokalyptischen Denkens zu erkennen. Sie versperrt aber auch den Zugang zu den dem historischen Wandel unterworfenen Apokalypse-Deutungen der Vergangenheit.

Als literarisches Phänomen betrachtet, gehört die Apokalypse des Johannes zu einer Gattung religiöser Schriften, die - zum Teil älter als sie - "eine Eschatologie ausgebildet haben" und "von den Geheimnissen des Weltlaufs in der Weise handeln, daß sie auf Grund einer dualistischen Weltauffassung die Zerstörung dieser Welt -

$$\text{ὁ αἰὼν οὗτος} -$$

als Voraussetzung für eine visionär geschaute zukünftige Welt -

$$\text{ὁ αἰὼν μέλλων} -$$

betrachten."[4]

Gelöst aus diesem ursprünglich religiösen Kontext wurde sie im Zuge der Säkularisierung aber auch zunehmend als Ausdruck eines sich zwischen Verzweiflung und Hoffnung bewegenden Daseinsgefühls gedeutet, das besonders in einschneidenden Krisenzeiten immer wieder zur Ausformung drängte, insbesondere in der Kunst und Literatur im weitesten Sinne. Dieser Aspekt der Apokalypse ist gerade in den letzten Jahren Gegenstand zahlreicher wissenschaftlicher Studien mit ganz verschiedenen methodologischen Ansätzen geworden. Hervorzuheben sind hier insbesondere die Arbeiten von Max P. Maas[5], Klaus Vondung[6] und Paul Konrad[7], sowie die kunsthistorischen und philosophischen Beiträge des anläßlich des 100. Geburtstages von Ernst Bloch erschienenen Ausstellungskataloges mit dem Titel

---

3   G. Anders: Über die Bombe und die Wurzeln der Apokalypse-Blindheit. In: Ders.: Die Antiquiertheit des Menschen. Über die Seele im Zeitalter der zweiten industriellen Revolution. München 1980, S. 265.

4   D. Gutzen: Zur Poesie der Offenbarung des Johannes. In: G. R. Kaiser (Hrsg.): Poesie der Apokalypse. Würzburg 1991, S. 36.

5   M. P. Maas: Das Apokalyptische in der modernen Kunst. München 1965.

6   K. Vondung: Die Apokalypse in Deutschland. München 1988.

7   P. Konrad: Apokalyptische Zeit. Zur Literatur der mittleren 80-er Jahre. Frankfurt am Main, 1987.

9

"Apokalypse. Ein Prinzip Hoffnung?"[8] Die Intentionen und Ergebnisse der Autoren sind freilich verschieden: Während beispielsweise K. Vondung in seiner Untersuchung vor allem der Frage nachgeht, warum die Apokalypse während der letzten zweihundert Jahre insbesondere in Deutschland "Konjunktur hatte und noch hat", angefangen bei den "Geschichtsspekulationen der Pietisten im 18. Jahrhundert bis hin zur Postmoderne"[9], konzentriert sich M. P. Mass zwar ausdrücklich auf den Bereich der modernen Kunst, glaubt jedoch, gerade hier eine ganz allgemeine, die nationalen Grenzen überschreitende Tendenz zur apokalyptischen Weltsicht nachweisen zu können. Zweifelsohne unter dem Schock des 2. Weltkrieges und des atomaren Holocaust in Hiroshima stellt er dabei fast ausschließlich die Untergangsvisionen der einzelnen Künstler in den Mittelpunkt seiner Betrachtungen, während dagegen die Beiträge des Ernst Bloch verpflichteten Ausstellungskataloges darüber hinaus auch die Frage nach dem Prinzip Hoffnung aufwerfen. Speziell auf dem Gebiet der Literaturwissenschaft bieten vor allem die Untersuchungen in den Sammelbänden "Apokalypse. Weltuntergangsvisionen in der Literatur des 20. Jahrhunderts"[10] und "Poesie der Apokalypse"[11] wertvolle Erkenntnisse hinsichtlich der zahlreichen dichterischen Ausformungen apokalyptischer Vorstellungen und Visionen, wie sie im Verlaufe der Geschichte entstanden sind.

Obgleich inzwischen die gründliche Erforschung der expressionistischen Epoche weit vorangeschritten ist, steht aber eine umfassendere Aufarbeitung des Expressionismus unter dem Aspekt endzeitlicher Vorstellungen, zumal in einer Zusammenschau von bildender Kunst und Literatur, bisher noch aus. Die vorliegende Arbeit mag einen Bei-

---

8   R. W. Gassen u. B. Holeczek (Hrsg.): Apokalypse. Ein Prinzip Hoffnung? Ernst
    Bloch zum 100. Geburtstag. Heidelberg 1985. - Hinsichtlich der Endzeit-
    vorstellungen in der expressionistischen Epoche ist hier besonders auf den Aufsatz
    von R. W. Gassen "Der Untergang der Titanic" und den darin enthaltenen Beitrag zu
    Beckmanns frühen Gemälden hinzuweisen.

9   K. Vondung: Die Apokalypse in Deutschland. A. a. O., S. 1.

10 G. E. Grimm, W. Faulstich u. P. Kuon (Hrsg.): Apokalypse. Weltuntergangsvisionen
    in der Literatur des 20. Jahrhunderts. Frankfurt am Main 1986.

11 G. R. Kaiser (Hrsg.): Poesie der Apokalypse. Würzburg 1991.
    Dieser Sammelband ist aus der achten Tagung der "Deutschen Gesellschaft für
    Allgemeine und Vergleichende Literaturwissenschaft" hervorgegangen, die vom 30.
    Mai bis 1. Juni 1990 in Wien stattfand.

trag dazu leisten, diese Lücke zu füllen. Dabei soll auch dem geistesgeschichtlichen Hintergrund gebührende Beachtung zuteil werden.

Ein Ziel dieser Studie wird daher der Versuch sein, mit Hilfe der bereits vorliegenden Forschungsergebnisse die für die Untersuchung der expressionistischen Endzeitstimmung wichtigen Aspekte der Apokalypse zu verdeutlichen. Diese werden einige grundsätzliche Anhaltspunkte bieten, an denen sich die apokalyptische Kunst und Dichtung dieser Avantgarde messen läßt. Findet hier "nur" eine verbreitete Endzeitstimmung ihren künstlerischen Ausdruck, oder spiegeln die Bilder und Gedichte mehr wider?

Ausgehend von der These, daß extreme Krisensituationen die Angst vor dem Untergang schüren, wird der kausale Zusammenhang zwischen den Auswüchsen und dem Niedergang der wilhelminischen Gesellschaftsordnung, der ausufernden Industrialisierung und dem endzeitbestimmten Daseinsgefühl der expressionistischen Bewegung zu untersuchen sein. In diesem Zusammenhang stellt sich die Frage, wie die zeitgenössischen Avantgarden des Auslands künstlerisch auf die Umbruchsituation reagieren, in der sich Europa seit der Jahrhundertwende befindet.

Eine Abgrenzung des französischen Kubismus und italienischen Futurismus vom deutschen Expressionismus soll die Übereinstimmungen, vor allem aber auch neben den ästhetischen die ideologischen Divergenzen dieser drei Bewegungen deutlich machen.

Die immense Fülle des vorhandenen Materials gebietet eine konsequente Beschränkung bei der Auswahl der Werke: Fast jeder Maler, jeder Dichter des Expressionismus hat Endzeitstimmung oder Untergangsvorstellungen in sein Œuvre einfließen lassen. Bereits die Titel vieler Gedichte, Bilder, Anthologien usw. verweisen auf die apokalyptische Weltsicht der Expressionisten. Eine Gegenüberstellung ausgewählter Beispiele aus Malerei und Literatur soll zunächst einen Eindruck von der Vielfalt der besonderen Ausdrucksmöglichkeiten beider Kunstgattungen geben, wobei sich die Frage aufdrängt, ob und inwiefern diese Werke tatsächlich der Intention ihrer Urheber entsprechen, die traditionellen ästhetischen Normen zu durchbrechen und Neues zu schaffen.

Eine Untersuchung der Motive, an die sich inhaltliche Aussagen knüpfen lassen, kann Aufschluß über Gemeinsamkeiten und Unterschiede im individuellen Daseinsgefühl der jeweiligen Künstler geben. So wird dem Großstadterlebnis ein ganzes Kapitel eingeräumt, weil es am deutlichsten das von Endzeitgewißheit geprägte Weltverständnis der Expressionisten kennzeichnet. Die Erwartung einer gewaltigen Katastrophe findet ihren künstlerischen Ausdruck in der Großstadtlyrik und -malerei. Ahnten die Künstler den Weltkrieg bereits Jahre vor seinem Ausbruch? Der Maler Ludwig Meidner blickte sogar weiter: Bereits 1912 antizipierte er seine grauenvollen Auswirkungen.

Ausgehend von der Erfahrung des Verlustes der Transzendenz, jenes "Abgrunds aller Abgründe", der "so stark an den Menschen" der Moderne "saugt" und "reißt"[12], wird ein weiteres Kernstück dieser Arbeit die Auseinandersetzung mit der Problematik des Realitäts- und Ich-Zerfalls und ihrer ästhetischen Umsetzung in den Werken der expressionistischen Kunst und Literatur sein.

Mit der Kriegsthematik im Expressionismus und mit dem Problem der Kriegsbewältigung werden sich die letzten beiden Kapitel auseinandersetzen. Der Weg von Angst und Sehnsucht über Begeisterung und Ernüchterung bis hin zum Zusammenbruch und zu neuer Hoffnung war für die meisten Expressionisten ein dornenreicher. Viele konnten ihn nicht bis ans Ende gehen. Sie wurden Opfer der vom Menschen in Gang gesetzten Kriegsmaschinerie.

---

12 W. von Bredow/Th. Noetzel: Lehren des Abgrunds. Politische Theorie für das 19. Jahrhundert. Münster 1991, S. 33.

I. Apokalypse - Beschreibung und Bestimmung eines Phänomens

1. Der Bedeutungswandel des Begriffs "Apokalypse". Versuch einer weitgefaßten Definition

Apokalyptische Daseinserfahrung und Endzeitvorstellungen haben ihren Ursprung in der Erwartung des Untergangs der gegenwärtigen Welt. Diese Erwartung ist Ausdruck eines Krisenbewußtseins, das einer tiefgreifenden Angst- und Ohnmachtserfahrung entspringt.

Immer wieder hat es im Laufe der Geschichte Zeiten des Niedergangs gegeben, die eine allgemeine, zunehmende Verschlechterung der Existenzbedingungen des Menschen mit sich brachten: Kriege, Vertreibungen, Seuchen, Naturkatastrophen, Auslöschung ganzer Völker und Kulturen, Glaubenskrisen und zusammenstürzende Weltreiche riefen Schreckensvorstellungen vom Ende dieser Welt und damit der gesamten Menschheit hervor.

Fast immer beinhalteten die Vorstellungen vom drohenden Untergang der alten diesseitigen Welt aber gleichzeitig auch die Hoffnung auf eine neue, paradiesische Welt im Jenseits, in die der nach einem großen Weltgericht geläuterte Mensch eingehen darf. Solche aus der Vision gewonnenen Erfahrungen wurden bereits in vorchristlicher Zeit schriftlich niedergelegt, und einige dieser alten Schriften, vor allem die jüdischen des Alten Testaments, sind uns erhalten. Von den christlichen ist die neutestamentarische Johannesoffenbarung die bekannteste und sprachlich ausgeformteste. Man bezeichnet diese Schriften als Apokalypsen (apokálypsis = Enthüllung, Offenbarung).

Ursprünglich im Religiösen verankert, verweisen sie stets auf ein Gottesreich jenseits der gegenwärtigen Welt, das sich den empirischen und rationalen Erkenntnismöglichkeiten des Menschen entzieht. Die verschiedenen Apokalypsen, vor allem die jüdischen und christlichen, werden als literarische Gattung seit dem 19. Jahrhundert unter dem Begriff "Apokalyptik"[13] zusammengefaßt.

Diese rein literarische Betrachtungsweise wird von Theologen und Religionswissenschaftlern heute weitgehend abgelehnt. Sie gehen viel eher davon aus, daß man dem Phänomen Apokalypse/Apokalyptik durch ein Auseinanderreißen von Form und Inhalt nicht gerecht wird und geben daher einer Definition den Vorzug, die formale, inhaltliche, historische und religionssoziologische Aspekte gleichermaßen berücksichtigt. Danach sind Apokalypsen durch folgende Merkmale gekennzeichnet[14]:

- Vorstellung eines linearen, mehr oder weniger periodisierten Geschichtsverlaufs, dessen Ende prophezeiht wird
- eine pessimistische Weltbetrachtung
- Jenseitsvorstellungen
- Polarisierung von Gut und Böse
- Unheils- und Heilserwartung
- Esoterisches Wissen um apokalyptische Vorgänge auf Grund von Offenbarungen und Visionen
- Voraussetzung einer krisenhaften Unheilssituation, deren Bewältigung zugleich Ursache und Ziel der Apokalypse ist
- Ankündigung einer Weltkatastrophe bei gleichzeitiger Verheißung einer besseren Welt

Als literarische Gattung betrachtet, sind Apokalypsen Visions- und Offenbarungsschriften, die - oft in Form einer Rahmenerzählung - von

---

13 Der Begriff "Apokalyptik", der sich von der Überschrift der Johannesapokalypse herleitet, wurde 1832 von dem Theologen F. Lücke geprägt. Vergl. dazu: F. Lücke: Versuch einer vollständigen Einleitung in die Offenbarung des Johannes oder Allgemeine Untersuchungen über die apokalyptische Literatur überhaupt und die Apokalypse des Johannes insbesondere. Bonn 1832, S. 852

14 Zur weiteren Information sei hier auf die Sammlung theologischer und religionswissenschaftlicher Beiträge anläßlich des Apokalyptik-Kolloquiums (Uppsala 1976) hingewiesen, erschienen in:
D. Hellholm (Hrsg.): Apocalypticism in the Mediterranean World and the Near East. Uppsala 1979, Tübingen 1983.
Darin z. B.: J. Carmignac: Description du phénomène de l'Apocalyptique dans l'Ancien Testament. S. 163-170;
L. Hartman: Survey of the Problem of Apocalyptic Genre. S. 495-530, und 31 weitere Beiträge.
Vergl. auch K. Koch: Ratlos vor der Apokalyptik. Eine Streitschrift über ein vernachlässigtes Gebiet der Bibelwissenschaft und die schädliche Auswirkung auf Theologie und Philosophie. Gütersloh 1970, S. 15.

Himmelsreisen, Jenseitsschau, Weltgericht u. ä. berichten und gekennzeichnet sind durch eine Fülle teils tradierter Metaphern und Symbole, die einer Interpretation bedürfen. Die meist pseudonymen Verfasser geben sich als autorisierte bzw. legitimierte Visionsempfänger zu erkennen.

Beide Begriffe, "Apokalypse" und "Apokalyptik", werden heute jedoch auch in ihrer erweiterten Bedeutung verwendet: "Apokalypse" als Gleichsetzung mit "Weltende" und "Apokalyptik" als die Vorstellung vom Weltende sowie deren Ausformung in Kunst und Literatur, in geschichtsphilosophischen Entwürfen, politischen Ideologien oder Utopien. Weltende und Endzeit sind nun auch nicht mehr zwingend von Gott bewirkt, sondern das Ende eines geschichtlichen Prozesses oder einer Ära, die der Mensch weitgehend selbst zu verantworten hat. Apokalyptik läßt sich also als eine geschichtliche Erscheinung auffassen, die man im weitesten Sinne zu erklären versuchen kann; man kann sie aber auch als den Ausdruck eines bestimmten Existenz- und Weltverständnisses begreifen, das auf vielfältige Weise seinen Niederschlag findet.

Die Frage, ob und womit eine derartige Säkularisierung zu legitimieren ist, kann im Rahmen dieser Studie nicht erörtert werden. Einige Literaturhinweise zu diesem Thema mögen hier also genügen[15].

2. Weltangst als Ursache der apokalyptischen Weltsicht

Eine Ursache für apokalyptische Vorstellungen ist sicherlich die Angst. Diese Angst ist aber mehr als nur die Wahrnehmung konkret benennbarer Bedrohung, sondern ein Modus, Welt zu erfahren. Man kann sie daher als "Weltangst" bezeichnen. Der Theologe U. H. K.

---

15 Vergl.: F.A.B.N. Nitzsch: Lehrbuch der evangelischen Dogmatik. Tübingen 1912, S. 718.
M. Scheler: Der Friede unter den Konfessionen. In: Gesammelte Werke. Bern u. München 1955ff., Bd. 6, S. 251.
E. Bloch: Das Prinzip Hoffnung. Frankfurt a.M. 1967, Bd.III, S. 1611.
K. Mannheim: Ideologie und Utopie. Frankfurt a.M. 1985, S. 194.
K. Vondung: Die Apokalypse in Deutschland. München 1988, S. 49ff.
H. Blumenberg: Die Legitimation der Neuzeit. Frankfurt am Main 1966, S. 73.

Körner macht darauf aufmerksam, daß dieser Begriff erst im 20. Jahrhundert geprägt wurde und auf Oswald Spengler zurückgeht: In seinem geschichtsphilosophischen Werk "Der Untergang des Abendlandes"[16] spielt er eine zentrale Rolle[17]. Die seither immer wieder vor allem von der Theologie, Philosophie und Psychologie[18] thematisierte Weltangst ist nicht in erster Linie als Angst um den Bestand der Welt, nicht als Angst vor einer Katastrophe globalen Ausmaßes, die den Weltuntergang bewirkt, sondern als die Angst vor dem Dasein in der Welt zu verstehen. Es ist nicht irgendeine Gefahr für die Welt, die die Angst auslöst, sondern es ist die Welt selbst, die ängstigt. In der Weltangst erscheinen Welt und Dasein in gleichem Maße fremd, dunkel und unheimlich.

Häufig wird Weltangst als apokalyptisches Daseinsgefühl des 19. und besonders des 20. Jahrhunderts beschrieben; sie geht nach Spengler jedoch viel weiter zurück. Für ihn erwacht die Weltangst in dem Moment, in dem der Mensch den Gegensatz von sich selbst und der Welt erfährt: "Hier, in diesem bescheidenen Punkt des Daseins, wo der Mensch erst zum Menschen wird und seine Einsamkeit im All kennen lernt, enthüllt sich die Weltangst als die rein menschliche Angst vor dem Tode, der Grenze in der Welt des Lichts, dem starren Raum."[19] Diese Erfahrung grenzenloser Einsamkeit, der Horror vacui, das "Erlebnis, inmitten der Unendlichkeit einsam und verlassen zu sein"[20] ist nicht nur ein Gefühl, von dem der einzelne Mensch ergrif-

---

16 O. Spengler: Der Untergang des Abendlandes. Umrisse einer Morphologie der Weltgeschichte. Bd. I: Gestalt und Wirklichkeit. München 1918, S. 107.

17 Vergl.: U. H. K. Körner: Weltangst und Weltende. Eine theologische Interpretation der Apokalyptik. Göttingen 1988, S. 88f. Der Autor vermittelt zudem vom theologischen Standort aus wichtige Einsichten in den Problemkomplex "Weltangst".

18 Vergl. außerdem zum Thema "Angst": H. v. Ditfurth (Hrsg.): Aspekte der Angst (Starnberger Gespräche 1964), München 1981.
    S. Freud: Vorlesungen zur Einführung in die Psychoanalyse. Studienausgabe, Bd. I, Frankfurt a.M. 1970, S.380-397. 25. Vorlesung.
    M. Heidegger: Sein und Zeit. Tübingen 1979, S. 184ff.
    S. Kierkegaard: Der Begriff Angst. GW, 11. Abt., Übers. v. E. Hirsch u. H. Gerdes. Gütersloh 1981
    A. Künzle: Die Angst als abendländische Krankheit, dargestellt am Leben und Denken S. Kierkegaards. Zürich 1948.
    E. Spanger: Psychologie des Jugendalters. Leipzig 1925.
    P. Tillich: Der Mut zum Sein. Stuttgart 1958.

19 O. Spengler: Der Untergang des Abendlandes. A. a. O., Bd. I, S. 107.

20 E. Spanger: Psychologie des Jugendalters. A. a. O., S. 356.

fen wird, sondern eine in der Geschichte immer wiederkehrende kollektive Grundstimmung. Historisch belegt und greifbar ist Weltangst in diesem Sinne bereits im Ausgang der Antike. In den Schriften der Gnosis weist H. Jonas jene existentielle Einsamkeit, jene Unbehaustheit nach, von der Spengler spricht. "Der Beängstigung durch dies Riesenhafte, Unabsehbare des Weltraums gesellt sich (...) das Unermeßliche der Welt-Zeit, die durchzuhalten ist. (...) Die Weltangst ist Raum-Zeit-Angst, wie ja auch der hellenistische Begriff des Äons zeitlichen Sinn einschließt."[21]

Auch der Theologe und Religionswissenschaftler R. Bultmann, der wie H. Jonas ein bedeutender Kenner und Interpret der spätantiken Weltsicht ist, sieht die Ursache der gnostischen Weltangst in der "radikalen Andersheit des menschlichen Ich von allem welthaften Sein" und der damit verbundenen Einsamkeit des Menschen in der Welt:

"Die Welt ist für ihn (den Menschen) nicht nur Freude, sondern Gefängnis, eine finstere stinkende Höhle, in die er sich geworfen weiß - geworfen ohne alles Verschulden und vor aller Wahl (...):

Wer warf mich in den Tibil (= irdische Welt)?
In den Tibil warf wer mich?
Wer schloß mich in die Mauer ein?
Wer warf mich in den Fußblock,
der der Weltenfülle gleicht?
Wer legte eine Kette um mich,
die über alle Maßen ist?
(...)
Wer hat mich in die Wohnung der Finsternis geworfen?
Warum habt ihr mich von meinem Orte weg in die Gefangenschaft gebracht und in den stinkenden Körper geworfen?
Wie weit sind doch die Grenzen dieser Welt der Finsternis?
Der Weg, den wir zu gehen haben, ist weit und endlos.

So klingen die immer wiederholten Klagen (...) In seiner Einsamkeit ist der Mensch von einer furchtbaren Angst befallen, - Angst vor ausgedehnten Welträumen, vor der sich erstreckenden Zeit, vor Lärm und List der Welt, das heißt der in ihr wirkenden dämonischen Mäch-

---

21 H. Jonas: Gnosis und spätantiker Geist. Die mythologische Gnosis. Göttingen 1964, S. 100.

17

te, die ihn verführen, ihn sich selbst entfremden wollen, - Angst auch vor sich selbst, da er sich den dämonischen Mächten ausgeliefert, das eigene Innere als der eigenen Macht entzogen, als Spielplatz der Dämonen empfindet."[22]

Das gnostische Existenzverständnis entspricht in seinem radikalen Pessimismus gegenüber der "geschichtlichen" Wirklichkeit dieser Welt, die als böse, unheimlich und beängstigend empfunden wird, ganz dem des apokalyptischen Weltbildes. Es liegt begründet in einer extrem dualistischen Scheidung von "Gott" und "Weltraum" bzw. von "Gott" und "Weltgeschichte", wobei der Gnostiker eher räumlich vertikal, der Apokalyptiker hingegen eher zeitlich horizontal denkt. Hier wie dort aber ist alles Diesseitige und somit auch der Mensch in seiner Unwissenheit und Sünde der Macht des Bösen und der Finsternis verfallen. Sein Verhältnis zur Welt manifestiert sich in Begriffen wie "Fall", "Geworfensein", "Gefangenschaft", "Verlorensein", "Trennung", "Fremdheit" und "Unheil", sein Verhältnis zum Reich Gottes bezeichnen Begriffe wie "Hoffnung", "Geborgenheit", "Vereinigung", "Ganzheit" und "Heil". Das der Gnosis und Apokalyptik gemeinsame Denken und Fühlen ist also - trotz aller religionstheoretischer Differenzen - gleichermaßen geprägt von Weltangst und dem Wunsch nach Erlösung, verbunden mit dem "Prinzip Hoffnung". Damit entspricht es im Wesentlichen ganz der existentiellen Angst des "unbehausten" modernen Menschen und seiner Sehnsucht nach Rückkehr in die Geborgenheit einer metaphysischen Heimat. Es ist daher kein Zufall, wenn z. B. Ernst Bloch in seiner Philosophie immer wieder auf die Quellen der Gnosis und Apokalyptik zurückgreift.

In der Philosophie des 19. und der ersten Hälfte des 20. Jahrhunderts sind es aber vor allem Kierkegaard und Heidegger, die sich mit der Weltangst als einem Grundproblem des menschlichen Daseins auseinandersetzen und sie streng von der konkret gegenstandsbezogenen und situationsbestimmten Furcht abgrenzen. Beide gehen von der Überzeugung aus, daß die menschliche Existenz nicht mehr, wie noch bei Hegel, als sinnvolle Teilnahme an der Verwirklichung einer idealen Ordnung verstanden werden kann, sondern lediglich als eine bloße, nicht zu erklärende Tatsache. Die Welt erscheint nicht mehr als das vertraute und gesicherte Universum, sondern vermittelt dem

---

22 R. Bultmann: Das Urchristentum im Rahmen der antiken Religionen. Hrsg. v. E. Grassi. Reinbek b. Hamburg 1966, S. 155f.

18

Menschen ein Gefühl der Ungesichertheit und Ungeborgenheit, das Kierkegaard einmal folgendermaßen charakterisierte:

"Man steckt den Finger in die Erde, um zu riechen, in welch einem Lande man ist, ich stecke den Finger ins Dasein - es riecht nach nichts. Wo bin ich? Was heißt denn das: die Welt? Was bedeutet dieses Wort? Wer hat mich in das Ganze hineingetragen, und läßt mich nun dastehen? Wer bin ich? Wie bin ich in die Welt hineingekommen; warum hat man mich nicht vorher gefragt, warum hat man mich nicht erst bekannt gemacht mit Sitten und Gewohnheiten, sondern mich hineingesteckt in Reih und Glied, als wäre ich verkauft von einem Menschenhändler? Wie bin ich Teilhaber geworden in dem großen Unternehmen, das man die Wirklichkeit nennt? Warum soll ich Teilhaber sein?"[23]

Die Erfahrung des Geworfenseins in eine Welt, in der der Mensch sein Leben selbst durch sich selbst führen muß, treibt ihn in Weltangst, die sich bei Kierkegaard schließlich als Angst vor der Freiheit konkretisiert. In seinem berühmten Werk "Der Begriff Angst" weist er die dialektische Bedeutung dieser Angst nach. Sie ist - so formuliert er - "eine sympathetische Antipathie und eine antipathetische Sympathie"[24]. Sie ist sympathetisch, weil sie den Menschen anzieht; sie fasziniert ihn, weil sie ihm den Traum von der Freiheit vermittelt. Sie ist zugleich antipathetisch, weil der Mensch ahnt, daß die verwirklichte Freiheit ihn zwingt, sein Dasein selbst zu übernehmen. Diesen ambivalenten Zustand, in dem der "träumende Geist"[25] Angst vor seiner Wirklichkeit hat, vergleicht Kierkegaard mit einem Schwindelanfall: "Solchermaßen ist Angst der Schwindel der Freiheit, (...)."[26]

Während Kierkegaard die Weltangst letztlich durch sein christliches Bewußtsein aufhebt, ist für Heidegger dieser Ausweg nicht gegeben. Er knüpft zwar an Kierkegaards Begriffsbestimmung an, hat aber gewissermaßen die Angst "ontologisiert", d. h. sie als Grundstimmung der menschlichen Existenz charakterisiert. In seinem Frühwerk "Sein und Zeit" stellt er viel radikaler als Kierkegaard Angst als "Angst des

---

23 S. Kierkegaard: Die Wiederholung. GW, 5. Abt., Übers. von E. Hirsch. Gütersloh 1980, S. 17.

24 Derselbe: Der Begriff Angst. A. a. O., S. 313.

25 Ebenda.

26 Ebenda, S. 331.

In-der-Welt-seins selbst"[27] heraus und definiert sie letztlich als Angst vor dem Tode. Er sieht das Dasein durch die Gewißheit des "ausstehenden" eigenen Endes bestimmt:

"Im Dasein steht, solange es ist, je noch etwas aus, was es sein kann und wird. In diesen Ausstand aber gehört das 'Ende' selbst. Das 'Ende' des In-der-Welt-sein ist der Tod."[28]

Dieses "Sein zum Tod" ist für Heidegger "wesenhaft Angst"[29], die auf sich zu nehmen erforderlich ist, um, losgelöst von der Illusion eines möglichen Auswegs, zur "faktischen, ihrer selbst gewissen und sich ängstigenden Freiheit zum Tode"[30] zu gelangen. Anders als bei Kierkegaard hat Angst hier nichts "Sympathetisches" und Faszinierendes. Sie ist vielmehr Ausdruck einer ständigen Bedrohung durch den Tod als ein Teil unseres Daseins. Die Vermutung, daß die Aufarbeitung der Katastrophe des Ersten Weltkrieges Heideggers Angstanalyse mitbestimmt hat, ist zumindest naheliegend.

Halten wir fest: Weltangst ist im philosophischen Sinne Angst vor der Welt und dem Dasein in ihr. Darüber hinaus bedeutet sie freilich in einem landläufigeren Sinne die Angst um die Welt, d. h. um ihren Bestand und damit auch um den Fortbestand des Menschen. Verdichtet sich in diesem Sinne Weltangst zur Gewißheit des unwiderruflichen Untergangs alles Bestehenden, steigert sie sich zur apokalyptischen Angst: Es scheint kein Entrinnen zu geben, und das löst Ohnmachtsgefühle aus, die sich in der Apokalyptik Ausdruck verschaffen. Diese wie auch immer geartete Artikulierung enthüllt zwar einerseits die durch Vision gewonnene furchtbare Gewißheit des totalen Weltendes, kann aber andererseits darüber hinaus auch eine positive Wirkung zeigen, wenn sie, statt die Angst zu schüren, hilft, sie zu überwinden. Schon das Sprechen über das Furchtbare kann der erste Schritt dazu sein. Zur Verheißung wird apokalyptisches "Reden" gar, wenn es auf eine zukünftige, bessere Wirklichkeit verweist und Erlösung verspricht. Die Zerstörung der alten, verdorbenen Welt wird dann gewissermaßen zu einem notwendigen Durchgangsstadium für den Übergang in eine neue, vollkommene Welt.

---

27 M. Heidegger: Sein und Zeit. Tübingen 1979. S. 187.

28 Ebenda, S. 234.

29 Ebenda, S. 266.

30 Ebenda.

3. Die beiden Aspekte der Apokalypse: Angst und Hoffnung

Kennzeichnend für die Apokalypse - auch, wenn sie sich von ihrem religiösen Ursprung gelöst hat - ist jene zwiespältige Vision, daß Erlösung und Hoffnung auf eine neue, bessere Welt nur durch Vernichtung der alten möglich ist. Das Grauenvolle dieser Zerstörung soll die Menschheit wachrütteln, sie zur Besinnung bringen und ihr ihre schuldbeladene, sündhafte Existenz bewußt machen. Diese Schreckensvisionen werden als Drohung und Warnung in düsteren, unheilvollen sprachlichen Bildern vor Augen geführt. Vor allem der mittelalterliche Mensch wurde zeitweise von panischer Angst vor dem Jüngsten Gericht und drohenden Höllenqualen gepeinigt. Ob und inwieweit die römische Kirche diese Angst zur Stabilisierung ihrer Macht gesteuert und forciert hat, soll hier nicht erörtert werden. Festzuhalten ist aber die Beobachtung, daß es im Laufe der Geschichte immer wieder Phasen gab, in denen die apokalyptische Angst schwerer wog als die apokalyptische Hoffnung. Dennoch: Angst und Hoffnung bedingen einander; nur aus der Angst heraus kann Hoffnung entstehen, anderenfalls müßte bei totaler Hoffnungslosigkeit von Verzweiflung statt von Angst gesprochen werden. Dem Apokalyptiker geht es jedoch nie darum, den Menschen in die Verzweiflung zu treiben, sondern darum, ihn wissen zu lassen, daß das Ende dieser Zeit und der Untergang der gegenwärtigen Welt zwingend notwendig ist für den Anfang einer neuen Zeit und die Erschaffung einer neuen, besseren Welt im Jenseits. Indem er sein aus Visionen geschöpftes Wissen von diesen zukünftigen Geschehnissen ausspricht, mildert er bereits die Angst vor den großen Katastrophen der Endzeit, die das Weltende einleiten, und letztlich auch die Angst vor dem Ende selbst. Der Hoffnung auf Erlösung, der Heilserwartung wird somit Raum gegeben. Ende als Anfang zu begreifen und in der Angst die Möglichkeit der Hoffnung zu erkennen, kennzeichnen die beiden Aspekte der Apokalypse.

Dies gilt auch für die "säkularisierte", in den irdischen Bereich verlegte Apokalypse, wo die Heilserwartung sich nicht mehr auf ein von Gott erschaffenes Jenseits bezieht, sondern auf eine vom Menschen bewirkte bessere Zukunft hier auf der Erde. Dieser Erwartung mag der Traum vom irdischen Paradies zugrunde liegen, der seit Jahrhunderten die Menschheit bewegt. Es wäre allerdings falsch anzunehmen, apokalyptische Hoffnung sei eine leichtgläubige Erwartung "ins Blaue" hinein oder eine tagträumerische Aneinanderreihung beliebiger Wunschvorstellungen. Zunächst ist sie - ganz nüchtern betrachtet - die Hoffnung auf das Ende, auf die Zerstörung des Alten als Voraussetzung und Bestandteil des ersehnten Neuen. So verstanden kann sich die Hoffnung auf das Ende unter Umständen in Sehnsucht nach dem Ende steigern. Dabei scheint es möglicherweise sogar wünschenswert zu sein, den herbeigesehnten Untergang aktiv zu beschleunigen. Solch ein "Nachhelfen" mag zwar zuweilen in gesellschaftspolitischer Hinsicht als nützliches oder sogar progressives Handeln bewertet werden, aber die Gefahr, daß es sich in die Lust am Untergang hineinsteigert, ist groß. Apokalyptische Hoffnung gerät dann unweigerlich ins Zwielicht, weil sie selbst zu einem Potential der Destruktion wird, auch wenn sie im Grunde Erlösung anstrebt. Lust an Zerstörung und Untergang kann sicherlich verschiedene Gründe haben, aber die tiefe Verzweiflung über die scheinbare Ausweglosigkeit aus dem Gefängnis einer als abweisend und feindlich erfahrenen Welt und der drohende Zukunftsverlust scheinen wohl die eigentliche Ursache zu sein.

Den Versuch, die Vielschichtigkeit apokalyptischer Angst und Hoffnung durchsichtig zu machen, kann und soll diese Arbeit nicht leisten. Aber vielleicht ist bereits deutlich geworden, daß es kein einheitliches apokalyptisches Daseinsverständnis gibt und Apokalypse dementsprechend nicht eindeutig bestimmt werden kann. Das heißt aber auch, daß in ihr ganz unterschiedliche religiöse, ethische oder politische Intentionen wirksam werden können. Ein der Apokalypse inhärentes Kennzeichen ist - um es mit einem Wort zusammenzufassen - ihre Ambiguität.

Heute freilich, angesichts eines riesigen atomaren Waffenarsenals und sich immer mehr zuspitzender "Umwelt"-Katastrophen, pflegen wir landläufig den Begriff "Apokalypse" eindeutig und damit einseitig anzuwenden, indem wir mit ihm die potentielle, vom Menschen selbst herbeigeführte totale und endgültige Vernichtung der Erde und der gesamten Menschheit bezeichnen. Jegliche Hoffnung auf einen neuen Anfang nach der Katastrophe ist gewissermaßen hinfällig. In dieser eingeengten Bedeutung ist die Ambiguität der Apokalypse allerdings nicht mehr erkennbar. Ihr eigentlicher, ursprünglicher Charakter hat sich den gegebenen Fakten angepaßt. D. Kamper spricht von der "kupierten Apokalypse[31]", sicherlich keine schöne Bezeichnung, aber sie benennt das Phänomen. Es wird zu prüfen sein, ob und inwieweit diese Bedeutungseinengung schon vor dem Einbruch des Atomzeitalters in den Jahren zu beobachten ist, auf die sich diese Arbeit konzentriert, in der Zeit also, die vom Zerfall der wilhelminischen Welt stark geprägt ist.

M. Bachmann glaubt in einer kritischen Untersuchung, bereits im 15. Jahrhundert die Tendenz zu einer Begriffsverengung feststellen zu können und verweist auf die Reaktionen, die Dürers Holzschnitt "Die vier apokalyptischen Reiter"[32] (Abb. 1) auslöste. Dürer hebt hier den ersten Reiter auf dem weißen Pferd nicht mehr wie auf älteren Abbildungen als den Hoffnungsträger besonders hervor, sondern reiht ihn in die Phalanx der drei anderen ein, die jeweils eine Plage verkörpern. Diese Darstellungsweise könnte zu der Deutung geführt haben, daß der Reiter auf dem Schimmel nicht etwa mit dem Messias[33] identisch sei, sondern die vierte Plage verkörpere. Diese "dunkle Interpretation"[34] mag - so vermutet M. Bachmann - eine nachhaltige Wirkung auf das Apokalypse-Verständnis der folgenden Jahrhunderte gehabt haben[35]. Dabei ist jedoch anzumerken, daß radikale politische Umwälzungen, die Vernichtung von Abermillionen Menschen in zwei Weltkriegen, der Einsturz transzendentaler Denkgebäude und nicht zuletzt der Verlust des Glaubens mit Sicherheit dazu beigetragen haben, Apokalypse heute mit totaler Weltvernichtung gleichzusetzen und sie nicht mehr als Ausweg aus einer Krise zu deuten.

---

31 D. Kamper: Die kupierte Apokalypse. Eschatologie und Posthistoire. In: Ästhetik und Kommunikation 16 (1985), S. 60.

32 M. Bachmann: Die apokalyptischen Reiter. Dürers Holzschnitt und die Auslegungsgeschichte von Apk. 6, 1-8. In: Zeitschrift für Theologie und Kirche 86, 1 (1989).

33 Vergl.: Die Offenbarung des Johannes, Kap. 19, V. 11-16. In: Die Bibel oder die ganze Heilige Schrift des Alten und Neuen Testaments. Nach der deutschen Übersetzung Martin Luthers. Württembergische Bibelanstalt Stuttgart 1965.

34 M. Bachmann: Die apokalyptischen Reiter. A. a. O., S. 56.

35 Ob und inwieweit Bachmanns Vermutung, in Dürers Darstellung zeichne sich bereits eine Begriffsverengung - also Apokalypse ohne Hoffnung auf Erlösung - ab, historisch oder theologisch begründet ist, bleibt fraglich, zumal es gerade im 15. und 16. Jahrhundert immer wieder deutliche Tendenzen zu chiliastischen Heilserwartungen gibt.

4. Apokalypse als Ausdruck einer Krisensituation

Mit Recht können wir annehmen, daß Endzeitstimmungen und Untergangsvisionen Krisenphänomene sind, wie J. Schumacher in seinem Werk "Die Angst vor dem Chaos"[36] darlegte. Sie begleiten die Menschheit durch fast alle Epochen der Geschichte, von den antiken Endzeitmythen bis zu den vielfältigen apokalyptischen Prognosen unterschiedlichen Niveaus heutiger Zeit. Sie häufen sich, je einschneidender ein gesellschaftlicher Umbruch empfunden wird, sei es, daß er sich bereits vollzieht oder in naher Zukunft erwartet wird. Kennzeichnend für alle ist, daß die Gegenwart als Krisensituation erlebt und erlitten wird und durch apokalyptisches Denken gedeutet und bewältigt werden soll. Eng damit verbunden ist ein weiteres Kennzeichen: die Naherwartung der totalen Umwälzung aller bestehenden Verhältnisse, die als eine gewaltige Katastrophe von ungeheurem Ausmaß in dramatischen, beängstigenden Bildern ihren Ausdruck findet. Gleichzeitig werden visionäre Bilder einer zukünftigen besseren und schöneren Welt entworfen, die der Sehnsucht nach dem "verlorenen Paradies" entspringen.

Angst und Hoffnung, Not und Trost, Verdammung und Verheißung verbanden sich in apokalyptischen Vorstellungen in der Geschichte zu einer Synthese, die der Lebensbewältigung in Krisenzeiten diente. Erst in jüngster Zeit steht die Menschheit "ratlos vor der Apokalyptik"[37], denn "vor dem Gedanken der Apokalypse streikt die Seele"[38]. Die Krise unseres Atomzeitalters scheint sich so negativ zuzuspitzen, daß sie für viele Menschen kaum einen Anlaß mehr zur Hoffnung bietet.

Stellt man den Zusammenhang zwischen Krisensituationen und apokalyptischen Vorstellungen her, so sollte man sich nicht ausschließlich auf den politischen Bereich beschränken. Tendenzen dieser Art sind zurückhaltend zu beurteilen, weil End- und Untergangsvisionen

---

36 J. Schumacher: Die Angst vor dem Chaos. Über die falsche Apokalypse des Bürgertums. Frankfurt a. M. 1972.

37 K. Koch: Ratlos vor der Apokalyptik. Eine Streitschrift über ein vernachlässigtes Gebiet der Bibelwissenschaft und die schädliche Auswirkung auf Theologie und Philosophie. Gütersloh 1970.

38 G. Anders: Über die Bombe und die Wurzeln der Apokalypse-Blindheit. A. a. O., S. 269.

selten aus nur einer (politischen) Krise heraus entstehen, sondern eher aus dem Zusammenspiel verschiedener Bedrohungen, äußerer Zwänge und innerer Bedrängnisse. Dennoch ist nicht von der Hand zu weisen, daß gesellschaftliche und nationale Notlagen bis hin zu den alttestamentarischen Apokalypsen zurückzuverfolgen sind. Bei Jesaia geht es um die Verbannung der Juden durch die Babylonier, bei Daniel um die Vertreibung durch die Seleukiden, später litten die Juden unter den römischen Statthaltern, und die ersten Christen hatten unter den Verfolgungen durch den römischen Staat zu leiden. Einige Autoren weisen nach, daß bei den Griechen in der Spätantike Visionen vom Zusammenbruch ihrer Götterwelt häufig waren und das Denken von pessimistisch-nihilistischen Untergangsstimmungen geprägt war[39], kurz bevor die Römer das hellenische Reich besetzten. Im Mittelalter werden Plagen wie Hungersnot, Krieg, Bürgerkrieg und Pest als ein Strafgericht Gottes interpretiert. J. Schumacher schreibt dazu: "Im elften Jahrhundert ging es wie ein Schauer durch die Welt der Christenheit. Plötzlich war auch die bebaute Erde keine Gottes mehr, sondern des Teufels. Auf Grund der inneren unverstandenen Zwistigkeiten (zwischen Land und Stadt, Klerus und Staat) und fürchterliche Invasionskriege, Hungersnöte und allgemeine Rechtlosigkeit verbreitete sich die Furcht vor dem Jüngsten Gericht, eine wahre Chaosangst vor dem unmittelbar bevorstehenden Weltuntergang."[40]

Die Übergangsphase vom Mittelalter zu der neuen Ära der vom Humanismus und der aufkommenden Naturwissenschaft geprägten Renaissance war ebenfalls erschüttert von Sinn- und Glaubenskrisen. Zwar waren bis zur Reformation im 16. Jahrhundert politisch-gesellschaftliche und nationale Krisen durchaus der Nährboden für eine sich ausbreitende Endzeitstimmung, sie wurde jedoch weitgehend religiös begründet. Vor allem die Sehnsucht nach Erlösung von den gegenwärtigen Leiden richtete sich stets auf das verheißene Gottesreich. Erst mit Thomas Münzer vollzog sich eine Richtungsänderung hin zu einer sozial-revolutionären Bewegung, obwohl es zahlreiche Ansätze

---

39 Vergl. z. B.: K. L. Pfeiffer: Apokalypse: It's Now and Never - Wie und zu welchem Ende geht die Welt so oft unter? In: Sprache im technischen Zeitalter (1982), H. 83, S. 182.

40 J. Schumacher: Die Angst vor dem Chaos. A. a. O., S. 38. - Schumacher hat hier freilich die mittelalterliche Untergangsstimmung und Chaosangst recht übertrieben dargestellt. Vergl. dagegen: J. Delumeaus zweibändiges Werk "Angst im Abendland. Die Geschichte kollektiver Ängste im Europa des 14. bis 18. Jahrhunderts", Reinbek b. Hamburg 1985.

dazu bereits im frühen Mittelalter gab, wie Norman Cohn und Macolm D. Lambert in ihren detailreichen Werken "Das neue irdische Paradies" und "Ketzerei im Mittelalter" nachweisen[41]. Anders als Luther, der zwar an den Grundfesten der mächtigen Institution Kirche gerüttelt und sie zum Teil auch zum Einsturz gebracht hat, der jedoch keine gesellschaftlichen Strukturen verändern wollte, glaubte Münzer, um W. Kamlah zu paraphrasieren[42], gewissermaßen "mit dem Evangelium in der Hand" gegen Unterdrückung, Ungerechtigkeit und soziales Elend rebellieren und die sozialen Verhältnisse umstürzen zu können. Die Bilder der alten religiösen Apokalypsen wurden mit politischem Zündstoff aufgeladen.

Es setzt in den nun folgenden Jahrhunderten ein Prozeß ein, der zunehmend von Transzendenzverlust geprägt ist und daher das apokalyptische Bildmaterial immer mehr aus seinem religiösen Kontext löst, es umformt und erweitert, um einen epochalen Verfall zu dokumentieren und welterschütternde Katastrophen vorauszusagen, um all diejenigen zu warnen, die die Zeichen ihrer Zeit nicht erkennen. Insbesondere sind es die Künstler, die in einer Krisensituation aus dem Reichtum apokalyptischer Bilder schöpfen und Werke schaffen, die nicht nur Ausdruck einer sich auflösenden Epoche sind, sondern häufig auch Vorboten künftiger Erschütterungen. Die Prädestination der Kunst - hier als Sammelbegriff für alle Gattungen verstanden - für Zukunftsvisionen weist der Kunsthistoriker H. Sedlmayr in seinem Werk "Kunst und Wahrheit" nach und konstatiert: "Die großen Kunstwerke haben oft prophetische Funktion."[43] In die gleiche Richtung zielt der Musikwissenschaftler G. Révész, wenn er schreibt: "Bevor noch der Mensch imstande ist, die in ihm wirkenden Kräfte und Zielsetzungen der folgenden Zeitperiode sich bewußt zu machen und begrifflich zu formulieren, tritt in der Kunst (...), oft mit einer überraschenden Lebendigkeit und Wahrhaftigkeit, alles das hervor, was dem Verstand noch verborgen, als treibende Kraft im Menschen, individuell wie kollektiv, bereits lebt und wirkt. Die Kunst kann der

---

41 N. Cohn: Das neue irdische Paradies. Revolutionärer Millenarismus und mystischer Anarchismus im mittelalterlichen Europa. Hamburg 1988; M. D. Lambert: Ketzerei im Mittelalter. Häresien von Bogomil bis Hus. München 1981.

42 W. Kamlah: Utopie, Eschatologie, Geschichtsteleologie. Kritische Untersuchungen zum Ursprung und zum futuristischen Denken der Neuzeit. Mannheim 1969, S. 34.

43 H. Sedlmayr: Kunst und Wahrheit. Theorie und Methode der Kunstgeschichte. Hamburg 1961, S. 8.

Vorbote der Morgenröte, aber auch die Ankündigung der Finsternis oder eines drohenden Gewitters sein, Seismograf, der auf kleine Vibrationen des Bodens schon dann reagiert, wenn die inneren Erdkräfte noch weit davon entfernt sind, ihre schreckenserregenden Auswirkungen fühlen zu lassen. So ist für die Kunst (...) die Intention auf die Zukunft äußerst bezeichnend."[44]

Anknüpfend an diese die Kunst hoch einschätzende Aussage wird nicht nur zu untersuchen sein, auf welche Weise die Künstler des Expressionismus die Zerfallserscheinungen eines ausgehenden Zeitalters, das wir gemeinhin das wilhelminische nennen, in ihre Werke mit einbeziehen und deuten, sondern auch, ob sie bereits vor dem Ausbruch des Ersten Weltkrieges sein katastrophales Ende ahnend voraussehen.

Zuvor soll jedoch der ideologische und künstlerische Standort der expressionistischen Bewegung innerhalb der Moderne zur näheren Bestimmung eingegrenzt werden. Ein Vergleich mit den Intentionen der beiden bedeutendsten zeitgenössischen Avantgarden des benachbarten Auslands, dem französischen Kubismus und dem italienischen Futurismus, wird die besondere Disposition der Expressionisten für apokalyptisches Denken und Fühlen erkennen lassen.

---

44 G. Révész: Einführung in die Musikpsychologie. Bern 1946, S. 59.

II. Niedergang der alten Welt -
Kunst im Aufbruch

1. Deutschland: Wilhelminische Dekadenz und expressionistischer Aufschrei

Zu Beginn unseres Jahrhunderts ist das gesellschaftliche und kulturelle Leben im wilhelminischen Deutschland stärker als das der anderen europäischen Nationen von den Widersprüchen und Problemen eines epochalen Umbruchs geprägt. Einige von ihnen sind zwar zeitbedingt, die meisten jedoch wurzeln in der Vergangenheit, vor allem aber in den gesellschaftspolitischen und geistigen Auseinandersetzungen seit der Aufklärung, die zunehmend geprägt waren von Transzendenzverlust und apokalyptischer Weltangst[45].

Die Kulturgeschichte der wilhelminischen Ära ist daher weder eindeutig zu charakterisieren noch zeitlich fest zu umrahmen. Vergangenes und Zukünftiges fließen ein. Zwar sind einerseits die Werte des Idealismus rudimentär noch in ihr aufspürbar, andererseits ist sie bereits geprägt von der "Umwertung aller Werte"[46], Sinnverlust und religiöser Bezugslosigkeit. Nietzsches These "Gott ist tot" zeigt ihre Wirkung und löst Verunsicherung aus. Utopien scheitern, das soziale Gefüge der Schichten und Stände gerät ins Wanken, Regression kündet sich an und Stagnation breitet sich aus. All diese Signale eines bevorstehenden Umbruchs werden überhört, drohende Abgründe werden überdeckt, einschneidende Veränderungen als Verbesserungen pro-

---

45 Zu diesem Thema hat H. U. von Balthasar in seinem dreibändigen Werk "Apokalypse der deutschen Seele. Studien zu einer Lehre von letzten Haltungen" (Salzburg und Leipzig 1937-1939) eine Fülle von Material analysiert.
Vergl. auch K. Vondung: Die Apokalypse in Deutschland. (A. a. O.) Der Autor untersucht vornehmlich den typischen Charakter und die "spezifisch deutsche Variante der allgemeinen Apokalypse" und verweist dabei auf die Besonderheiten des "deutschen Geistes" und dessen Auswirkungen auf Politik, Gesellschaft und Kultur seit dem 18. Jahrhundert.

46 Vergl.: F. Nietzsche: Der Wille zur Macht. Versuch einer Umwerthung aller Werthe. In: Gesamtausgabe, hrsg. v. A. Kröner. Bd. XV. Leipzig 1911.

pagiert. Manch einer mag scharfsichtig genug sein, um solche Täuschung zu erkennen, viele ahnen sie, aber der größte Teil dieser angekränkelten Gesellschaft gibt sich selbstbewußt und fühlt sich saturiert. Der technische Fortschritt der Zeit und die Möglichkeit, materiellen Wohlstand zu erlangen, eröffnen neue, glücksversprechende Perspektiven und wirken beruhigend. Andererseits führen sie zu hektischem Gewinnstreben, mentaler Verflachung und der Verachtung höherer Werte. Ideale weichen dem Lebenskampf und dem Wachstum: Die Welt wird verrechnet.

Diese Entwicklung zur Veräußerlichung und Verdinglichung des Daseins findet ihre Kompensation in der Sehnsucht nach Verinnerlichung, subtiler Selbstbesinnung und in einer bis ins höchste gesteigerten ästhetischen Verfeinerung. Fluchtbewegungen in die Esoterik und geschichtliche Verklärung, Phantasien und Träume von einer höheren, erhabenen Welt vermögen jedoch nicht über die düstere Ahnung von Auflösung und Verfall hinwegzutäuschen. Die ungeheure Vielgestaltigkeit der Kultur dieser Epoche läßt sich nicht in wenigen Sätzen beschreiben, und eindeutige Aussagen über sie sind wegen der Vielfalt ihrer Phänomene ausgeschlossen. Diese Epoche ist ambivalent: Sie ist die Epoche der Maschinen und der stolzen Posen, der schneidigen Militärs und des satten Bürgertums, der pompösen Paraden und der überheblichen Selbstpräsentation. Sie ist aber auch die Epoche der Ängste und verlorenen Ideale, der metaphysischen Ungeborgenheit und der Todessehnsucht, der melancholischen Endzeitstimmung und des Aufbruchswillens, der Verherrlichung des Schönen und der Faszination des Häßlichen, der stillen Sensibilität und des Aufschreis. Die Aufzählung der Zeiterscheinungen ließe sich weiterführen, aber es mag hier genügen festzuhalten, daß die wilhelminische Ära ein Zeitalter voller Widersprüche ist, die sich zu Beginn des 20. Jahrhunderts dramatisch verschärfen und eine Krisensituation herbeiführen, die vor allem in der Kunst und Literatur dieser Jahre ihren Ausdruck findet: Für eine Avantgarde junger Künstler ist diese alarmierende kulturelle und gesellschaftliche Fehlentwicklung unerträglich geworden; sie reagiert - heftig und expressiv. Viele ihrer Vertreter und Anhänger ahnen die bevorstehende Katastrophe - einige sehnen sie sogar leidenschaftlich herbei.

Angst und Untergangsstimmung hatten bereits die Künstler und Kritiker der bürgerlichen Gesellschaft ergriffen, bevor die Expressionisten ihre Stimme erhoben. Ludwig Klages spricht vom "Zeitalter des Untergangs der Seele"[47] und vom "Grauen des Todes"[48], und in Hugo von Hofmannsthals im Jahre 1901 verfaßten Dichtung "Ein Brief" läßt Lord Chandos bei der Vorstellung der Todesangst vergifteter Ratten seinen Untergangsphantasien freien Lauf:

> "Alles war in mir: (...) das Gellen der Todesschreie, die sich an modrigen Mauern brechen; diese ineinander geknäulten Krämpfe der Ohnmacht; durcheinander hinjagende Verzweiflungen; das wahnwitzige Suchen nach Ausgängen; (...) dieses trug ich in mir und das brennende Karthago zugleich; (...)"[49]

Zwar gibt dieses Zitat "nur" die Panik qualvoll sterbender Tiere wieder, aber es veranschaulicht sehr eindrucksvoll die apokalyptische Grundstimmung der Künstler einer Zeit, die von "solchem Entsetzen geschüttelt, von solchem Todesgrauen"[50] befallen waren. Einen möglichen Ausweg aus solch beängstigenden Vorstellungen und seelischen Erfahrungen sah man in ihrer ästhetischen Sublimierung durch Sprache und Form, in der Konzentration auf sich selbst durch Introspektion, mit anderen Worten, in der Vervollkommnung des künstlerischen Schaffens.

Dieses Sich-zurückziehen in den Elfenbeinturm ist für die Mehrzahl der Expressionisten keine Lösung. Sie stemmen sich gegen den verfeinerten Ästhetizismus der Kunst der Jahrhundertwende. Ihnen geht es nicht darum, die Ereignisse und Zeichen der Zeit "mit ästhetischen Mitteln apokalyptisch zu deuten"[51]. Allenfalls sehen sie eine Möglichkeit der Befreiung von der Angst in der "tathaften Form", in dem "Vollzug der Apokalypse"[52] durch Kunst: "In jeder Form ist das Para-

---

47 L. Klages: Mensch und Erde. Fünf Abhandlungen. München 1920, S. 29f. (Erstveröffentlichung in der Festschrift der Freideutschen Jugend zur Jahrhundertfeier auf dem Hohen Meißner 1913.)

48 Ebenda, S. 17.

49 H. von Hofmannsthal: Ein Brief. In: Gesammelte Werke in Einzelausgaben. 15 Bd. Frankfurt am Main 1979, Prosa II, S. 16.

50 H. Bahr: Expressionismus (1906). Zitat nach: Kulturprofil der Jahrhundertwende. Essays von Hermann Bahr. Wien 1962, S. 223.

51 K. Vondung: Die Apokalypse in Deutschland. A. a. O., S. 395.

52 Ebenda.

dies erkämpft."[53] Darüber hinaus richtet sich ihr Protest gegen die gesamte traditionelle Kultur einer überzivilisierten und in ihren Augen dekadenten, morbiden Gesellschaft mit ihren inhaltslos gewordenen Wertvorstellungen. Vitalismus, Ungestüm, Leidenschaft und Pathos kennzeichnen den neuen Künstler. Mit seiner Kunst will er die üble Welt, an der er leidet, zum Guten verändern, indem er den Menschen verändert.

Gerade dieser missionarische Anspruch des Expressionismus und der Dualismus seiner Weltsicht unterscheidet ihn von den anderen europäischen Avantgarden dieser Zeit. Daher ist eine Verschärfung seiner Konturen für die weiteren Ausführungen unumgänglich, wenn auch ein alle seine Merkmale umfassendes Bild im Rahmen dieser Untersuchung nicht erstellt werden kann.

"Expressionismus" ist eine kaum präzise zu definierende Bezeichnung für eine künstlerische Bewegung, die sich, wie alle europäischen zeitgenössischen Avantgarden, entschieden und vehement gegen ihre "geistigen Väter" auflehnt. Im Bereich der bildenden Kunst wird der Begriff zunächst zur Kennzeichnung der Gegenposition zum Impressionismus eingeführt, ohne daß damit eine bestimmte Stilrichtung etikettiert werden soll. Trotz der historischen Distanz herrscht heute noch Unklarheit darüber, welche Künstler dem Expressionismus als seine typischen Vertreter zuzuordnen sind, denn von einem einheitlichen, durch bestimmte Merkmale geprägten expressionistischen Stil kann nicht gesprochen werden. Betrachtet man etwa die Bilder von Meidner, Kirchner, Kandinsky, Marc, Dix oder z. B. die Gedichte von Heym, Becher, van Hoddis, Trakl, so scheinen mehr die Gegensätze und das Trennende in den Vordergrund zu treten, als daß eine gemeinsame Stilrichtung zu erkennen wäre. Unter der Oberfläche stilistischer Vielfalt findet sich jedoch ein alle Expressionisten verbindendes Element: Sie bringen das Unbehagen einer jungen Generation zum Ausdruck, die sich in ihrer Ablehnung der herrschenden gesellschaftlichen und politischen Strukturen einig ist. Sie begreifen zudem die tiefe Krise, in die die abendländische Kultur geraten ist; die Ahnung einer unaufhaltsam daraus hervorgehenden Katastrophe bedeutet für sie eine Aufforderung zu revolutionärer Veränderung der Ge-

---

53 W. Michel: Tathafte Form. In: Die Erhebung. Jahrbuch für neue Dichtung und
    Wertung. Hrsg. v. A. Wolfenstein. 2. Buch. Berlin 1920, S. 348. (hier zitiert nach K.
    Vondung, A. a. O., S. 395.)

sellschaft durch Kunst. In diesem Sinne könnte man den Expressionismus trotz oder gerade wegen seiner unterschiedlichen Ausdrucksformen in der Tat mit O. F. Best als eine "Sammelbewegung" von "Schicksals- und Leidensgenossen"[54] sehen. Nicht minder auffallend als die formalen und stilistischen Unterschiede sind sowohl in der bildenden Kunst als auch in der Literatur die Divergenzen der Weltsicht und des Lebensgefühls, auf die u. a. W. Rothe in einer seiner Studien zum Expressionismus[55] hinweist. Die weltanschaulichen Bekundungen und Stimmungsäußerungen schwanken häufig zwischen zwei Extremen: Sie reichen von den Schreckensvisionen einer apokalyptischen Katastrophe und zahllosen Bildern des Zerfalls bis hin zu Heilsbotschaften, die einer "neuen" Menschheit eine zukünftige Glückseligkeit verheißen. Tiefste pessimistische Niedergeschlagenheit und Rückzug aus einer als feindlich erfahrenen Welt in eine exotische, lichte Idylle stehen schroff im Gegensatz zu rauschhaftem Vitalismus, ekstatischer Weltbejahung und revolutionärer Aufbruchstimmung.

Aus metaphysischen Ängsten und Krisenbewußtsein erwachsende widersprüchliche Stimmungen und Erfahrungen waren freilich schon kennzeichnend für die Kunst des ausgehenden 19. Jahrhunderts. Neu und bestimmend für die expressionistische Bewegung ist eine radikale Polarisierung des Fühlen und Denkens, sind ihre prophetischen Visionen und utopischen Entwürfe. Das Weltbild ist - ähnlich dem der Gnosis - extrem dualistisch: ein total positives steht einem absolut negativen gegenüber; es gibt nur ein "verfluchtes Jahrhundert" und eine "heilige glückhafte Zukunft"[56]. Differenzierende Zwischentöne und ausgleichende Kompromisse werden als Lauheit und Halbheit verworfen: "Der expressionistische Geist (...) hat immer das Äußerste, Ungemischte, den Extremfall vor Augen."[57] Die mit apokalyptischen Vorstellungen verbundene Weltsicht entsteht nicht nur aus dem grenzenlosen Haß gegen den fadenscheinigen, einengenden Moralismus und den pervertierten Nationalismus einer nur ihren Machtinteressen verschriebenen bürgerlichen Gesellschaft, sondern auch aus dem Gefühl der Gefährdung des Ich durch einen unaufhaltsamen Industriali-

---

54   O. F. Best (Hrsg.): Expressionismus und Dadaismus. Stuttgart 1974, S. 11.

55   W. Rothe: Der Expressionismus. Theologische, soziologische und anthropologische Aspekte zur Literatur. Frankfurt a. M. 1977.

56   Ebenda, S. 13.

57   Ebenda, S. 1.

sierungs- und Technisierungsprozeß, der den Menschen entseelt und alle seine schöpferischen Geisteskräfte liquidiert. Hermann Bahr, ein feinsinniger und scharfsichtiger Beobachter der künstlerischen und geistigen Strömungen seiner Zeit, bringt diese Bedrohung zum Ausdruck, wenn er zur Entstehung des Expressionismus schreibt: "Darum geht es, daß der Mensch sich wiederfinden will (...). Die Maschine hat ihm die Seele weggenommen - und jetzt will ihn die Seele wiederhaben. Darum geht es, alles, was wir erlebten, ist nur der ungeheure Kampf um den Menschen, Kampf mit der Maschine. Wir leben ja nicht mehr, wir werden gelebt (...) Die ganze Zeit wird ein einziger Notschrei, auch die Kunst schreit mit. Sie schreit nach dem Geist: Das ist der Expressionismus."[58]

Ein Blick über die Grenzen wird freilich zeigen, daß dieser "einzige Notschrei" nach Geist nicht durch ganz Europa hallte.

2. Frankreich: Die neue Wirklichkeitswahrnehmung im Kubismus oder der Gegensatz von Realität und Kunst

Die zunehmende, alle Lebensbereiche umfassende Verdinglichung, die Überbetonung des Materiellen, stieß nicht überall auf eine so schroffe Ablehnung wie bei den Expressionisten. Zwar erhoben auch die zeitgenössischen Avantgarden anderer Länder ihre Stimmen gegen die alten Gesellschaftsstrukturen und tradierten Normen der Ästhetik. Auch sie drängten nach neuen Formen und suchten nach geeigneten Mitteln für die künstlerische Darstellung der Wirklichkeit des beginnenden 20. Jahrhunderts. Aber trotz der allen gemeinsamen Protesthaltung in ihrer Entstehungsphase setzte sich jede Bewegung im Laufe ihrer Entwicklung ihre eigenen Ziele, die nicht immer rein künstlerischer Natur, sondern auch Ausdruck einer mehr oder weniger klaren gesellschaftspolitischen Gesinnung waren.

Die Kubisten in Frankreich um Picasso und Braque waren ausschließlich bildende Künstler und gingen eigene Wege. Im Gegensatz zu anderen europäischen Avantgarden, wie z. B. den deutschen Expres-

---

58   H. Bahr: Expressionismus (1906). In: Kulturprofil der Jahrhundertwende. Essays von Hermann Bahr. Wien 1962, S. 223.

sionisten oder den italienischen Futuristen, war nicht eine wie auch immer geartete Weltanschauung der Impetus ihres Schaffens, sondern der Anspruch, die Probleme ihrer Zeit von der Realität der subjektiven Erfahrung zu lösen und mit neuen ästhetischen Mitteln auf künstlerischer Ebene zu objektivieren. Endzeitliche Unsicherheit, Weltangst und Orientierungslosigkeit infolge der Zerstörung des Absoluten und der Entfremdung des Individuums von einer als chaotisch empfundenen, in ihren Widersprüchlichkeiten nicht mehr erfaßbaren Wirklichkeit, führte bei ihnen weder zu Untergangsphantasien noch zur messianischen Verkündigung einer besseren Welt. Sie malten weder bedrohliche Großstädte oder unheilvolle Landschaften noch thematisierten sie die heile Natur. "Apokalyptische Zerstörungen" - hier freilich methaphorisch gemeint - als Bedingung für die "Schöpfung des Neuen" vollzogen sich bei den Kubisten ausschließlich im Rahmen ihres künstlerischen Schaffens. Litten die Expressionisten an dem ewigen Gegensatz von Ideal und Wirklichkeit, versuchten die Kubisten weitaus sachgebundener, den Gegensatz von Kunstwerk und Wirklichkeit deutlich zu machen. Mensch und Welt, Natur und Technik, Zeit und Raum waren für sie keine Fragen der Weltanschauung, sondern ausschließlich Probleme formaler Gestaltung.

So zerbrachen sie in ihrer Malerei die tradierten Formen, zerlegten sie in einzelne Segmente und verschachtelten Linien, Flächen, Körper und leeren Raum zu einem in der abendländischen Kunst ganz neuen Gefüge, das sich von der Wirklichkeit der Außenwelt, d. h. vom Motiv, so weit wie möglich entfernte und dem Kunstwerk eine eigenständige Realität verschaffte. Damit hoben sie die Abbildfunktion der Malerei auf, obwohl sie noch ihre Motive im Gegenständlichen suchten. Aber an die Stelle der seit der Renaissance verbindlichen Gesetze der Perspektive, die die Illusion bestimmter, exakt zu unterscheidender Gegenstände in einer räumlichen Tiefe vermitteln sollte, schufen die Kubisten ein den Betrachter verunsicherndes System aufgespaltener Formen in einem unbestimmten Raum. Das kubistische Bild war nicht länger die Fiktion einer Wirklichkeit, die außerhalb seiner lag, sondern eine Umgestaltung der Natur zur Kunst.

Es ließ auch - in einem Jahrhundert, das die Idee einer absoluten Wahrheit in Frage stellte - keine umfassende Deutung seiner Aussage mehr zu, sondern entzog sich einer vollständigen Interpretation und verwies auf die vieldeutige, ja widersprüchliche Natur der Realität. Die tradierten ästhetischen Übereinkünfte, die es dem Betrachter herkömmlicher Kunst erlaubt hatten, die Dinge mit einem Blick zu umfassen und zu identifizieren, wichen im Kubismus einer ganz anderen, neuen, nicht mehr illusionistischen Darstellung. Da die kubistischen Künstler summarisch alle Betrachtungsmöglichkeiten des Objekts simultan darzustellen und dessen Vielschichtigkeit und Vieldeutigkeit zu erfassen versuchten, entwickelten sie mit neuen Techniken einen Stil, der nicht nur den Weg in die abstrakte Malerei öffnete, sondern Einfluß auf das gesamte europäische Kunstgeschehen hatte. Kennzeichnend für diesen Stil ist die Zergliederung des Objekts in seine Bestandteile und die ästhetische Anordnung der einzelnen Segmente zu einem neuen Ganzen. Durch die Dissoziation der Elemente des Gegenstands soll dessen eigentliches Wesen erkennbar werden. Unterstützt wird dieses Anliegen durch eine geometrisch strenge Bildkomposition und die asketische Reduzierung der Farben auf grau-braune Erdtöne. Erst späterhin wurde die kubistische Palette sparsam angereichert. Freilich war die zeitgenössische, konservative Kritik nicht scharfsichtig genug, diese analytische, fast metaphysische Sicht der Wirklichkeit nachzuvollziehen. Während sie - zugleich verunsichert und empört - nicht müde wurde, die Kubisten der Deformation und Destruktion zu bezichtigen, weil sie von der traditionellen perspektivischen Malerei abwichen, trat der Dichter Guillaume Apollinaire, ein enger Freund Picassos und Braques, als ihr Verteidiger auf. Als sensibler, geistreicher Interpret erkannte er die Bedeutung der kubistischen anti-illusionistischen Vorstellung von Form und Raum für die moderne Kunst:

"Ce qui différencie le cubisme de l'ancienne peinture, c'est qu'il n'est pas un art d'imitation, mais un art de conception qui tend à s'élever jusqu'à la création. En représentant la réalité-conçue ou la réalité-créée, le peintre peut donner l'apparence de trois dimensions, peut en quelque sorte cubiquer. Il ne le pourrait pas en rendant simplement la réalité-vue, à moins de faire du trompe-l'œil en raccourci ou en perspective, ce qui déformerait la qualité de la forme conçue ou créée. (...) C'est l'art de peindre des ensembles nouveaux avec des éléments empruntés, non à la réalité de vision, mais à la réalité de connaissance. Tout homme a le sentiment de cette réalité intérieure. Il n'est pas besoin d'être un homme cultivé pour concevoir, par exemple une forme ronde. L'aspect géometrique qui a frappé si vivement ceux qui ont vu les premières toiles scientifiques venait de ce que la réalité existentielle y était rendue avec une grande pureté et que l'accident visuel et anecdotique en avait été éliminé."[59]

Als Beispiel für die kubistische Wirklichkeitswahrnehmung sei Georges Braques "Violine und Krug" von 1910 angeführt (Abb. 2). In diesem Bild wird jene künstlerische Sichtweise deutlich, die ein Objekt unter verschiedenen Blickwinkeln betrachtet und es in seine Bestandteile zerlegt, um dadurch die "réalité intérieure", also das Wesentliche eines Gegenstandes hervorzuheben.

Eine verschachtelte Anordnung verschiedener Formelemente drängt sich hier in einem scheinbar regellosen Spiel von Licht und Schatten immer dichter zur Bildung einer Violine und eines Kruges zusammen. Undurchsichtiges und Transparentes, Körper und Flächensegmente durchdringen einander und vermischen sich zu einem phantastischen Gefüge geometrischer Figuren, die sich von der natürlichen Beschaffenheit des Instruments und des Gefäßes lösen, wenn auch der innere Bezug zu beiden Gegenständen erhalten bleibt. Auf das doppeldeutige Wechselspiel zwischen Wirklichem und Künstlichem verweist am prägnantesten der "trompe-l'oeil"-Nagel, der schräg aus der oberen Bildmitte gewissermaßen in die Außenwelt ragt, ein Kunstgriff, der einige Jahre später zur kubistischen Collagetechnik hinführen wird. Der "realistische" Nagel ist hier jedoch nicht "wirklicher" als andere "identifizierbare" Details des Bildinhalts, wie etwa Saiten, Schnecke und Wirbel der Violine oder Henkel und Öffnung des Kruges. Vom Standpunkt der äußeren Realität her gesehen ist der Nagel ebenso "falsch" wie alle anderen Elemente dieses Stillebens. Von der "réalité intérieure" des Bildes aus betrachtet, ist er Teil der inneren Wahrheit des Werkes.

Schon bald gingen Braque und Picasso noch einen Schritt weiter. Der Blick in und hinter die Dinge genügte ihnen nicht mehr, und sie begannen, konsequent die Oberfläche des Bildes aufzubrechen. Die Objekte wurden jetzt nicht mehr bildnerisch in ihre Einzelteile zerlegt und zu einem neuen Ganzen zusammengesetzt. Stattdessen griffen die Maler auf "fertige" Materialien unterschiedlicher Art - Tapetenreste, Zeitungsschnipsel, Wachstuch- oder Sackleinenfetzen u. ä. zurück -und arrangierten diese Fragmente zu konkreten Abbildungen. Damit waren die kubistischen "papiers collés" aus der Taufe gehoben.

---

59   G. Apollinaire: Les peintres cubistes. Genève 1950, S. 26.

Diese Collage-Technik gestattete es dem Künstler, gewissermaßen ein Stück Alltagsrealität in eine andere, mit Geist und schöpferischer Phantasie geschaffene Kunstwirklichkeit einfließen zu lassen. Mit dieser Vermischung verschiedener "Realitäten" wurden freilich alle bisher formulierten Theorien über das Verhältnis von Illusion und Realität in der Malerei in einer noch komplexeren und verwickelteren Weise problematisiert als es bereits in der ersten Phase des Kubismus geschehen war, wenngleich den "papiers collés" ein spielerischer, heiterer Zug eignet, den der sogenannte "analytische Kubismus" nicht in diesem Maße aufwies.

Eine charakteristische Arbeit aus der Periode der "papiers collés" ist Picassos Bild "Stilleben auf Flechtstuhl" (Abb. 3). Dieses kleine Arrangement von Buchstaben, Pfeife, Glas, Messer, Zitrone und Muschel gilt als erste Collage in der Geschichte der modernen Kunst überhaupt und ist als revolutionärer Schlag gegen ein bisher unangefochtenes Gesetz abendländischer Malerei anzusehen: daß nämlich die Illusion der Realität allein durch die kunstfertige Handhabung von Pinsel oder Stift erzeugt werden dürfe. Statt aber die Wirklichkeit nur durch Farbe und Konturen bildnerisch zu gestalten, hat es Picasso hier in einem nach der damaligen Kunstauffassung geradezu ketzerischen Akt gewagt, einen Streifen Wachstuch auf die Leinwand zu kleben, also etwas ins Bild zu setzen, das nicht malerisch oder zeichnerisch gestaltet ist. Mit diesem Schritt ist es ihm allerdings gelungen - denn dies war ja die Absicht der Kubisten - der herkömmlichen Vorstellung von Sein und Schein mit Ironie den Kampf anzusagen: denn das im Bild vorgeblich "wirkliche" Stuhlgeflecht erweist sich als "falsch" - es ist und bleibt ein Stück Wachstuch.

Um den Betrachter in seinen Sehgewohnheiten noch mehr zu verunsichern, hat Picasso das ovalformatige Bild mit einem Seil umspannt, das auf den ersten Blick den Eindruck entstehen läßt, es solle den vertrauten Rahmen ersetzen. Diese Sicht erweist sich aber sofort als eine fragwürdige, weil das gedrehte Seil gleichzeitig auch die Illusion der kunstvoll geschnitzten Kante eines Tisches vermittelt, auf dessen Oberfläche die einzelnen Objekte des Stillebens dekorativ plaziert sind.

Mit dieser Einführung von alltäglichen Materialien, die in sich selbst eine Täuschung enthalten, wollte Picasso jedoch nicht nur die traditionelle Auffassung von der Beziehung zwischen Kunst und Realität zerstören. Er beabsichtigte auch, "die verschiedenen Mittel die harte

Hand des Meisters spüren zu lassen, zu zeigen, daß es keine edlen Mittel gab, zu beweisen, daß der Maler seine Gefühle ebenso gut durch ein Stück Papier oder Pappe - später auch durch ein auf ein Brett genageltes Hemd - zu gestalten vermag wie durch Ölfarbe oder Gouache. Dies bedeutet einen Akt romantischer Ironie, der bestimmt ist, den Vorrang der schöpferischen Persönlichkeit vor der Welt geltend zu machen"[60], wie D.-H. Kahnweiler es formuliert hat, der wohl als einer der scharfsinnigsten und bestunterrichteten Kenner des Kubismus gelten darf.

Abschließend soll hier festgehalten werden, daß es den Kubisten stets vor allem um die Autonomie des Künstlers und die "réalité interieure" seiner Werke gegenüber der alltäglichen Wirklichkeit ging. Anders als die Expressionisten, deren Intention es war, den Menschen und die Gesellschaft durch Kunst zu erneuern, strebten die französischen Kubisten eine grundsätzliche Erneuerung der Kunst selbst an. Ihr Werk bleibt gleichermaßen unberührt von der bitteren Zeitkritik der Expressionisten und dem vorbehaltlosen Glauben an die Segnungen des anbrechenden Industriezeitalters, wie ihn vor allem die italienischen Futuristen bekundeten.

Futurismus und Expressionismus werden fälschlicherweise noch heute hin und wieder in einem Atemzug genannt. Vorschub für dieses Mißverständnis leistete unter anderem eine unpräzise formulierte Äußerung Gottfried Benns aus dem Jahre 1933.[61] Daher soll die folgende Untersuchung der für den Futurismus charakteristischen Merkmale die weltanschaulichen Unterschiede oder eher: Gegensätze zwischen diesen beiden Avantgarden deutlich machen.

---

60   D.-H. Kahnweiler: Juan Gris. Paris 1946, S. 172. Dieses Werk vermittelt sehr aufschlußreiche Erkenntnisse über den Kubismus und seine Ästhetik.

61   In seinem Essay "Bekenntnis zum Expressionismus" von 1933 schreibt Benn: "Der Futurismus als Stil, (...), in Deutschland vorwiegend als Expressionismus bezeichnet, (...), hatte schon seine Vorankündigung im ganzen 19. Jahrhundert." (Hervorhebung der Verfasserin.) In: G. Benn: Essays und Reden. In der Fassung der Erstdrucke hrsg. v. B. Hillebrand. Frankfurt am Main 1989, S. 264.

3. Italien: Ideologie und Kunst des Futurismus

Die futuristische Vergötterung der Materie und der Potenz der Technik

Eine der aggressivsten, programmatischsten und radikalsten Fraktionen der europäischen Avantgarden zu Beginn unseres Jahrhunderts war der italienische Futurismus. Er erreichte seinen Höhepunkt zur gleichen Zeit wie der französische Kubismus und der deutsche Expressionismus. Im Gegensatz zu diesen begrüßte er jedoch den unaufhaltsamen Vormarsch der Technik mit ihren neuen Möglichkeiten und die Herrschaft einer flächendeckenden Industrie. Formell gegründet, intellektuell geführt und über die Grenzen Italiens hinaus lautstark propagiert von Filippo Tommaso Marinetti, sorgte diese Bewegung vor allem durch ihre zahlreichen Manifeste für Aufregung im In- und Ausland. Allerdings erntete er vorübergehend auch in der europäischen Kunstszene Bewunderung und Beifall, wie etwa im expressionistischen "Sturm"-Kreis von Herwarth Walden oder in der Gruppe um Apollinaire, der sich zwar später von Marinetti schroff distanzierte, zunächst aber vom Kern der futuristischen Bewegung mitgerissen wurde, die nach einem radikalen Bruch mit der Tradition die Modernität der Gegenwart ohne Einschränkung pries und die Welt der Technik geradezu ritualisierte.

Eine Ursache für die scharfen Angriffe der Futuristen auf alles "Alte" und für ihre exaltierte Verherrlichung des technischen Fortschritts war unter anderem der Unmut über die relativ rückständige industrielle Entwicklung Italiens. Für den übersteigerten Nationalismus Marinettis und seiner Anhänger mag wohl die jahrelange Frustration eines brüchig gewordenen Nationalstolzes eine Erklärung sein. Carl Einstein kommt zu folgender Einschätzung:

> "Italien dämmerte nebenhin. Erstrebenswert unerreichbares Ziel war das Vergangene. Man ignorierte sich, den provinziellen Kleinbürger, der erdrückt vom Schatten der Dome seinen Kaffee trank; (...) man war staatlich anerkanntes Erbe, und hiermit waren Wünsche und Erwerb der Nation gesichert. Man war zum

Theater der großen Vergangenheit verurteilt. Von hier aus waren die Futuristen ein Glück."[62]

Als Verfechter einer hochtechnisierten Industriegesellschaft polemisierte Marinetti in seinen diversen zwischen 1909 und 1913 verfaßten Manifesten mit haßerfüllten Tiraden gegen alles Vergangene. Hochgeschwindigkeit, die gewaltige Kraft der Maschinen und berstende Vitalität sollten fortan das Leben bestimmen. Gepriesen wurde das tobende Chaos gigantischer Industriemetropolen: Sie seien das Schlachtfeld für den "heroischen Kampf" ums Überleben, und der Triumph der Gewalt finde ihre Entsprechung in den Dampfhämmern, in der elektrischen Energie und den alles beherrschenden Gesetzen der Mechanik.

Mit fast götzenhafter Verehrung für die Maschine beschreibt Marinetti in der Einleitung zu seinem Gründungsmanifest (Fondazione e Manifesto del Futurismo; 1909) das Automobil - damals bereits Inbegriff des Fortschritts - als eine "schnaufende Bestie", deren "heiße Brüste er streichelt", während er, gebeugt über dem Steuerrad wie unter einer Guillotine, in rasender Fahrt den Tod herausfordert:

"Ci avvicinammo alle tre belve sbuffanti, per palparne amorosamente i torridi petti. Io mi stesi sulla mia macchina come un cadavere nella bara, ma subito risuscitai sotto il volante, lama di ghigliottina che minacciava il mio stomaco."[63]

Mit seiner exaltierten Bewunderung der "macchina" und der "velocità" stellt Marinetti die ganze herkömmliche Ästhetik auf den Kopf, wenn er schreibt:

"1. Noi vogliamo cantare l'amor del pericolo, l'abitudine all'energia e alla temerità. 2. Il coraggio, l'audacia, la ribellione, saranno elementi essenziali della nostra poesia. 3. La letteratura esaltò fino ad oggi l'immobilità pensosa, l'estasi e il sonno. Noi vogliamo esaltare il movimento aggressivo, l'insonnia febbrile, il passo di corsa, il salto mortale, lo schiaffo ed il pugno. 4. Noi affermiamo che la magnificenza del mondo si è arricchita di una bellezza nuova: la bellezza della velocità. Un automobile da corsa col suo cofano adorno di grossi tubi simili a serpenti dal

---

62   C. Einstein: Die Kunst des 20. Jahrhunderts. Berlin 1926, S. 87.

63   F. T. Marinetti: Teoria e invenzione futurista. Milano 1968, S. 8.

l'alito esplosivo ... un automobile ruggente, che sembra correre
sulla mitraglia, è più bello della Vittoria di Samotracia."[64]

An einer anderen Stelle des gleichen Manifests werden dann auch radikal die kulturpolitischen Konsequenzen gefordert:

> "Noi vogliamo distruggere i musei, le biblioteche, le accademie
> d'ogni specie, e combattere contro il moralismo, il femminismo e
> contro ogni viltà opportunistica o utilitaria."[65]

Dies alles sei nur hinderlich für die "grandi folle agitate dal lavoro",
die sich sowohl für künftige Revolutionen den Kopf freihalten sollen,
als auch für den Krieg:

> "Noi vogliamo glorificare la guerra - sola igiene del mondo - il
> militarismo, il patriottismo, il gesto distruttore dei libertari, le
> belle idee per cui si muore e il disprezzo della donna."[66]

Neben dieser zynischen Glorifizierung des Krieges als "einzige Hy-
giene der Welt" fordert er eine ganz neue Einstellung zum Krieg: Er
solle in Zukunft ein blutiger und notwendiger Test für die Kraft des
Volkes sein. Dazu gehöre freilich auch die Zerstörung aller Jenseitsvorstellungen; denn nur die dynamische Entwicklung der Technik
verschaffe dem Menschen die Möglichkeit, den permanenten Kampf
zwischen Stark und Schwach, Mann und Weib, Reich und Arm immer
abenteuerlicher, kraftvoller und gewalttätiger auszufechten. Den Gip-
fel seiner Bestimmung habe der Mensch erst dann erreicht, wenn er
selbst Teil einer großen Maschinerie werde; nur dort überlebe das
Menschliche, wo es sich über seine Natur hinwegsetzen könne und
sich als Element der Dynamik, der Geräusche und des Lichts begreife,
d. h. eins werde mit der Materie. (Marinetti prophezeiht tatsächlich

---

64 Ebenda, S. 9f.
65 Ebenda, S. 10.
66 Ebenda.

völlig ernsthaft den mechanisierten Menschen mit austauschbaren Teilen.[67])

Nur seine radikale Materialisierung und die damit verbundene Eliminierung seiner geistigen Existenz konditioniere ihn für das Leben in der von den Futuristen propagierten Welt permanenter Destruktionen. Bereits der Gedanke an die Möglichkeit einer solchen Entwicklung hätte bei den Expressionisten Entsetzen und apokalyptische Ängste ausgelöst. Während diese in ihren Werken die Idee der Identität und Integrität des Individuums vertraten, erklärten die Anhänger Marinettis die Materie zum Mittelpunkt ihrer Ideologie und Kunst. Sie sprachen nicht nur der Sphäre des Stofflichen und Mechanischen ein Eigenleben zu, sondern sahen in ihr auch das Modell für alles Natürliche und Organische.

Es wäre freilich eine einseitige Beschreibung des Futurismus, wollte man nur Marinettis unkritische Technikbegeisterung, seine Vergötzung der Materie und seine schon im Ansatz faschistische Ideologie der Gewalt in Betracht ziehen; denn ohne Zweifel hat diese Bewegung durch revolutionäre Innovationen im Bereich der Kunst anderen zeitgenössischen Avantgarden Anstöße und Anregungen gegeben. Von vielen Künstlern wurden sie aufgegriffen und für die formale Gestaltung der Probleme eines epochalen Umbruchs weiterentwickelt, allerdings mit Intentionen, die zu der futuristischen Ideologie grundsätzlich im Widerspruch standen. Während also die gesellschaftspolitischen Aktivitäten und die materialistische Weltauffassung der Futuristen fast überall, besonders aber bei den Expressionisten, auf Ablehnung stießen, wurden ihre antitraditionellen Thesen zu einem neuen Formverständnis in der Kunst begrüßt, zumindest aber diskutiert.

---

67 Auf Seite 48 in Marinettis "Teoria e invenzione futurista" heißt es: "... noi prepariamo la creazione dell UOMO MECCANICO DALLE PARTI CAMBIABILI." Marinetti galt als eifriger Leser der Werke Nietzsches. Seine eigenwillige Deutung des "Übermenschen" als eine Art Roboter mit Ersatzteilen wäre wohl nicht im Sinne des Philosophen gewesen. In der Retrospektive wirkt Marinettis Idee zynisch und menschenverachtend, wenn man bedenkt, daß nur einige Jahre später Zehntausende von Kriegsversehrten auf Prothesen angewiesen waren.

Die futuristische Kunst: Vitalismus contra Intellekt

Alle Künstler waren von Marinetti aufgerufen, sich vornehmlich für die optimistische Darstellung der explosiven, dynamischen Vitalität der Großstadt zu begeistern:

"Noi (...) canteremo le maree multicolori e polifoniche delle rivoluzioni nelle capitali moderne; canteremo il vibrante fervore notturno degli arsenali e dei cantieri incendiati da violente lune elettriche; le stazioni ingorde, divoratrici di serpi che fumano; le officine appese alle nuvole pei contorti fili dei loro fumi; i ponti simili a ginnasti giganti che scavalcano i fiumi, balenanti al sole con un luccichio di coltelli; i piroscafi avventurosi che fiutano l'orizzonte, le locomotive dall'ampio petto, che scalpitano sulle rotaie, come enormi cavalli d'acciaio imbrigliati di tubi, e il volo scivolante degli aeroplani, la cui elica garrisce al vento come una bandiera e sembra applaudire come una folla entusiasta."[68]

Die fiebrige Hektik modernen Lebens, das sich durch den Fortschritt tagtäglich verwandelt und immer neue Eindrücke vermittelt, sollte fortan den Rhythmus der Verse und des Pinselstrichs bestimmen. Das Postulat der Darstellung physikalischer Bewegungsabläufe und die Konzentration auf technische Vorgänge beinhaltet jedoch zwangsläufig die Abkehr vom Menschen als Mittelpunkt des Lebens und der Kunst.

Im Namen einer größtmöglichen Wirklichkeitserfassung verlangt er von Dichtern und Malern, neue Mittel einzusetzen, um bisher Unmögliches möglich zu machen: Die Omnipräsenz der Geschwindigkeit und der physischen Kraft sollten die Verschiebung der Dimensionen von Zeit und Raum bewirken und die Simultanität verschiedener Ereignisse und Empfindungen künstlerisch nachvollziehen.

In der Dichtung wurde - analog zur Malerei - nach einer Technik des Schreibens gesucht, die die Wirklichkeit ohne Vermittlung des Intellekts und in letzter Konsequenz auch ohne die Sprache aufs Papier bringt. Eine so extrem imitative und unmittelbare Kommunikation zwischen Darstellung und Dargestelltem muß zwangsläufig auf die systematische Destruktion der Sprache als Medium im konventionellen Sinne hinauslaufen.

---

68   T. F. Marinetti: Teoria e invenzione futurista. A. a. O., S. 10f.

Im "Manifesto tecnico della letteratura" vom 11. Mai 1912 entwirft Marinetti sein Programm einer futuristischen Schreibweise, deren Kernstück die "parolibere" (freien Worte) sind: "Bisogno furioso di liberare le parole, traendole fuori dalla prigione del periodo latino!"[69] heißt es in der Einleitung des Manifests. Nach einer Attacke auf die "alte, lächerliche" von Homer ererbte Syntax fordert er ihre totale Zerstörung: die Aufhebung der Deklination, die Aneinanderreihung von Substantiven, den Gebrauch der Verben nur in der infiniten Form, die Abschaffung der Adjektive und Adverben, der Orthographie und der Interpunktion, kurzum, sämtlicher syntaktischer Regeln. Denn sie seien Indizien für meditatives und analytisches Denken und somit ein Hemmnis für den unmittelbaren, dynamischen Rhythmus der Sprache. Stattdessen will Marinetti Dichtung als ein engmaschiges Netz assoziativer, neuartiger Bilder verstanden wissen, die jeweils mit einem einzigen Wort wiederzugeben sind.

> "Per avviluppare e cogliere tutto ciò che vi è di più fuggevole e di più inafferrabile nella materia, bisogna formare delle *strette reti d'immagini o analogie*, che verranno lanciate nel mare misterioso dei fenomeni."[70]

Zur vollständigen Erfassung der Wirklichkeit gehört für die Futuristen selbstverständlich auch die poetische Darstellung des Dissonanten und Häßlichen als ein weiterer Ausdruck der Vitalität des Daseins:

> "Ci gridano: 'La vostra letteratura non sarà bella! Non avremo più la sinfonia verbale, dagli armoniosi dondolii, e dalle cadenze tranquillizzanti!' Ciò è bene inteso! E che fortuna! Noi utilizziamo, invece, tutti i suoni brutali, tutti i gridi espressivi della vita violenta che ci circonda. *Facciamo coraggiosamente il 'brutto' in letteratura, e uccidiamo dovunque la solennità.*"[71]

Und schließlich fordert Marinetti die Zerstörung des denkenden und fühlenden Subjekts: "Distruggere nella letteratura 'l'io', cioè tutta la psicologia", lautet der 11. Programmpunkt des technischen Manifests futuristischer Literatur.

---

69 Ebenda, S. 40.
70 Ebenda, S. 43.
71 Ebenda, S. 47.

Freilich irrt sich Marinetti, wenn er annimmt, er habe mit der grammatikalischen Aufhebung des Personalpronomens das "Ich" in der Dichtung tatsächlich eliminiert; denn noch die unlogischste Aneinanderreihung beliebiger Worte zu einer Montage assoziativer Bilder bleibt immer noch eine Komposition des Künstlers und damit letztlich eine Ich-Aussage. Dennoch ist - wie radikal und destruktiv auch immer - Marinettis Postulat ein objektiver Beleg für die Schwächung des Individuums durch die moderne Zivilisation. Trotz seines geistfeindlichen Aufrufs zur Ich-Zerstörung als konsequenten Schritt auf dem Weg in den totalen Materialismus hat er - wenn auch unbeabsichtigt - die existentielle Bedrohung des Subjekts angesprochen und damit einen neuralgischen Punkt aller Kunstbewegungen der Moderne getroffen. Darüber hinaus haben die Futuristen um Marinetti das durch Industrie und Technik vermittelte neue Erlebnis von Raum, Zeit und Geschwindigkeit ins Blickfeld gerückt und zu einem Hauptthema künstlerischer Auseinandersetzung gemacht.

Besonders in der futuristischen Bildkunst haben Maler wie Umberto Boccioni, Carlo Carrà, Gino Severino oder Luigi Russolo teilweise auch den Kubisten zu verdankende Techniken entwickelt, die es erlaubten, die moderne Wirklichkeitserfahrung zum Ausdruck zu bringen. Innovativ bei den genannten Futuristen war vor allem die Darstellung simultaner Ereignisse, Gemütszustände und verschiedener sinnlicher Wahrnehmungen. Eine Anzahl von Bildtiteln weist bereits auf diesen künstlerischen Anspruch hin: "La città che sale" von 1910 (Boccioni), "La strada entra nella casa" von 1911 (Boccioni), "Quel che mi ha detto il tran" von 1910/11 (Carrà), "Sobbalzi del fiacre (della carozza)" von 1911 (Carrà), "Les voix de ma chambre" von 1909 (Severino) oder "Sintesi plastica dei movimenti di una donna" von 1912 (Russolo).

Charakteristische Merkmale der futuristischen Malerei sind neben der "simultanità" vor allem der sogenannte Komplementarismus, also die harte Konfrontation der Komplementärfarben, die dem dynamischen Aufeinanderprall der Flächen und Figuren entsprechen soll, und die zentrifugalen Kraftfelder, die wie ein Sog auf den Betrachter wirken.

Als Beispiel sei hier eines der anspruchsvollsten Werke Umberto Boccionis "Stadt im Aufbruch" (Abb. 4) genannt, zu dem der Maler intensive Vorarbeiten leistete. Der Futurist Boccioni zeigt sich hier fasziniert von der mit Dynamik und Vitalität durchpulsten Geschäftigkeit der Großstadt: Lebhafte Farben - feuriges Rot und leuchtendes Gelb neben Grün und Blau - und eine dynamische Pinselführung schaffen eine Atmosphäre des Drängens geballter Kraft. Die sich aufbäumenden Pferde fungieren bei den Futuristen häufig als Symbol für physische Arbeit, Industriemaschine und unaufhaltsamen Fortschritt schlechthin. Die Fuhrleute (unten links), stellvertretend für die rückständige italienische Gesellschaft, stemmen sich zwar mit aller Macht gegen die Dynamik der neuen Zeit, werden aber von ihr mitgerissen. Die verschobene Perspektive, ein tiefliegender Blickpunkt und die einen Wasserstrudel imitierende Strichführung scheinen sogar den Betrachter geradewegs ins Bild zu ziehen und mitzureißen.

In "La città che sale" fließen verschiedene Eindrücke zusammen, die Boccioni während seiner Studien in den Industriegebieten gesammelt hatte und seine Bilder stark prägten: Seine erklärte Absicht, mit seiner Malerei dem modernen Leben einen "Altar zu errichten", rückt ihn - trotz einiger politischer Differenzen - in die Reihe der Marinetti-Anhänger, für die das Wachstum der Großstädte eine herrliche, aufregende Zukunft garantierte.

Wie bei allen Avantgarden dieser Zeit zeigt sich auch bei den Futuristen eine Tendenz zum apokalyptischen "Stirb-und-Werde"-Prinzip im Bereich der ästhetischen Gestaltung: Alte, als untauglich erkannte Gesetze der künstlerischen Formgebung werden zugunsten neuer Ausdrucksmöglichkeiten abgeschafft. Zu bezweifeln ist jedoch, ob die futuristische Weltanschauung - im Vergleich zur expressionistischen - als eine apokalyptische betrachtet werden kann. Denn im Gegensatz zu den Expressionisten, die zwar auch unter den noch gültigen Strukturen einer überalterten Gesellschaftsordnung litten, noch mehr aber unter der Menschenverachtung und Kälte der modernen, automatisierten, verdinglichten Welt und sich daher von der apokalyptisch-utopischen Hoffnung auf eine geistig-seelische Erneuerung der Menschheit tragen ließen, haben die Futuristen eine betont positive Einstellung zur modernen Wirklichkeit: Zwar brechen sie radikal mit allem Gestrigen, die Realität des gegenwärtigen, modernen Zeitalters jedoch findet bei ihnen uneingeschränkte Akzeptanz. Die Zukunftsvorstellungen der Futuristen bringen im Grunde nichts Neues, sondern sind lediglich eine extreme Steigerung der gegenwärtigen Wirklichkeit.

Alles, was die Futuristen als Beginn der modernen Ära bejubeln, empfinden die Expressionisten viel eher als einen Abstieg ins Inferno. Verlangt Marinetti die Auslöschung der menschlichen Natur zugunsten einer Welt der Maschinen, beklagen die Expressionisten den drohenden Verlust der individuellen Identität in einer zunehmend materiell orientierten Massengesellschaft. Bietet das Wachsen der Großstädte den Futuristen eine Atmosphäre sich steigernder Spannung und Vitalität, befürchten die Expressionisten - trotz mancher Äußerung auch der Faszination - in dieser Entwicklung den Anfang vom Ende eines bereits überzivilisierten Europas.

III. Horror und Faszination:
Großstadterlebnis als Welterfahrung

1. Das explosive Wachstum der Metropolen als Bedrohung des Individuums

Eine zwangsläufige Folge der Mechanisierung und Industrialisierung ist eine geradezu polypenartige Ausdehnung der Großstädte. Die Tatsache, daß Europa am Anfang des 19. Jahrhunderts etwa 200 Millionen, 1914 jedoch 600 Millionen Einwohner zählt, zeigt die außergewöhnliche Bevölkerungszunahme und das Aufkommen einer Massengesellschaft an, die von den großen Metropolen aufgesogen wird. Der moderne sich verirrende Mensch wird zum Gefangenen immer drückenderer Zwänge, zerrissen zwischen individueller und kollektiver Existenz. Er wird auch zum anonymen Menschen, der im Gedränge der Masse untergeht und von der trostlosen Öde einer übervölkerten Großstadtwüste verschlungen zu werden droht. Andererseits versetzen ihn der schnelle Wechsel der Ereignisse, die enorme Fülle der auf ihn einstürzenden Eindrücke und die hektische Aufgeregtheit, die das Großstadtleben mit sich bringt, in einen Zustand der nervösen Gereiztheit und Spannung. Der Mensch, besonders aber der Künstler, empfindet diesen Lebensraum als einen feindlichen und zerstörerischen, selbst wenn er sich von seiner Dynamik und Oszillation faszinieren läßt. Die Angst, sich als Individuum in ihr nicht behaupten zu können, das Gefühl, im Gewirr der Großstadt unterzugehen und in der Masse total zu vereinsamen, löst apokalyptische Vorstellungen aus, die sich in einer großen Anzahl von Kunstwerken manifestieren. Die Großstadt als Moloch wird im Expressionismus zu einem der wichtigsten Motive: In ihr konzentrieren sich die gegenwärtige beängstigende Welt und eine hassenswerte Gesellschaft. Das Leiden an dieser Welt, die Verletzungen des Ich und das Bewußtsein der Entfremdung verursachen jene Angst und Orientierungslosigkeit, aus denen Endzeitvisionen und Untergangsstimmung hervorgehen. Wie sie in der expressionistischen Kunst und Literatur ihren Ausdruck finden und mit welchen stilistischen Mitteln sie in eine ästhetische Form gebracht werden, soll im Folgenden anhand einiger aus der

Fülle des vorhandenen Materials ausgewählter Beispiele dargestellt werden.

Es soll aber auch deutlich gemacht werden, wie ambivalent bei aller negativen Grundeinstellung die Großstadterfahrung im Expressionismus war. Zweifelsohne überwiegen die Äußerungen des Schreckens und Entsetzens angesichts des unterschwelligen Vernichtungspotentials der modernen Großstadtwelt. Besonders Georg Heym und Ludwig Meidner beschreiben ihren Horror mit apokalyptischen und dämonischen Metaphern und Bildern. Dennoch können sie sich kaum dem Nervenkitzel und Rausch des Großstadtlebens entziehen. Die Werke Ernst Ludwig Kirchners und Georg Trakls zeugen eher von Angst, unterschwelligem Grauen und Erschütterung und verweisen auf den inneren Zusammenbruch nicht nur des Individuums, sondern einer ganzen Gesellschaft, wie er sich einige Jahre später real im Ersten Weltkrieg vollzog. Die folgenden Analysen expressionistischer Kunstwerke sollen darüber hinaus auch auf die tiefe Kluft verweisen, die zwischen den Weltanschauungen des Futurismus und des Expressionismus liegt.

Die mit Endzeitstimmung verbundene Entfremdung, Vereinsamung und Bedrohung des Menschen im Inferno Großstadt als bevorzugtes Thema des Expressionismus findet ihren symbolischen Ausdruck vor allem im Motiv der Straße und der Prostitution, der brutalen Gewalt und Zerstörung. Diese Großstadtkritik der expressionistischen Künstler tritt nicht unvermittelt auf; man denke nur an die gespenstischen Maskenbilder des belgischen Malers James Ensor (Abb. 5) oder an die totenhaften und angstgepeinigten Gesichter der Menschenmenge auf Edvard Munchs Bild "Abend auf der Karl-Johann-Straße" (Abb. 6) von 1892. Emil Nolde, Ernst Ludwig Kirchner und Otto Dix finden hier ihre künstlerischen Anregungen. Bereits 1845 schrieb Friedrich Engels:

> "Schon das Straßengewühl hat etwas Widerliches, etwas, wogegen sich die menschliche Natur empört. Diese Hunderttausende aus allen Klassen und aus allen Ständen, die sich da aneinander vorbeidrängen, sind sie nicht alle Menschen? (...) Und doch rennen sie aneinander vorüber, als ob sie gar nichts gemein, gar nichts miteinander zu tun hätten (...) Die brutale Gleichgültigkeit, die gefühllose Isolierung jedes einzelnen auf seine Privatinteressen tritt umso widerwärtiger und verletzender hervor, je

mehr diese einzelnen auf den kleinen Raum zusammengedrängt sind."[72]

Und wenn Friedrich Nietzsche, dessen Schriften für die expressionistische Generation - für die bildenden Künstler wie für die Dichter - von außerordentlicher Bedeutung waren[73], in "Also sprach Zarathustra" vor einer bevorstehenden Apokalypse warnt, ist die Stadt ebenfalls das zentrale Motiv:

"Oh Zarathustra, hier ist die große Stadt; hier hast du nichts zu verlieren. Warum wolltest du durch diesen Schlamm waten? (...) Speie lieber auf das Stadttor und - kehre um! (...) Hier verwesen alle großen Gefühle (...) Bei Allem, was licht und stark und gut ist, oh Zarathustra! Speie auf diese Stadt der Krämer und kehre um! Hier fließt alles Blut faulicht und lauicht und schaumicht durch alle Adern: Speie auf die große Stadt (...) wo alles Anbrüchige, Anrüchige, Lüsterne, Dürstende, Übermürbe, Geschwürige, Verschwörerische zusammenschwärt - Speie auf die große Stadt und kehre um!"

Worauf Zarathustra antwortet:

"Mich ekelt auch vor dieser großen Stadt (...) Wehe dieser großen Stadt! Ich wollte, ich sähe schon die Feuersäule, in der sie verbrannt wird! Denn solche Feuersäulen müssen dem großen Mittag vorangehen. Doch dies hat seine Zeit und sein eigenes Schicksal!"[74]

2. Das latente Unheil in Ernst Ludwig Kirchners Straßenszenen

Einer der Höhepunkte expressionistischer Malerei und zugleich Höhepunkt seines eigenen Schaffens sind Ernst Ludwig Kirchners zwischen 1913 und 1915 entstandenen Stadtbilder. Nachdem er 1911 die

---

72 F. Engels: Die arbeitende Klasse in England (1845). Berlin 1972, S.90.

73 Vergl.: Th. Grochowiak: Ludwig Meidner. Recklinghausen 1966, S. 25.

74 F. Nietzsche: Also sprach Zarathustra. Ein Buch für alle und keinen. In: Werke in sechs Bänden. Bd.III. München-Wien 1980, S. 427f.

Dresdener "Brücke", eine Künstlergemeinschaft, der er sechs Jahre angehörte, verlassen hatte, siedelte er nach Berlin über und entwickelte seinen sogenannten "Berliner Stil": Die leuchtende Buntheit der fauvistischen Palette seiner "Brücke"-Periode gibt er auf zugunsten einer begrenzten Auswahl von Farben, die sich neben dem vorherrschenden Grau vor allem auf Blau- und Grüntöne beschränkt. Weitere Merkmale dieses Stils sind u. a. die Aufsplitterung und Auffächerung der Form, Verschiebung der Perspektive und die Unverhältnismäßigkeit der Dimensionen, wie zum Beispiel auf einem 1914 entstandenen Ölbild "Die Rheinbrücke bei Köln" (Abb. 7), auf dem die Passanten zwischen den gewaltigen grauen Stahlbögen der Brücke verloren und hilflos wirken. Die Lebensfeindlichkeit einer ins Gigantische gesteigerten Stadtarchitektur, die den Menschen zu erdrücken droht, wird hier zum Alptraum.

Das eigentliche Thema Kirchners ist jedoch nicht die Bedrohung des Menschen durch architektonische Gigantomanie, sondern die Entseelung des Einzelnen im Getriebe der Großstadt. In seinen Berliner Straßenszenen bringt er sie einzigartig in eine künstlerische Form. Mit seinem spezifischen dynamischen Pinselstrich, der eher zurückhaltenden Konturenzeichnung und mit der unruhigen Schraffur bei der Flächenausmalung setzt er die für das Großstadtleben typische nervöse Hektik ins Bild. Um diese Straßenbilder ikonographisch richtig einzuordnen, muß man sie von den aus der impressionistischen Malerei bereits bekannten "Stadtlandschaften" trennen. Sie sind vielmehr als in Szene gesetzte Figurenkompositionen höchster Stilisierung zu verstehen. Durch Verzerrung der Perspektive erhält die Straße eine Schräge, die an einen Bühnenboden denken läßt, und die aneinander Vorbeigehenden, mit ihrer übermenschlichen Größe den Vordergrund beherrschend, gleichen in ihrer Anonymität eher lebensgroßen Marionetten als Menschen. Kirchner gelingt es - wie kaum einem anderen Maler dieser Zeit - , Großstadtleben "einzufangen": Die merkwürdige Faszination, die von der Flüchtigkeit der Begegnung, der übersteigerten Mondänität und der erotischen Spannung des Augenblicks ausgeht, aber auch die drohende Gefahr der Entfremdung und Vereinsamung des in einen unmenschlichen Lebenskampf verstrickten Individuums finden so den Eingang in die moderne Kunst.

Als Beispiel für Kirchners künstlerische Umsetzung großstädtischen Lebensgefühls sei hier auf eines seiner bekanntesten Bilder "Potsdamer Platz. Berlin" von 1914 (Abb. 8) hingewiesen, das unter seinen

Straßenszenen wegen der expressiven Zuspitzung und Aussagekraft einen besonderen Rang einnimmt. Dieses Gemälde zeigt vor dem Hintergrund des Potsdamer Platzes zwei extravagant gekleidete Frauengestalten in aufrechter, selbstbewußter Haltung. Mit ihrer bis an den oberen Bildrand verlängerten überdimensionalen Größe beherrschen sie die Szene. Der Platz und die ihn begrenzenden Fassaden wirken durch die Verkürzung der Perspektive und das im akademischen Sinne falsche Größenverhältnis von Raum und Figuren in keiner Weise wie ein wirklichkeitsgetreues Abbild dieses hochfrequentierten Verkehrsknotenpunktes, sondern eher wie die Kulisse einer Theaterbühne, auf der sich die Protagonisten der Szene präsentieren. Auf der podestähnlichen runden Verkehrsinsel inmitten des Platzes scheinen die dicht beieinander stehenden Frauen, isoliert vom übrigen Geschehen, auch untereinander keine Verständigung zu suchen: Betont schauen sie aneinander vorbei und lassen so den Eindruck entstehen, ausschließlich auf die Wirkung der eigenen Person konzentriert zu sein. Wie auf allen seinen Straßenbildern zeigt Kirchner auch hier mit den beiden weiblichen Figuren keine individuellen Menschen. Der gespielte Stolz der Haltung, mit der sie sich in Pose setzen, die zur Schau gestellte mondäne Eleganz ihrer Kostüme, die starre Maske vorgetäuschter Gleichgültigkeit, vor allem aber das unverhohlene Interesse der sie umschwärmenden Männer charakterisieren sie eher als Modelle eines ganz bestimmten großstädtischen Frauentyps: Kirchner, der wie etliche seiner Künstlerkollegen viele Motive in den Vergnügungsvierteln Berlins und ihren einschlägigen Etablissements findet, ist von dem mondänen und herausfordernden öffentlichen Auftreten jener exotisch-reizvollen Damen beeindruckt und gleichzeitig verunsichert, deren Käuflichkeit nicht immer auf den ersten Blick zu erkennen ist. Er hat seine Frauengestalten selbst als "Kokotten" bezeichnet und damit einen Begriff gewählt, der der Stilisierung seiner Figuren entspricht. Er gestaltet mit seinen posierenden Kokotten keine Charaktere mit persönlichen Zügen, sondern eher - um den Kunsthistoriker Bernhard Schulz zu zitieren - "Chargen, Prinzessinnen aus der Halbwelt, Larven, die, als seien sie (...) aus der Unterwelt zutage befördert worden, das Leben nur zu spielen"[75]. Kirchners Frauengestalten sind die Inkarnation des zwiespältigen Groß-

---

75 B. Schulz: Natursehnsucht und Großstadthektik. Der deutsche Expressionismus zwischen "Brücke" und Berlin. In: E. Roters und B. Schulz (Hrsg.): Ich und die Stadt. Ausstellungskatalog. Berlin 1987, S.40.

stadtlebens schlechthin; in ihnen spiegelt sich die "Schwind-
süchtigkeit einer sich pausbäckig präsentierenden Großstadtge-
sellschaft"[76] wider. Sie verkörpern die Morbidität einer untergehenden Welt: "Nicht, daß sie Hetären, sondern daß sie Unheils-
künderinnen sind, ist das Geheime ihrer Erscheinung."[77]
Diese Deutung ist angesichts der bedrohlich spannungsgeladenen
Atmosphäre der auf dem Bild "Potsdamer Platz. Berlin" dargestellten
Straßenszene durchaus berechtigt, denn unter der Oberfläche der dynamischen Vitalität des Großstadtfluidums wird das Unheilvolle
sichtbar. Die spitzwinkligen Formen, die gezackten Konturen, das
mechanische Stakkato der Bewegungsabläufe wirken gefährlich ag-
gressiv. Der Witwenschleier, mit dem sich eine der Kokotten umhüllt
hat, verweist - wie immer man ihn deutet - auf den Tod.

3. Die Dissoziation der Wirklichkeit in Georg Trakls "Unterwegs"

Das latent Unheilvolle und eine unterschwellige Bedrohung bestimmen auch die Atmosphäre in Georg Trakls Gedicht "Unterwegs", das
im Jahre 1912 in zwei Fassungen entstand. Beide wurden jedoch erst
nach dem Tod des Dichters veröffentlicht. Zunächst sei hier der Text
der Erstfassung wiedergegeben:

Georg Trakl: Unterwegs

Ein Duft von Myrrhen, der im Zwielicht irrt.
Im Qualm versinken Plätze rot und wüst.
Bazare kreisen und ein Goldstrahl fließt
In alte Läden seltsam und verwirrt.

Im Spülicht glüht Verfallnes; und der Wind
Ruft dumpf die Qual verbrannter Gärten wach.
Beseßne jagen goldnen Träumen nach.
An Fenstern ruhn Dryaden schlank und lind.

Traumsüchtige wandeln, die ein Wunsch verzehrt.
Arbeiter strömen schimmernd durch ein Tor.

---

76   M. P. Maass: Das Apokalyptische in der modernen Kunst. München 1965, S.78.
77   Ebenda.

53

Stahltürme glühn am Himmelsrand empor.
O Märchen in Fabriken grau versperrt!
Im Finstern trippelt puppenhaft ein Greis
Und lüstern lacht ein Klimperklang von Geld.

Ein Heiligenschein auf jene Kleine fällt,
Die vorm Kaffeehaus wartet, sanft und weiß.
O goldner Glanz, den sie in Scheiben weckt!
Durchsonnter Lärm dröhnt ferne und verzückt.

Ein krummer Schreiber lächelt wie verrückt
Zum Horizont, den grün ein Aufruhr schreckt.
Auf Brücken von Kristall Karossen ziehn,
Obstkarren, Leichenwägen schwarz und fahl,

Von hellen Dampfern wimmelt der Kanal,
Konzerte klingen. Grüne Kuppeln sprühn.
Volksbäder flimmern in Magie von Licht,
Verwunschne Straßen, die man niederreißt.

Ein Herd von Seuchen wirr im Äther kreist,
Ein Schein von Wäldern durch Rubinstaub bricht.
Verzaubert glänzt im Grau ein Opernhaus.
Aus Gassen fluten Masken ungeahnt,

Und irgendwo loht wütend noch ein Brand.
Ein kleiner Falter tanzt im Windgebraus.
Quartiere dräun voll Elend und Gestank.
Violenfarben und Akkorde ziehn

Vor Hungrigen an Kellerlöchern hin.
Ein süßes Kind sitzt tot auf einer Bank. *78*

Der Titel "Unterwegs" läßt zunächst nicht vermuten, daß es sich hier um ein Stadtgedicht handelt, sondern er scheint eher auf eine lyrische Reise- oder Landschaftsschilderung hinzuweisen, wie wir sie etwa aus der Romantik kennen. Auch der erste Vers erinnert noch an die Beschreibung einer von Myrrhenduft erfüllten Landschaft im Abendlicht, wenn auch bereits die ambivalente Zwielicht-Stimmung anklingt, die kennzeichnend für das ganze Gedicht ist.

Erst bei der weiteren Lektüre stößt der Leser auf die inhaltlichen Elemente des eigentlichen Themas: "Qualm", "Plätze", "Arbeiter",

---

78 G. Trakl: Dichtungen und Briefe. Historisch-kritische Ausgabe. Hrsg. von W. Killy u. H. Szklenar. 2 Bde. Salzburg 1969. Bd. I, S. 2.

"Stahltürme" und "Fabriken" lassen das Bild einer industrialisierten Großstadt entstehen. Berücksichtigt man die Biographie des Dichters und die deutlichen Anhaltspunkte wie "Bazare", "alte Läden", "grüne Kuppeln", "Konzert" und "Opernhaus", wird offensichtlich, daß hier nur Wien gemeint sein kann, Industriemetropole und zugleich traditionsreiches Kulturzentrum zwischen Ost und West: eine Stadt voller Widersprüche und Gegensätze.

Das Bild, das Trakl von ihr entwirft, gleicht einem großen Mosaik, das den Betrachter durch seine außerordentliche Vielfalt und Buntheit irritiert und desorientiert, indem es in ihm ein zusammenhangloses Gemisch verwirrender Eindrücke hinterläßt. Es scheint, so vermutet R. Meurer in seiner Interpretation[79], als werde eine Fülle von Einzelheiten und Abläufen von verschiedenen Blickpunkten aus ins Visier genommen: Einmal aus weiter Entfernung ("Stahltürme glühn am Himmelsrand empor"), dann aus unmittelbarer Nähe ("Ein kleiner Falter tanzt im Windgebraus"), oder aber aus der Vogelperspektive ("Von hellen Dampfern wimmelt der Kanal"). Weder ein ordnendes lyrisches Ich, noch ein implizites zeitliches oder räumliches System koordinieren die einzelnen Bilder und Impressionen zu einer erkennbaren Einheit. Die Wirklichkeit der Stadt wird hier als ein zusammenhangloses Nebeneinander verschiedener Geschehnisse immer nur punktuell erfahren: Sie zerfällt in ihre Bestandteile und ist in ihrer Vieldeutigkeit als Ganzes nicht mehr erfaßbar. Aber auch die einzelnen Bilder sind nicht eindeutig zu bestimmen: Im diffusen "Zwielicht" der Stadt liegen Positives und Negatives, Groteskes und Erhabenes, Alltagserfahrung und Märchen, Tod und Leben nicht nur sehr dicht beieinander, sondern scheinen sich unauflösbar zu vermischen und zu verflechten. So zieht der "Duft der Myrrhen" durch den "Qualm" der Fabriken, die "goldenen Träume" sind die Träume Besessener, das Lächeln eines Schreibers offenbart sein Verrücktsein, "Obstkarren" und "Leichenwägen" ziehen gemeinsam dahin, "Märchen" sind in Fabriken eingeschlossen, die den puppenhaften Greis umgebende Finsternis wird vom Heiligenschein "jener Kleinen" erhellt - und schließlich: Ein süßes Kind sitzt auf der Bank - aber es ist tot. Das gesamte Szenarium vermittelt den Eindruck verwirrender Disparatheit.

In die gleiche Richtung zielt die Vermischung verschiedener Sinneswahrnehmungen: Akustische und optische Bereiche werden nicht

---

79   R. Meurer: Gedichte des Expressionismus. Interpretationen. München 1988, S. 60f.

mehr klar voneinander getrennt. Verse wie "Durchsonnter Lärm dröhnt ferne und verzückt" oder "Violenfarben und Akkorde ziehn/Vor Hungrigen an Kellerlöchern hin" verweisen auf den Verlust der eindeutigen Wirklichkeitswahrnehmung.

In allen Daseinsbereichen zerfließen in diesem Gedicht auch die Grenzen zwischen den verschiedenen Existenzformen: So geraten normalerweise unbewegte und unbelebte Dinge und Stoffe nicht nur in physische, sondern auch in psychische Bewegung:

> "Ein Duft von Myrrhen, der im Zwielicht irrt"
> Im Qualm versinken Plätze rot und wüst.
> Bazare kreisen und ein Goldstrahl fließt
> In alte Läden seltsam und verwirrt." (I, 1-4)

Oder:

> "... und der Wind
> Ruft dumpf die Qual verbrannter Gärten wach" (II, 1-2)
> "Und lüstern lacht ein Klimperklang von Geld" (IV, 2)
> "Durchsonnter Lärm dröhnt ferne und verzückt" (I, 2)
> "Zum Horizont, den grün ein Aufruhr schreckt" (V, 4)
> "Und irgendwo loht wütend noch ein Brand" (VIII, 3).

Die unheilvolle Dynamik ist gekennzeichnet durch eine chaotische Ziel- und Richtungslosigkeit der Bewegungsabläufe. Zusätzlich verstärkt wird der Eindruck totaler Orientierungslosigkeit nicht nur durch die Auswahl von Verben wie "kreisen" oder "wimmeln", zumal in Verbindung mit Adverben wie "wirr" oder "verwirrt", sondern auch durch die vagen Ortsangaben, die eher den begrenzten Raum aufzulösen drohen als ihn klar zu bestimmen: "im Zwielicht", "im Qualm", "im Spülicht", "im Finstern", "im Äther" oder "im Grau".

Ein allgemeiner Realitätsverlust läßt sich u. a. auch an der auffallend häufigen Anwendung der Vorsilbe "ver" ablesen. Worte wie "verwirrt", "Verfallenes", "verbrannt", "verzehrt", "versperrt", "verzückt", "verrückt", "Verwunschen" und "verzaubert" verweisen entweder auf Zerfallserscheinungen oder auf eine Entfremdung von der Wirklichkeit.

Die menschlichen Gestalten in diesem Gedicht scheinen fast alle im eigentlichen Sinne des Wortes Ver-rückte zu sein, sei es, daß sie besessen "goldenen Träumen" (= Rausch) nachjagen oder als "Traumsüchtige" einherwandeln, sei es, daß sie "wie verrückt" lächeln oder als schimmernde Lichtgestalten der Wirklichkeit entrücken (III, 3).

Die Darstellung der beiden männlichen Einzelgestalten ist eine Verzerrung der menschlichen Natur ins Groteske. Der puppenhaft trippelnde Greis und der "wie verrückt" lächelnde krumme Schreiber sind wahre Spottgestalten, wenngleich ihnen auch etwas zutiefst Unheimliches anhaftet. Derartige ambivalente Überspitzungen sind häufig in der expressionistischen Literatur und Kunst zu finden, insbesondere in den Gedichten von Jakob van Hoddis und Alfred Lichtenstein und in den Bildern von Otto Dix und Georg Grosz.

Den männlichen Figuren stehen Mädchengestalten gegenüber, die sich als "Dryaden" (weibliche Baumgeister) der Wirklichkeit entziehen und ins Reich der Mythologie entrücken. Mit besonderer Aufmerksamkeit jedoch wird eine vor dem Kaffeehaus wartende jungen Hure ("jene Kleine") bedacht. Der "goldene Glanz" ihres seltsamen Heiligenscheins spiegelt sich in den Fensterscheiben und erleuchtet die ganze Umgebung, aber die weiße Blässe ihres Gesichts kündigt bereits hier, in der vierten Strophe, ihren Tod an, mit dem das Gedicht endet.

Die zweideutige Darstellung der Frauengestalten als Huren und zugleich Heilige und ihre mythologische Erhöhung zu Unheilsbotinnen und Todesengeln ist nicht nur kennzeichnend für Trakls Dichtkunst, sondern charakteristisch für den Expressionismus überhaupt, wie bereits am Beispiel der "Kokotten" Ernst Ludwig Kirchners verdeutlicht wurde.

Vergleicht man Kirchners Großstadtmenschen mit denen Trakls, zeigt sich noch eine weitere bemerkenswerte Affinität: In der ihrem Medium entsprechenden Formsprache bringen sie in ihren Kunstwerken die Entfremdung des Individuums von einer bedrohlichen Wirklichkeit zum Ausdruck, wie sie sich besonders im Getriebe der Großstadt offenbart. Zwar wird in Trakls "Unterwegs" die Stadt nicht explizit genannt, aber sie bildet den Hintergrund für die Angst und Bedrängnis des Menschen in der modernen Welt.

In der nur wenig später entstandenen zweiten Fassung des Gedichts hat Trakl Änderungen vorgenommen, die eine noch finsterere Atmosphäre entstehen lassen. Die ohnehin schon wenigen positiven Bilder der Erstfassung werden hier fast ausnahmslos durch negative ersetzt: "Beseßne" jagen nun nicht mehr "goldenen Träumen", sondern "dunklen Dingen" nach, und aus dem im Wind tanzenden "kleinen Falter" werden unheimlich schreiende Fledermäuse, die wie die Krähen bei Trakl eine Chiffre für drohendes Unheil sind. Der Vers "Volksbäder flimmern in Magie und Licht" entfällt zugunsten des gespenstischen Bildes "Schlafwandler treten vor ein Kerzenlicht" und statt "Verwunschne Straßen, die man niederreißt" heißt es nun: "In eine Spinne fährt des Bösen Geist". Die radikalste Veränderung erfährt jedoch das Bild im zweiten Vers der fünften Strophe: Wurde in der Erstfassung das Unheimliche der "Leichenwägen" durch die heitere Buntheit der Obstkarren gemildert, erhält das Bild der zweiten Fassung "Durchs Dunkel stürzt ein Leichnam, leer und fahl" eine geradezu apokalyptische Dimension.

Georg Trakl hatte eine unüberwindliche Abneigung gegen große Städte. In Wien, "wo er immer wieder und mit großer Verzweiflung versucht hat, in einer Stellung Fuß zu fassen"[80], fühlte er sich besonders bedroht. Aber trotz des wohlmeinenden Ratschlags besorgter Freunde, er möge doch dieser verhaßten Stadt den Rücken kehren, blieb er bis zur bitteren Konsequenz dort - und mit ihm seine Kunst: "Ich habe kein Recht, mich der Hölle zu entziehen."[81]

4. Ludwig Meidners "Apokalyptische Landschaften"

Ein Expressionist der Vorkriegszeit mit einem hochsensiblen Gespür für die Gefahren der modernen Großstadt war der Maler Ludwig Meidner. Seine künstlerische Umsetzung von Endzeitstimmung ist, vergleicht man sie etwa mit der Ernst Ludwig Kirchners, weitaus weniger distanziert und in ihrer Aussage sehr viel düsterer und pessimistischer: Die Stadt wird bei Meidner geradezu zum Sinnbild der Zerstörung und des Untergangs.

Ludwig Meidner gehörte einer expressionistischen Gruppe an, die sich "Pathetiker" nannte, eine Bezeichnung, die auf das Leidenschaftliche, die Empfindsamkeit, auf das Mitleid und die einfühlsame Anteilnahme verweist, die diese Künstler ihren Themen entgegenbrach-

---

80   Derselbe: Nachlaß und Biographie, Gedichte, Briefe, Essays. Hrsg. v. W. Schneditz. Salzburg 1949, S.70.

81   Ebenda, S. 116.

ten. Meidner galt nach Auffassung von Kurt Hiller "als der reichste"[82] unter ihnen, und er war in der Tat eines der führenden Mitglieder dieser Vereinigung. Sein Stil zeichnet sich durch pastos aufgetragene, kontrastierende Farben und Aufsplitterung der Formen, durch extreme Verzerrung der Perspektive und Aufhebung "alles geradlinig Vertikalen" aus. Seine pathetische Plastizität wirkt auf den Betrachter faszinierend und erschreckend zugleich. Wie andere Künstler des Expressionismus war er doppelt begabt: Neben seinen zahlreichen apokalyptischen Bildern hinterließ er einige beachtenswerte dichterische Werke.[83]

Ludwig Meidners Stadterlebnis ist mit apokalyptischen Angstvorstellungen verknüpft, aber auch mit einer unheimlichen Faszination, der er sich nicht entziehen kann. In seiner Dichtung "Im Nacken das Sternemeer" schildert er diese innere Zerrissenheit:

"Zuweilen, wenn es mich nachts zur Stadt hintreibt, (...) wenn ich längshin die Fläche sause (...) sind Wolkenschreie um mich her, flackernde Gebüsche, ein fernes Flügelschlagen und Menschenkerle, dunkel und fauchend. Der Mond brennt an meinen heißen Schläfen (...) Es naht die Stadt. Sie knistert schon an meinem Leibe. Auf meiner Haut brennt ihr Gekicher. Ich höre ihre Eruptionen in meinem Hinterkopf echoen. Die Häuser nahen. Ihre Katastrophen explodieren aus den Fenstern heraus. Treppenhäuser krachen lautlos zusammen. Menschen lachen unter den Trümmern."[84]

Das Knistern, Explodieren, Zusammenkrachen der modernen Metropole ist besonders gut erkennbar auf Meidners Ölbild "Apokalyptische Landschaft (Spreehafen Berlin)" (Abb. 9) von 1913. Die Zerstörungskräfte, die hier wirken, scheinen überwältigend zu sein. Der Himmel ist zersplittert in abertausend kleine Teilchen, die Häuser schwanken und zerbersten, schattenhafte Figuren, kaum als Menschen zu erkennen, fliehen kreuz und quer über bebende Stra-

---

82 Zitiert nach C. S. Eliels Beitrag in: Ludwig Meidner. Apokalyptische Landschaften. Ausstellungskatalog. München 1990, S. 19.

83 Veröffentlicht sind von Ludwig Meidner u.a.: "Im Nacken das Sternemeer". Leipzig 1918. "Septemberschrei: Hymnen, Gebete, Lästerungen". Berlin 1920. "Mein Leben". In: Ludwig Meidner. Junge Kunst, Bd. 4. Leipzig 1923. "Ein denkwürdiger Sommer". In: Der Monat 16, Nr. 191 (August 1964), S. 75.

84 L. Meidner: Im Nacken das Sternemeer. A. a. O., S. 26f.

ßen vor der Katastrophe. Durch das vorherrschende helle Graublau strahlt dieses Bild eine frostige Kälte aus. Es entsteht der Eindruck einer unter berstendem Eis versinkenden Stadt. Wie auf den meisten seiner Bilder, die die Apokalypse thematisieren, vermeidet der Maler auch hier die geradlinigen Horizontalen und Vertikalen: "(...) ein schmerzhafter Drang gab mir ein, alles Geradlinig-Vertikale zu zerbrechen."[85]

Mit der Zersplitterung der Formen und der bildnerischen Gestaltung von Kraftzentren durch eine aggressive Linienführung greift Meidner hier wie auch in anderen Werken ansatzweise kubistische, insbesondere aber futuristische Stilmittel auf. Dabei geht es ihm allerdings weder um die Autonomie des Kunstwerks und die strikte Trennung von Wirklichkeit und Ästhetik, wie sie die Kubisten anstrebten, noch um die verherrlichende Darstellung berstender Großstadtvitalität der Futuristen, sondern um eine ausdrucksstarke Darstellung der unterschwelligen Zerstörungs- und Selbstzerstörungskräfte, die den Städten innewohnen und sie in apokalyptische Landschaften zu verwandeln drohen[86].

Die Gefahr und Gewalt, die für den Menschen von der Großstadt ausgeht, wird in eindringlicher Weise in Ludwig Meidners "Apokalyptische Vision" von 1913 (Abb. 10) dargestellt: Im Zentrum einer nächtlichen, vom Maler perspektivisch verzerrt dargestellten Stadtlandschaft wütet eine verbrecherische, dämonisch anmutende Gestalt, die die Gewalttätigkeit an sich zu personifizieren scheint. Wie auf einer Bühne in Szene gesetzt, angestrahlt von einem direkt auf ihn gerichteten Scheinwerfer, bedroht der mörderische Dämon mit einem spitzen Messer das Leben einer Gruppe hilfloser Frauen. Eine von ihnen liegt bereits entblößt und sterbend mit im Todeskampf verkrampften Händen auf dem Asphalt. Ihre Gefährtinnen strecken ihrem Peiniger flehend die Arme entgegen, um von einem ähnlichen Schicksal verschont zu bleiben. Die formale Gestaltung von Brutalität und Horror wird durch die scharfen Schwarz-Weiß-Kontraste der Zeichnung noch gesteigert. Insbesondere das von oben auf den Tobsüchtigen fallende grelle Scheinwerferlicht und die schwarzen Schat-

---

85 Derselbe: Septemberschrei. A. a. O., S. 8.
86 Vergl. dazu auch C. S. Eliels Beitrag im Ausstellungskatalog zu Ludwig Meidners "Apokalyptischen Landschaften", a. a. O., S. 33f.

ten der Frauenkörper im Vordergrund verstärken das Infernalische dieser Szene.

Ein Schlüsselbild in Meidners Oeuvre ist das Gemälde "Ich und die Stadt" (Abb. 11) von 1913. Einzig in seiner Art, verknüpft es Großstadterfahrung und Selbstporträt und stellt so eine Verbindung von Erlebnis und Bewußtsein, von Umwelt und Empfindung her: Das Außen korrespondiert mit dem Innen. Den Hintergrund bildet die von einer gewaltigen Erschütterung heimgesuchten Stadt, ein Chaos von einstürzenden Häusern, Schornsteinen und Telegraphenmasten; darüber hinweg fegen unter einem düsteren Himmel gelbliche Wolken wie giftige Rauchschwaden, auf einer einsinkenden Straße, die ins Unbekannte verläuft, rennen Menschen - in ihrer Winzigkeit kaum zu erkennen - aufgeregt hin und her. Einer versucht mit Hilfe eines Heißluftballons der Katastrophe zu entkommen. Diese detonierende Stadt scheint von allen Seiten auf den Kopf des Künstlers einzustürzen und ihn in den Vordergrund zu drücken. Der Widerspruch on Stadt und Mensch ist evident, und eine Synthese zu einem konstruktiven Ganzen scheint unmöglich zu sein. Die Kunsthistorikerin C. Schulz-Hoffmann vertritt die Meinung, der Künstler versuche, das Chaos hinter sich lassend, verzweifelt in den Raum des Betrachters zu fliehen[87]. Andererseits läßt das Bild aber auch die Interpretation zu, daß dieses Chaos das aus der Vorstellungskraft des Künstlers hervorgebrachte Spiegelbild seiner inneren Verfassung ist, die Enthüllung (sic!) seiner erschütterten Seele. Die klarblickenden, weit geöffneten Augen und das zwar zögernde, aber wissende Lächeln könnten gleichermaßen Selbsterkenntnis und Bekenntnis zum Selbst andeuten:

"(...) meine Jugendpläne sind verweht und mein Mut ist brüchig geworden. In einem Malkittel steckend, der, mit geronnener Farbe bedeckt, wie ein Panzer steif war, mit nimmersatter Palette gegürtet und fletschenden Pinseln, so stand ich, nicht wankend, die ganze Nacht und malte mich selbst vor dem grimassierenden Spiegel."*88*

---

87 Vergl.: C. Schulz-Hoffmann: Mythos Italien, Wintermärchen Deutschland: Konstanten der italienischen Kunst des 20. Jahrhunderts im Vergleich mit Deutschland. In: Mythos Italien, Wintermärchen Deutschland: Die italienische Moderne und ihr Dialog mit Deutschland, hrsg. von C. Schulz-Hoffmann, München 1988, S. 9-30.

88 L. Meidner: Septemberschrei. A. a. O., S. 6f.

Großstadterlebnis und apokalyptische Ängste sind nicht nur hier wechselseitig bedingt. Fast alle Stadtbilder Meidners sind "apokalyptische Landschaften" und werden auch explizit so bezeichnet. Dennoch fühlt sich der Künstler auf eine ihm selbst unheimliche Weise immer wieder von der Großstadt angezogen:

> "Was peitscht mich denn so in die Stadt hinein? Was ras' ich verrückt heerstraßenlang?! Pfähle blutig anrempelnd, Schädel zertrümmernd an feisten Stämmen und meine stadtgeilen Füße zerreißen am Gestein der Nacht, (...)"[89].

Mehr als für Kirchner und andere expressionistische Maler ist für Meidner die Großstadt eine dämonische Macht, von der Zerstörung und Grauen ausgeht. Sie "trägt die Apokalpyse in sich, sie ist schwanger von der Katastrophe und wird sie austragen, wenn sie in ihrem Bauch gereift ist".[90] Auf seinen Bildern erscheint sie häufig als Ursache des Untergangs und fällt diesem gleichzeitig zum Opfer. Nicht als ein geographisch begrenzter Lebensraum wird sie dargestellt, sondern als eine dem Untergang anheimfallende Welt. Damit gewinnt sie eine überregionale und überzeitliche Dimension. In Ludwig Meidners Verhältnis zur Stadt konzentriert sich sein Daseinsgefühl: Stadterlebnis wird zur Welterfahrung. Er teilt nicht den positivistischen Fortschrittsglauben vieler seiner Zeitgenossen, sondern enthüllt in seinen Werken das latente ungeheure Zerstörungspotential der modernen Zivilisation.[91]

Seelisch zerrissen und nervlich zermürbt, verfolgt von grauenhaften Visionen, zog sich Meidner häufig in sein Berliner Atelier zurück und arbeitete wie ein Besessener. Dennoch bedurfte er des Umgangs mit anderen Künstlern, fand ihn aber weniger unter seinen expressionistischen Maler-Kollegen, sondern fühlte sich eher zus den "neopathetischen" Dichtern hingezogen; denn, wie er in der Malerei waren sie Untergangspropheten in der Lyrik. Mit Jakob van Hoddis, dessen Weltuntergangsgedicht "Weltende" wie ein Lauffeuer die Runde machte und mit Begeisterung aufgenommen wurde, war er eng be-

---

89 Derselbe: Im Nacken das Sternemeer. A. a. O., S. 27.

90 E. Roters: Nächte des Malers. In: Ludwig Meidner, Apokalyptische Landschaften. München 1990, S. 72.

91 Zur Großstadtproblematik in Meidners Werk vergl. auch G. Breuer und I. Wagemann: Ludwig Meidner. Zeichner, Maler, Literat. 1884-1966. 2 Bde. Darmstadt und Stuttgart 1991.

freundet. Mit Georg Heym, einem der profiliertesten Mitglieder dieser Gruppe, fühlte er sich seelenverwandt und schätzte sein Werk hoch.

5. Die Großstadt als Dämon in Georg Heyms "Der Gott der Stadt"

Die frühen Gedichte Georg Heyms, zum Teil noch während seiner Gymnasialzeit verfaßt, waren eine Anhäufung grauenvoller Motive und Metaphern, die ganz entschieden schockieren und eine Provokation der verachteten Generation seiner Eltern und Lehrer darstellen sollten. Aus dieser aufsässig-oppositionellen Haltung gegenüber der verachteten Gesellschaft heraus trieb er fast lustvoll das Spiel mit dem Makabren auf die Spitze und steigerte sich dann pathetisch in wüste Zerstörungs- und Untergangsphantasien hinein, wie etwa noch in seinem Gedicht "Marathon" vom März 1910. In der darauf folgenden kurzen Schaffenszeit, die ihm noch verblieb (er ertrank 1912, erst vierundzwanzigjährig, in der Havel), verschärfen sich diese düster-diffusen Phantasiegebilde mehr und mehr zur hellsichtigen Antizipation einer bevorstehenden Kriegskatastrophe, die von ihm letztlich - um hier etwas vorzugreifen - nicht nur angstvoll erwartet, sondern durchaus auch herbeigesehnt wird. Um diese Entwicklung ins Visionäre zu skizzieren, mögen die ersten Zeilen einiger seiner Gedichte, hier chronologisch zitiert, genügen:

"In Maiensaaten liegen eng die Leichen" (September 1910)[92]
"Sie wandern durch die Nacht der Städte hin" (Dez. 1910)[93]
"Auf einem Häuserblocke sitzt er breit" (Dezember 1910)[94]
"Die weißen Tore, die ein schwarzes Zeichen/
Ein Totenkopf mit seinem Siegel schmückt" (Februar 1911)[95]
"Großer Gott, der du auf Kriegsschläuchen sitzt" (Sept. 1911)[96]

---

92 G. Heym: "Nach der Schlacht". In: Georg Heym: Dichtungen und Schriften. Gesamtausgabe, Bd. 1, hrsg. von Karl Ludwig Schneider. Hamburg und München 1964, S. 124.

93 "Die Dämonen der Städte". Ebenda, S. 186-187.

94 "Der Gott der Stadt". Ebenda, S. 192.

95 "Verfluchung der Städte". Ebenda, S. 120-121.

96 "Gebet". Ebenda, S. 356.

"Auf einmal kommt ein großes Sterben" (Oktober 1911)[97]
"Die Menschen stehen vorwärts in den Straßen/
Und sehen auf die großen Himmelszeichen" (Oktober 1911)[98]
"Die ertrinkenden Städte sind dunkel und voll" (Nov. 1911)[99]
"Von toten Städten ist das Land bedeckt" (November 1911)[100]

Diese wenigen Zitate lassen bereits erkennen, daß Georg Heym in seiner Lyrik ebenso wie Ludwig Meidner in seinen Gemälden häufig die Stadt als Motiv gewählt hat, um Angst, Weltekel und apokalyptische Visionen künstlerisch umzusetzen. So entstanden im Laufe des Jahres 1910 u. a. acht Sonette, die alle Berlin zum Gegenstand haben. "Der Gott der Stadt" war das letzte Gedicht dieses Jahres (Reinschrift am 30. Dezember 1910), das sich mit diesem Thema befaßte, und sollte neben "Der Krieg" zu einem seiner bekanntesten werden:

Georg Heym: Der Gott der Stadt

Auf einem Häuserblocke sitzt er breit.
Die Winde lagern schwarz um seine Stirn.
Er schaut voll Wut, wo fern in Einsamkeit
Die letzten Häuser in das Land verirrn.

Vom Abend glänzt der rote Bauch dem Baal,
Die großen Städte knien um ihn her.
Der Kirchenglocken ungeheure Zahl
Wogt auf zu ihm aus schwarzer Türme Meer.

Wie Korybanten-Tanz dröhnt die Musik
Der Millionen durch die Straßen laut.
Der Schlote Rauch, die Wolken der Fabrik
Ziehn auf zu ihm, wie Duft von Weihrauch blaut.

Das Wetter schwält in seinen Augenbrauen.
Der dunkle Abend wird in Nacht betäubt.
Die Stürme flattern, die wie Geier schauen
Von seinem Haupthaar, das im Zorne sträubt.

Er streckt ins Dunkel seine Fleischerfaust.
Er schüttelt sie. Ein Meer von Feuer jagt

---

97 "Auf einmal aber kommt das große Sterben". Ebenda, S. 422-423.
98 "Die Menschen stehen vorwärts in den Straßen". Ebenda, S.440-442.
99 "Die ertrinkenden Städte sind dunkel und voll". Ebenda, S. 445.
100 "Von toten Städten ist das Land bedeckt". Ebenda, S. 471.

Durch eine Straße. Und der Glutqualm braust
Und frißt sie auf, bis spät der Morgen tagt. *101*

Verglichen mit anderen Gedichten, wie zum Beispiel seinen im gleichen Monat entstandenen "Die Dämonen der Städte" (Reinschrift am
20. Dezember 1910) wirkt "Der Gott der Stadt" fast klassisch in seiner
Einheitlichkeit von Perspektive, Figur und Geschehen. Der Blick des
impliziten lyrischen Sprechers ist durchgehend auf die alle menschlichen Dimensionen übersteigende Gestalt Baal gerichtet, einen in seiner Schrecklichkeit faszinierenden "Gott", dessen zerstörerische Will-
kürherrschaft keinen Gegenspieler und kein Gegenprinzip zuläßt. In
mythischer Personifizierung wird mit ihm eine sich in Blitz und Donner elementar offenbarende Naturgewalt beschworen, die sich grausam für die Entfremdung zwischen ihr und dem Menschen rächt, die
dieser selbst verschuldet hat. Vor allem nimmt sie an der Stätte Rache,
an der diese Entfremdung sich am deutlichsten offenbart: an der
Großstadt als dem Ort der modernen Zivilisation, wo sich Vermas-
sung, Verdinglichung, Fortschritts- und Profitsucht am offenkundig-
sten zeigt. Der Mensch aber, der geglaubt hat, sich der Natur als einer
numinosen Macht entziehen zu können, indem er versucht, sie zu
verdinglichen, zu verrechnen und damit zu beherrschen, zahlt dafür
den hohen Preis der Selbstentwertung, des Verlustes seiner Identität
und seiner metaphysischen Rückbindung, und er verschwindet letztlich in einem Nichts. So ist es für dieses Gedicht bezeichnend, daß
die Menschen, die ja doch die eigentlichen "Inhaber" der Stadt sind,
nie ins Bild kommen. Schall und Rauch ("Musik der Millionen", 3.1 -
"Der Schlote Rauch", 3.3) erinnern lediglich indirekt an ihre Existenz.
Weder als Gegenspieler noch als Opfer Baals treten sie in Erscheinung. Ironischerweise werden dieser absoluten Nichtigkeit des Menschen die Personifizierung des Gegenständlichen und die Animatisie-
rung der Naturerscheinungen entgegengesetzt: "(...) wo fern in Ein-
samkeit/Die letzten Häuser in das Land verirrn" (1.3-4); "Die großen
Städte knien um ihn her" (2.2); "Winde lagern schwarz um seine
Stirn" (1.2); "Die Stürme flattern, wie die Geier schauen" (4.3)

Auffallend ist, daß in "Gott der Stadt" Kulte unterschiedlicher Her-
kunft[102] und verschiedener Zeitalter miteinander verknüpft sind. R.

---

101 G. Heym: "Der Gott der Stadt". Ebenda, S. 192.

Meurer weist in seiner Studie zu Heyms "Der Gott der Stadt" darauf hin, daß bei den westsemitischen Völkern jede Stadt ihren Stadtbaal hatte.[103] Um den Herrschergott (Baal = hebräisch "Herr"), der offenbar vorwiegend finster-dämonische Züge trug, gnädig zu stimmen, wurden in seinem von Priestern zum Glühen gebrachten bronzenen Standbild während einer allgemeinen Orgie mit greller Musik und ekstatischen Riten Kinder bei lebendigem Leibe verbrannt. Flaubert hat in seinem historischen Roman "Salammbô" (1888) eine solche Opfer-Szene aus dem Jahre 240 v. Chr. geschildert. Es ist anzunehmen, daß dem jungen Heym, der wie fast alle Expressionisten aus dem Bildungsbürgertum stammte und das humanistische Gymnasium durchlaufen hatte, der gesamte mythologische Vorstellungskreis der antiken Kulturen bekannt war. So geschieht es mit Sicherheit nicht zufällig oder versehentlich, wenn er "Korybanten"[104] - Priester der phrygischen Göttin Kybele, die sich auf dem Höhepunkt ihrer orgiastischen Kulthandlungen selbst zerfleischten und schließlich entmannten - mit den Baalspriestern gleichsetzt und sie zusätzlich mit Symbolen der christlichen Tradition in Zusammenhang bringt. Der westsemitische Baal, der phrygische Kybelekult, Kirchenglocken und Türme, der Weihrauch der Fabrikschlote (vergl. 3.3-4) als ironischer Ausdruck einer modernen Fortschrittsgläubigkeit - diese synkretistische Zusammenziehung mag zwar zunächst befremden, ist jedoch in ihrer Intention stimmig. Heym beabsichtigt in seinem Gedicht - ähnlich wie Kirchner und Meidner in ihren Bildern - offensichtlich, sowohl die regional und zeitlich begrenzte Dimension der Stadt ins Universale zu erweitern, um damit seine Weltsicht zum Ausdruck zu bringen, als auch die Bedrohung des Menschen durch sein eigenes Werk deutlich zu machen: Er erlebt die moderne Zivilisation als irrationalen, selbstzerstörerischen Dämonenkult, als latente Apokalypse. Eine Hoffnung, der totalen Vernichtung zu entgehen, schimmert nur an einer Stelle des Gedichtes auf - und erweist sich sogleich als trügerische Illusion: Der Fabrik-Weihrauch "zieht auf" zu Baal, das Opfer wird vom Gott angenommen, und das läßt auf Versöhnung hoffen. Das abschlie-

---

102 Die Mythologie in der Dichtung Georg Heyms macht u.a. K. Mautz zum Gegenstand seiner Untersuchung "Mythologie und Gesellschaft im Expressionismus. Die Dichtung Georg Heyms". Frankfurt a. M. und Bonn 1961.

103 R. Meurer: Gedichte des Expressionismus. A. a. O., S. 53.

104 Vergl.: F. Heiler: Religionen der Menschheit. Neu hrsg. von K. Goldammer. Stuttgart 1980, S. 330.

ßende Verb "blaut" verbindet Bewegung, Farbwert und Gefühlswert. Die konsequente Farbkombination Schwarz-Rot, mit der Heym das Apokalyptisch-Bedrohliche des Dämons ausdrückt, wird hier vom Blau durchbrochen, einer Farbe, die im Expressionismus sowohl in der Malerei als auch in der Dichtung häufig mit dem Gefühl der Weite und der Befreiung in Verbindung gebracht wird. Dieser flüchtige Hoffnungsschimmer wird jedoch sofort wieder zerstört, und in dynamisch gesteigerten Bildern kündigt sich das Unheil an: Der Abend, der den Bauch des Baal rot glänzen läßt (2.1), "wird in Nacht betäubt" (4.2); die "Winde" (1.2) werden zu "Stürmen"; sie lagern nicht mehr, sondern flattern und werden mit Geiern, also Totenvögeln, verglichen. Schaute der Gott anfangs "voll Wut" (1.3), "sträubt" sich nun "im Zorne" sein "Haupthaar" (4.4). In der 5. Strophe verdichtet sich die Bedrohung dramatisch zur Katastrophe: Der Gott "streckt ins Dunkel seine Fleischerfaust" (...) "Ein Meer von Feuer jagt durch eine Straße. Und der Glutqualm braust/Und frißt sie auf" (4.1-4). Die Vergötterung der Stadt (der zivilisierten Welt) führt zu ihrem eigenen Untergang "bis spät der Morgen tagt". Der Ausblick auf einen neuen Tag beschließt das Gedicht, was immer er bringen mag. Damit ist die Zerstörung jeglicher Hoffnung bei Heym nicht so total, wie es zunächst den Anschein hat.

Trotz der Irrealität des Motivs und der Chaotik des Geschehens ist "Der Gott der Stadt" wie die meisten Gedichte Georg Heyms durch eine außerordentliche Formstrenge gekennzeichnet: Die fünf jambischen Vierzeiler, die den Vorgang von einer statischen Ausgangssituation stringent bis hin zur Katastrophe führen, erinnern an den Ablauf eines klassischen Dramas in fünf Akten. Heyms visionäre Gestaltung des Untergangs vollzieht sich also in festen Grenzen: Der Gleichklang des durchgängigen Kreuzreimes, das Gleichmaß des Metrums und des Rhythmus, die Gleichförmigkeit der Strophen und die Einheit der Metaphorik stehen in scharfem Gegensatz zu der dargestellten Schrankenlosigkeit der zerstörerischen Gewalt. Dieser Kontrast zwischen Inhalt und Form läßt sich als Ausdruck für das expressionistische Schwanken zwischen Angst und Hoffnung, zwischen Nichtwollen und Wollen des Untergangs deuten. Die strikte Formgebung verdeutlicht zudem die unabänderliche und unabwendbare Notwendigkeit der Vernichtung der Welt und läßt angesichts der Destruktion eine fast fatalistische Weltsicht erkennen.

Stagnation und Dynamik, Horror und Faszination, Fatalismus und Vision kennzeichnen u. a. nicht nur die Großstadt-Lyrik Georg Heyms, sondern auch die Stadtgedichte anderer expressionistischer Dichter: Für Georg Trakl, Jakob van Hoddis[105], Ernst Stadler, August Stramm, Johannes R. Becher und Gottfried Benn, um nur einige Namen zu nennen, ist das Stadtmotiv eng verknüpft mit dem Thema der Apokalypse. Bei den Malern sind es neben Ernst Ludwig Kirchner und Ludwig Meidner vor allem Emil Nolde, Otto Dix und Max Beckmann, für die ein unmittelbarer Zusammenhang zwischen den Auswüchsen der Zivilisation und der quälenden existentiellen Zerrissenheit des modernen Menschen besteht. Trakls Bekenntnis betrifft nicht nur ihn selbst, wenn er schreibt: "Ich sehne den Tag herbei, an dem die Seele in diesem unseligen von Schwermut verpesteten Körper nicht mehr wird wohnen wollen und können, an dem sie die Spottgestalt aus Kot und Fäulnis verlassen wird, die nur ein allzugetreues Spiegelbild eines gottlosen, verfluchten Jahrhunderts ist"[106], eines Jahrhunderts freilich, dessen Ende bereits in der Vision gegenwärtig ist.

---

105 Vergl. B. Läufer: Jakob van Hoddis: Der "Varieté"-Zyklus. Ein Beitrag zur Erforschung der frühexpressionistischen Großstadtlyrik. Frankfurt/M., Berlin, Bern, New York, Paris, Wien 1992.
106 G. Trakl: Brief an Ludwig von Ficker vom 26. 6. 1913. In: Georg Trakl, Werke. Entwürfe. Briefe. Hrsg. v. Hans-Georg Kemper und Frank R. Max. Stuttgart 1984, S. 239.

IV. Ich-Zerfall und Wirklichkeitsverlust oder die Apokalypse des Individuums

1. "Es ist steinern das Dunkel hereingebrochen"

Aus den bisherigen Untersuchungen hat sich eine Problematik herauskristallisiert, auf die zwar in ihrem Ansatz bereits verschiedentlich verwiesen wurde, die jedoch in ihrer ganzen Bedeutung einer Vertiefung bedarf.

Der Verlust metaphysischer Bindungen, die Umwälzungen im ethischen, sozialen und ökonomischen Bereich und ein Defizit an weltanschaulichen Orientierungsmöglichkeiten in einer aus den Fugen geratenen Welt hat nicht nur die moderne Gesellschaft in eine Krisensituation gestürzt, sondern zugleich auch den einzelnen Menschen in seinem Wirklichkeits- und Selbstverständnis zutiefst verunsichert und geschwächt. Angesichts der Fülle nicht mehr integrierbarer Eindrücke und einer alles überwuchernden Großstadtkultur empfindet er schmerzhaft die Kluft zwischen sich als dem wahrnehmenden und um Verständnis bemühten "Ich" und der sich ihm verschließenden Realität. Ihm wird bewußt, daß ihm selbst die kleinsten Dinge in ihrer Ganzheit fremd bleiben und sich seiner Erkenntnis entziehen.

Der Schriftsteller Carl Einstein schildert in seinen "Anmerkungen" das Erlebnis eines jungen Mannes, dem diese bittere Erfahrung zum Verhängnis wird. Der Versuch jenes Jünglings, ein ihm zugeflogenes Blatt in seiner ganzen Wirklichkeit zu erfassen, scheitert hoffnungslos und richtet ihn letztlich zugrunde: Müde und erschöpft hatte er sich eines Tages auf einer Wiese niedergelegt, um sich auszuruhen. Als er sich wieder erhob, um seinen Weg fortzusetzen, flog ihm ein kleines Blatt zu. Carl Einstein fährt in seiner Erzählung fort:

"Dies Blatt hob er auf und beschaute es und ihm war, er habe noch nie ein solches gesehen, besah es sich nach allen Seiten und wandte seine stolzen Worte heran wie Ornament, Liniengefüge und solches mehr, im Nachdenken über das Blatt. Wenn ihm dies wieder vor Augen kam, spürte er, daß die Worte und Gedanken nie ausreichten, dies Blatt zu bilden. Und ihn gedachte, daß es noch viele Blätter gebe im Wald und er nie alle sehen und nie begreifen und nie zu wissen vermöchte, was denn wirklich ein Blatt ist, worauf er lange fort sann ohne Bestimmtes sich vorzustellen als einen stechenden Schmerz, denn ihm war weh im Ohnbewußtsein, daß er die Kraft verloren des Zusammenhangs (...) "[107]

Je mehr also der Jüngling bemüht ist, dieses Blatt mit Worten und Gedanken ganz zu erfassen, desto mehr verschließt es sich ihm. Seine Wahrnehmungsfähigkeit ist zu schwach und unvollkommen, als daß er es vollständig begreifen könnte. Von seiner Unzulänglichkeit gepeinigt, steigert sich nun sein Erkenntnisdrang mehr und mehr zur Besessenheit, die ihn schließlich in den Abgrund treibt:

"Ein spätes darauf fand man einen anständig gekleideten Mann in einem fernen Land erstickt unter einem Haufen welker Blätter, den er wohl selbst geschichtet. - Vielleicht auch, daß der Wind sie darüber geweht."[108]

Dieser von Carl Einstein absichtlich zu einer menschlichen Tragödie überhöhte Schluß einer eher schlichten kleinen Erzählung soll kraß den "stechenden Schmerz" über die abgrundtiefe Kluft zwischen dem Menschen und den ihn umgebenden Dingen ins Blickfeld stellen.

Nach einer tieferen, einer verhüllten Wahrheit in den Dingen sucht auch der junge Törleß in Robert Musils frühem Roman "Die Verwirrungen des Zöglings Törleß". Es quält ihn, daß ihn Dinge befremden, die den anderen alltäglich erscheinen; und es ängstigt ihn, von "den bloßen Gegenständen, mitunter wie von hundert schweigenden, fragenden Augen überfallen zu werden". Voll innerer Unruhe versucht er seine Wirklichkeitsentfremdung und Selbstzweifel in Worte zu fassen:

"Welche Dinge sind es, die mich befremden? Die unscheinbarsten. Meistens leblose Sachen. Was befremdet mich an ihnen? Ein Etwas, das ich nicht kenne. Aber das ist es ja eben! Woher nehme ich denn dieses 'Etwas'! Ich empfinde sein Dasein; es wirkt auf mich; so, als ob es sprechen wollte. Ich bin in der Aufregung eines Menschen, der einem Gelähmten die Worte von

107 C. Einstein: Anmerkungen. Berlin 1916, S. 52.
108 Ebenda.

den Verzerrungen des Mundes ablesen soll und es nicht zuwege bringt. So, als ob ich einen Sinn mehr hätte als die anderen, aber einen nicht fertig entwickelten, einen Sinn der da ist, sich bemerkbar macht, aber nicht funktioniert. Die Welt ist für mich voll lautloser Stimmen: ich bin daher ein Seher oder ein Halluzinierender? - Aber nicht nur das Leblose wirkt so auf mich; nein, was mich viel mehr in Zweifel stürzt, auch die Menschen."[109]

Der Mensch des beginnenden zwanzigsten Jahrhunderts und insbesondere der expressionistische Dichter und Künstler leidet unter seiner Ohnmacht, die Dinge in ihrer Ganzheit zu verstehen. Doch nicht nur sie entgleiten ihm. Mehr noch ängstigt ihn die Entfremdung von seinen Mitmenschen und letztlich - von sich selbst. Er fühlt sich vom Verlust seiner Identität bedroht und von der Dissoziation seines Ichs, das er nicht mehr als Einheit zu erfassen vermag. Ernst Bloch, der in seinem Werk viele Themen des Expressionismus philosophisch aufgearbeitet hat, versucht, in seiner frühen Schrift "Geist der Utopie" die Ich-Problematik auf den Punkt zu bringen, wenn er schreibt:

"Wir haben kein Organ für das Ich und das Wir, sondern liegen uns selbst im blinden Fleck, im Dunkel des gelebten Augenblicks, dessen Dunkel letzthin unser eigenes Dunkel, uns Unbekanntsein, Vermummt- und Verschollensein ist. Wie denn alles Zerfließende darin aus dem derzeitigen Zustand des Subjekts herstammt als der noch zerstreuten, ungesammelten, dezentralisierenden, wenngleich nie abreißenden Funktion des Bewußtseins überhaupt."[110]

Bloch begründet den Ich-Zerfall des modernen Menschen mit dessen Unfähigkeit zur Konzentrierung seines Bewußtseins auf die Selbstbegegnung und das identische Selbersein. Die Auflösung der Identität als Dissoziation des wahrnehmenden und erkennenden Subjekts infolge einer Überwucherung der "objektiven Kultur"[111] und des modernen Transzendenzverlusts ist jedoch nur der eine - wenn auch folgenschwere - Aspekt des Ich-Zerfalls; denn "Ich-Zerfall" meint neben

---

109 R. Musil: Die Verwirrungen des Zöglings Törleß. Reinbek b. Hamburg 1983, S. 89.

110 E. Bloch: Geist der Utopie. Zweite Fassung, Frankfurt a. M. 1969, S. 253.

111 Vergl. hierzu die Ausführungen Georg Simmels in "Die Großstadt und das Geistesleben". In: Die Großstadt. Jahrbuch der Gehe-Stiftung. Dresden 1903, S. 187ff.

dem geistig-psychischen auch den körperlichen Verfallsprozeß, wie ihn insbesondere Gottfried Benn in seinen frühen expressionistischen Gedichten immer wieder mit dem sezierenden Blick des geschulten Mediziners in all seiner Häßlichkeit bis hin zur Unerträglichkeit beschreibt. Oft wird dabei noch die Schockwirkung durch seine provokative Verhöhnung christlicher Symbolik verstärkt, wie beispielsweise in der zweiten Strophe seines Gedichts "Requiem":

"Jeder drei Näpfe voll: von Hirn und Hoden.
Und Gottes Tempel und Teufels Stall
nun Brust an Brust auf eines Kübels Boden
begrinsen Golgatha und Sündenfall."[112]

Schon die extreme Reduktion des Menschen auf seine dem Verfall unterworfene Fleischlichkeit wäre ein Affront gegen die christlich-metaphysische Schöpfungslehre, aber hier bei Benn erfährt sie darüber hinaus ihre totale Umkehrung: was nach dem Tod vom Menschen bleibt, ist nichts als Fleischabfall für "des Kübels Boden". Noch drastischer negiert er die metaphysische Bestimmung des Menschen in dem Vers:

"Die Krone der Schöpfung, das Schwein, der Mensch (...)"[113]

Eine derartig radikale Transzendenzverneinung muß zum bodenlosen Absturz ins Nichts führen, wie ihn bereits Friedrich Nietzsche prophezeit hatte:

"'Wohin ist Gott?' rief er (der tolle Mensch), 'ich will es euch sagen! Wir haben ihn getötet - ihr und ich! Wir alle sind Mörder! Aber wie haben wir das gemacht? Wie vermochten wir das Meer auszutrinken? Wer gab uns den Schwamm, um den ganzen Horizont wegzuwischen? Was taten wir, als wir diese Erde von ihrer Sonne losketteten? Wohin bewegt sie sich nun? Wohin bewegen wir uns? Fort von allen Sonnen? Stürzen wir nicht fortwährend? Und rückwärts, seitwärts, vorwärts, nach allen Seiten? Gibt es noch ein Oben und Unten? Irren wir nicht wie durch ein unendliches Nichts? Haucht uns nicht der leere Raum an? Ist es nicht kälter geworden? Kommt nicht immerfort die Nacht und

---

112 G. Benn: Lyrik. Auswahl letzter Hand. Wiesbaden und München 1975, S. 20.
113 Derselbe: Der Arzt II. In: Ebenda, S. 22.

mehr Nacht? Müssen nicht Laternen am Vormittage angezündet werden? Hören wir noch nichts von dem Lärm der Totengräber, welche Gott begraben? (...) Gott ist tot! Gott bleibt tot! Und wir haben ihn getötet!"[114]

Die Realität der verlorenen Transzendenz bildet in Verbindung mit dem zeitbedingten kulturellen und gesellschaftspolitischen Niedergang den Hintergrund für die Erfahrung und Darstellung der Ich-Dissoziation im Expressionismus. Selbst oder gerade in einer so schockierenden Ausformung wie in den frühen Gedichten Gottfried Benns, spiegelt sich die angstauslösende Gewißheit vieler Künstler und Schriftsteller wider, in der Endphase einer verhängnisvollen Welt- und Menschheitsentwicklung zu leben, die auch den einzelnen Menschen in seiner Substanz gefährdet und ihn an den Abgrund führt. In einem Brief aus dem Jahre 1913 an Ludwig von Ficker hat Georg Trakl eine erschütternde Schilderung seiner Verzweiflung angesichts einer solchen Ich-Bedrohung gegeben, wenn er schreibt:

"Es ist so ein namenloses Unglück, wenn einem die Welt entzweibricht. O, mein Gott, welch ein Gericht ist über mich hereingebrochen (...). Sagen Sie mir, daß ich nicht irre bin. Es ist steinern das Dunkel hereingebrochen."[115]

Mit nur wenigen Worten bringt hier Georg Trakl, der den Wirklichkeits- und Persönlichkeitszerfall angesichts einer zerbrochenen Welt bis zum letzten Schmerzensschrei an sich selbst erfahren hat, nicht nur seine eigene Seelenstimmung zum Ausdruck, sondern auch die von Angst und Selbstzweifel gezeichnete existentielle Befindlichkeit der Expressionisten überhaupt.

Im folgenden sollen nun drei Künstler bzw. Dichter aus verschiedenen europäischen Ländern vorgestellt werden, in deren Werken zwar jeweils ein anderer Aspekt des Problemkomplexes "Ich-Zerfall" und "Wirklichkeitsverlust" im Vordergrund steht, die jedoch trotz formaler und inhaltlicher Divergenz in gleichem Maße von Endzeitstimmung geprägt sind.

---

114 F. Nietzsche: Die fröhliche Wissenschaft. (125. Stück: Der tolle Mensch). In: Derselbe, Werke in sechs Bänden. Hrsg. v. K. Schlechta. Dritter Band. München, Wien 1980, S. 127.

115 Erinnerungen an Georg Trakl. Dritte erweiterte Auflage. Darmstadt 1966, S. 186.

2. Zerfall der Identität.
Egon Schieles Selbstbildnisse

Egon Schiele war neben dem vier Jahre älteren Oskar Kokoschka die herausragende Künstlerpersönlichkeit unter den Wiener Expressionisten. Nach seiner Ausbildung an der Akademie der Künste und einer Phase der Auseinandersetzung mit dem Jugendstil seines großen Vorbilds Gustav Klimt gelangte er bald zu einer eigenen expressionistischen Formsprache. Dabei adaptierte er zwar zunächst die ausgefeilte Linienkunst Klimts, paßte sie aber immer mehr seinen eigenen künstlerischen Intentionen an. Spätestens im Jahre 1910 hatte er sich endgültig vom Einfluß Klimts befreit und schreibt einem Freund: "Ich bin durch Klimt gegangen bis März. Heute glaube ich bin ich der ganz andere (...)"[116]

Inzwischen hatte er bereits seinen Themenkreis auf nur wenige Motivkomplexe eingeengt, und neben seinen Aktbildern rücken die Selbstbildnisse immer mehr in den Mittelpunkt seines Schaffens. Nichts hat Schieles Phantasie so intensiv und dauerhaft beschäftigt und seine Arbeit so geprägt wie die künstlerische Auseinandersetzung mit sich selbst. Sein Oeuvre umfaßt rund hundert Selbstbildnisse und Selbstakte, eine Anzahl, die, angesichts seines kurzen Lebens[117], ungewöhnlich hoch ist. Kaum ein anderer Maler hat sich selbst so häufig zum Gegenstand seiner Kunst gemacht, kaum einer war ein so besessener Beobachter seiner selbst. Aber auch kaum einer hat sich so schonungslos analysiert und demaskiert wie Egon Schiele.

Narzißtische Selbstbewunderung und Eitelkeit kann man ihm also kaum vorwerfen, wenn er mit äußerster Virtuosität alle Formen und Variationen der Körpersprache und des mimischen Ausdrucks benutzt, um sich immer wieder selbst in Szene zu setzen; denn das, was er darstellt, ist eher abstoßend häßlich als selbstgefällig. Angesichts der ausgemergelten, morbiden Körper mit gewaltsam verdrehten Gliedern und verzerrten Gesichtszügen ist zu bezweifeln, ob diese

---

116 Zitiert nach C. M. Nebehay: Egon Schiele 1890-1918. Leben-Briefe-Gedichte. Salzburg, Wien 1979, S. 63.

117 E. Schiele starb im Alter von 28 Jahren an der spanischen Grippe, die im Winter 1918 ganz Europa heimsuchte.

deformierten Gestalten tatsächlich noch eine wie auch immer geartete Abbild-Funktion haben. Eher spiegeln sie wohl die Seelenverfassung des Künstlers wider. (Abb. 13-17)

Ähnlich extreme Verfremdungen sind auch in den Selbstdarstellungen anderer Expressionisten zu finden, wie etwa bei Ernst Ludwig Kirchner oder Otto Dix, der sich beispielsweise auf einem Bild so abstoßend als eine glatzköpfige, brutale Mordbestie dargestellt hat, daß in Fachkreisen Zweifel aufkamen, ob es sich bei diesem Gemälde tatsächlich um ein Selbstbildnis handele.[118] Offensichtlich ist hier - wie in den Bildern Egon Schieles - die Persönlichkeit des Künstlers nicht mehr ohne weiteres identifizierbar. Mit dem Expressionismus scheint also die Entwicklung der Selbstbildnismalerei in eine neue Phase einzutreten, die zugleich das Ende einer Jahrhunderte andauernden Tradition bedeutet, wie ein kurzer kunsthistorischer Rückblick zeigt:

Das eigentliche Selbstbildnis, mit dem sich der Künstler bewußt als Persönlichkeit charakterisiert, entstand erst mit dem Beginn der Neuzeit. Es verweist auf das sich in der Renaissance konstituierende Selbstbewußtsein eines neuen Künstlertypus, der u. a. den sozialen Anspruch geltend macht, seinen Lebenslauf und künstlerischen Werdegang in Selbstbildnissen festzuhalten. Dabei wird ihm der Spiegel zum unentbehrlichen Medium der bildnerischen Selbstbefragung und Identitätsfindung. Im Spiegelbild erfährt er das "Ich" als sein "Selbst" und erkennt sich als In-dividuum, als etwas Unteilbares. In welchen Posen, in welchem Habitus, in welchen Rollen immer sich der Künstler auch darstellen mag, ob als vornehmer Patrizier oder als Eremit, Heiliger oder Narr, ob allegorisch als "Melancholie" oder christomorph als "Schmerzensmann" (Dürer) oder aber mythologisch-antikisierend als ein Zentaur (Böcklin), bleibt doch letztlich stets seine Identität gewahrt. Im Prinzip gilt dies trotz mancher Innovationen und der kontinuierlichen quantitativen Zunahme ästhetischer Formen auch noch für einen Vincent van Gogh oder Cézanne. Erst in der nachimpressionistischen Kunst wird - wenn auch keineswegs immer - mit dieser Tradition in dem Maße gebrochen, wie der moderne Mensch und insbesondere der Künstler schmerzlich seine Entfremdung von sich selbst erfährt. Ihm wird bewußt, daß die im

---

118 Vergl. D. Schubert: Otto Dix. Reinbek bei Hamburg 1980, S. 24. Schubert
    bezweifelt hier, daß sich Otto Dix auf dem unter dem Titel "Selbstbildnis als Soldat"
    bekannten Gemälde von 1914 wirklich selbst dargestellt hat. Andere Autoren haben
    bisher seine Zweifel allerdings nicht geteilt.

Selbstbildnis scheinbar "gesicherte" Identität seiner Person im Grunde nur ein illusionäres Truggebilde ist, wenn er weiterhin sein Ich-Verständnis gewohnheitsgemäß an die Voraussetzung konventioneller Erkenntniskategorien knüpft.

Bereits Nietzsche hatte entdeckt, daß das "Subjekt" als das sich selbst denkende Ich - seit Descartes Garant für sichere Erkenntnis - nichts weiter als eine "Fiktion" ist und es "das ego, von dem geredet wird", im Grunde gar nicht gibt.[119] Schon lange vor Freud geht er davon aus, daß "unsere moralischen Urteile und Wertschätzungen nur Bilder und Phantasien über einen uns unbekannten physiologischen Vorgang sind" und "all unser Bewußtsein ein mehr oder weniger phantastischer Kommentar über einen ungewußten, vielleicht unwißbaren, aber gefühlten Text ist"[120]. Und wenn er schließlich angesichts der Fülle von Trieben und Eindrücken von dem "Subjekt als Vielheit" spricht, antizipiert er bereits die These des Physikers und Philosophen Ernst Mach von der Aufsplitterung des "unrettbaren Ich" in eine Vielzahl der Empfindungen.[121]

Spätestens aber mit Sigmund Freuds psychoanalytischem Vorstoß in die Tiefen des unbewußten bzw. verdrängten Trieb- und Gefühlslebens[122] hatte die Idee eines einheitlichen, sich selbst bewußten "Ich" endgültig ihre Absage erhalten. Freilich wurde in der modernen Psychologie nur das wissenschaftlich "abgesegnet", was Dichter und Philosophen bereits vorher schon geahnt hatten: daß neben dem bewußten Ich noch mindestes ein unbewußtes Alter ego existiert, das zwar im Dunkel liegt, aber dennoch mächtig aus dem Verborgenen auf unser Leben einwirkt.

Nun ist zwar kaum anzunehmen, daß der eher "unbelesene" Maler Egon Schiele sich intensiv mit Erkenntnisphilosophie und Psychoanalyse befaßt hat, aber gerade die Kultur- und Metaphysikkritik Nietzsches und die bahnbrechenden Forschungsergebnisse Freuds prägten zu seiner Zeit das Geistes- und Kulturleben Europas und insbesondere das der Zentren des Expressionismus, Berlin - München - Wien. Der "Zeitgeist" dürfte daher wohl kaum an einem so leidenschaftli-

---

119 F. Nietzsche: Werke in sechs Bänden. A. a. O., Bd. VI, S. 534.

120 Ebenda, Bd. II, S. 1095.

121 E. Mach: Beiträge zur Analyse der Empfindungen. Wien 1986.

122 Bereits im Jahre 1900 war in Wien und Leipzig Sigmund Freuds "Die Traumdeutung" erschienen.

chen Selbstbeobachter wie Egon Schiele unbemerkt vorbeigezogen sein.

Bei den fünf für diese Untersuchung ausgewählten Selbstbildnissen stellt sich unwillkürlich die Frage: Wen oder was sieht Schiele, wenn er in den Spiegel blickt? Offensichtlich will er sich mit der Feststellung seiner faktischen Erscheinung nicht zufrieden geben. Vielmehr scheint er diese zu dementieren und zu negieren, weil er in ihr ein Scheingebilde erkennt, das nicht wert ist, im Bild festgehalten zu werden. Dahinter aber sucht er nach seinem anderen, wahreren Spiegelbild - dem Spiegelbild seines Alter ego. Der Kunsthistoriker Reinhard Steiner hat hinsichtlich der Selbstdarstellungen Schieles zu Recht auf eine Parallele zu Oscar Wildes "The Picture of Dorian Gray" hingewiesen[123]; denn insbesondere bei dem Selbstbildnis "Grimasseschneidender Mann" von 1910 (Abb. 13) erinnert sich der Betrachter unwillkürlich an das Bildnis des Wilde'schen Romanhelden, das permanent immer abstoßender und älter wird, während Dorian Gray selbst in unveränderter Jugend und Schönheit sein skrupelloses Leben weiterführt. Wann immer er jedoch sein eigenes schönes Antlitz mit dem Portrait vergleicht, wird ihm das unaufhaltsame Fortschreiten seines körperlichen und seelischen Verfalls vor Augen geführt. Nicht zuletzt verdankt Wildes Roman seine faszinierende Wirkung dieser unheimlichen Umkehrung der normalen Beziehung zwischen dem Original und dessen Abbild, welches immer erschreckendere Züge annimmt, die an dem lebenden Vorbild nicht in Erscheinung treten. Faktisch zwar nicht erkennbar, erweisen sie sich aber dennoch als der wahre Spiegel der Seele. Die Entlarvung der "realen" Erscheinung als Trugbild, die sich in Wildes Roman in geheimnisvoller, unerklärbarer Weise vollzieht, scheint in Schieles Selbstbildnis "Grimasseschneidender Mann" absichtlich herbeigeführt: Der junge Schiele stellt sich hier als gealterten, heruntergekommenen Mann mit entblößter Brust und einer widerlichen Physiognomie dar. Die abstoßende Häßlichkeit seines zur Grimasse verzerrten Gesichts wird durch den noch übriggebliebenen einzelnen Zahnstumpf im Mund und die dunkelrot angelaufene Haut noch verstärkt. Offensichtlich diente hier Schiele sein Spiegelbild nicht - wie in der konventionellen Malerei - der Feststellung seiner Identität, sondern zum intuitiven Er-

---

123 R. Steiner: Egon Schiele. 1890-1918. Die Mitternachtsseele des Künstlers. Köln 1991, S. 8.

fassen einer anderen Seite seines Ich, das er in diesem Selbstbildnis fixiert hat.

Im "Selbstbildnis mit Händen" (Abb. 14), das im gleichen Jahr entstand, geht er sogar noch einen Schritt weiter. Auf den ersten Blick scheint sich der Künstler hier als geschminkten Jüngling mit einer betont femininen Ausstrahlung in Szene zu setzen. Das elegante Spiel der Hände, die gestylte Haartracht, die etwas hochmütige Kopfhaltung und das leicht arrogante Lächeln verleihen ihm ein geckenhaftes Aussehen. Dieses Alter ego erweist sich jedoch bei genauerem Hinsehen ebenfalls nur als eine Maske, hinter der sich wiederum ein Gesicht befindet, also eine weitere Facette der Persönlichkeit des Malers. Gerade die Hände sind es, die diesen Eindruck noch verstärken: Weisen sie nicht auf eine morbide Häßlichkeit hin, die sich hinter der gefälligen Maske verbirgt?

Im Aktselbstbildnis (Abb. 15) schließlich kulminiert Schieles Selbstbefragung zur schonungslosen Selbstanalyse. Schon Friedrich Nietzsche siedelt das Selbst des Menschen nicht in der Sphäre des Geistigen an, sondern in der Region des Leiblichen, wenn er Zarathustra sprechen läßt:

"Hinter deinen Gedanken und Gefühlen, mein Bruder, steht ein mächtiger Gebieter, ein unbekannter Weiser - der heißt Selbst. In deinem Leibe wohnt er, dein Leib ist er."[124]

So sind dann auch - diesen Worten Zarathustras entsprechend - Schieles Selbstakte nicht als eine vordergründige Exponierung seines nackten Körpers zu verstehen, sondern als völlige Selbstentäußerung, als konsequenteste Form der Selbstdarstellung. Dabei scheut er nicht davor zurück, sich zu seiner Sexualität zu bekennen, was ihm häufig den Vorwurf des Exhibitionismus eingetragen hat. Zwar ist der Aspekt erotischer Zwangsvorstellungen aus Schieles Oeuvre nicht ganz auszuklammern, aber angesichts der gequälten, fast mitleiderregenden Nacktheit vieler seiner Selbstdarstellungen ist sie wohl eher als ein Zeugnis seiner seelischen Befindlichkeit und Selbstentfremdung zu sehen. Wie kurzsichtig es ist, Schieles Selbstakte lediglich als Zurschaustellung seiner Leiblichkeit zu interpretieren, wird besonders deutlich, wenn er seinen Körper als Torso gestaltet, ihn also bewußt verstümmelt, wie im "Selbstbildnis mit entblößtem Bauch" (Abb. 16)

---

124 F. Nietzsche: Werke in sechs Bänden. A. a. O., Bd. III, S. 300.

aus dem Jahre 1911. Hier verweist der unverhältnismäßig in die Länge gezogene und gewissermaßen in den Bildvordergrund geschobene Bauchausschnitt auf die Entfremdung vom eigenen Körper, also vom eigenen Selbst, wie der gequälte Gesichtsausdruck der Gestalt zeigt.

Die in dem "Selbstbildnis mit Händen" durch die Gesichtsmaske bereits angedeutete Selbstverdopplung findet in Schieles Doppelselbstbildnissen ihre vollständige Ausformung. Dabei greift der Maler auf einen Topos des abendländischen Denkens zurück, der seit der Antike als das Motiv des Doppelgängers zu einem beliebten Thema der Kunst und Literatur wurde.

Als Beispiel für Schieles Auseinandersetzung mit dieser Thematik sei hier sein Gemälde "Der Prophet. Doppelselbstbildnis" (Abb. 17) vorgestellt, das ebenfalls im Jahre 1911 entstand. Die Figuren dieses Bildes könnte man in ihrer Fremdheit als eine zusätzliche Aufspaltung seines Alter ego deuten:

An der halbentblößten, ausgemergelten Gestalt auf der linken Seite des Bildes sind eindeutig Spuren der Verwesung zu erkennen. Dem linken Arm fehlt bereits ein Teil, der sichtbare Unterschenkel ist schon schwarz verfärbt und die zerstörte Luftröhre ragt aus der Brust. Das den Unterleib bedeckende helle Tuch gleicht einem Leichentuch; der Kopf sinkt zur Seite, und die geschwollenen Lider lasten schwer auf den Augen. Das eine ist ganz geschlossen, das andere beinahe: All diese Phänomene sind Anzeichen für Tod und Verwesung. Die andere, in ein dunkles Gewand gehüllte Gestalt umarmt den zerfallenden Körper und schmiegt sich eng an ihn. Das Gesicht ist wie von einem inneren Licht erleuchtet. Die Augen wirken blind wie bei einem Seher der Antike. Es ist der im Bildtitel genannte Prophet und zugleich der Tod mit seinem Opfer.

Egon Schiele stellt sich in diesem Doppelselbstbildnis als Seher dar, der sich seinen eigenen Tod prophezeit: "Alles ist lebend tot" lautet ein Schlüsselsatz des Künstlers[125]. Dieser Satz und seine Selbstbildnisse können gleichermaßen als Ausdruck seines Daseinsgefühls und seiner Selbstentfremdung vor dem Ersten Weltkrieg gelten.

---

125 Zitiert nach C. M. Nebehay: A. a. O., S. 76.

3. "Zerfallen ist die Rinde, die mich trug". Gottfried Benns "Gehirne"

Der Ich-Zerfall infolge einer sich zuspitzenden Identitätskrise, wie sie Egon Schiele in seinen Selbstbildnissen zum Ausdruck gebracht hat, ist jedoch nur ein Aspekt der expressionistischen Auseinandersetzung mit der conditio humana zu Beginn des 20. Jahrhunderts.

Die nihilistische Negation einer metaphysischen Sinngebung und die an Schärfe zunehmende erkenntnistheoretische Kritik an dem Herrschaftsanspruch der Vernunft und der logischen Denksysteme in Wissenschaft und Technologie haben seit dem 19. Jahrhundert das Selbst- und Weltverständnis des modernen Menschen nach und nach unterhöhlt und ins Wanken gebracht. Die Erfahrung transzendentaler Leere und der Obdachlosigkeit in einer nicht mehr durchschaubaren, feindlichen Welt hat einer ganzen Generation ihre Verlorenheit vor Augen geführt.

> "Wohin? Wohin? Wozu der lange Weg? Um was soll man sich versammeln?" [126]

Verstört durch die verhängnisvolle Einbuße seiner Daseinsbestimmtheit wird auch dem Einzelnen sukzessive die Bodenlosigkeit seiner Existenz bewußt, die nunmehr deutlich gekennzeichnet ist von einer fortschreitenden Selbst- und Wirklichkeitsentfremdung. Diesen Vorgang bis hin zum apokalyptischen Realitäts- und Ich-Zerfall haben expressionistische Autoren wie etwa Carl Einstein, Jakob van Hoddis, Georg Heym oder Georg Trakl mit den von ihnen jeweils bevorzugten Stilmitteln literarisch zu gestalten versucht.

Insbesondere Gottfried Benn hat sich von Beginn seiner schriftstellerischen Laufbahn an bis zu seinem Tod immer wieder mit der Problematik des Ich- und Wirklichkeitsverlusts intellektuell und künstlerisch auseinandergesetzt. Bereits im Frühjahr 1914 - also vor dem Ausbruch des 1. Weltkriegs - verfaßte er unter dem Titel "Gehirne" die erste einer Folge thematisch lose zusammenhängender Novellen[127], die alle um die Figur des jungen Arztes Dr. Werff Rönne kreisen und daher

---

126 G. Benn: Prosa und Szenen. In: Gesammelte Werke in vier Bänden. Hrsg. v. Dieter Wellershoff. Zweiter Band. Wiesbaden 1962, S. 299.

127 Ebenda, S. 13-60.

vom Autor selbst schlicht als "Rönnekomplex" bezeichnet wurde. Mit der ihm eigenen expressionistischen Sprachkunst führt der Dichter-Arzt Benn in einer Reihe von "Modellsituationen" an der Gestalt Rönnes die Auflösung der Verbindung zwischen Mensch und Wirklichkeit vor, wobei ihm die Stationen seiner eigenen äußeren und inneren Biographie gewissermaßen als Folie dienen. So steht - um Dieter Wellershoff zu zitieren - Rönne zwar "verbindlich für Benn, ist aber nicht Benn, sondern eine vereinfachte, ins Exemplarische gesteigerte Figur zur Demonstration von Erfahrungen, die schon durch den Filter der Reflexion hindurchgegangen sind"[128].

Im Frühjahr 1914 vertrat Gottfried Benn den Chefarzt einer Lungenheilstätte im Fichtelgebirge, in der Nähe von Bayreuth. Dieses Erlebnis bildet vermutlich den biographischen Hintergrund für den "Inhalt" der ersten Rönne-Skizze "Gehirne". Er kann mit wenigen Worten wiedergegeben werden: Ein junger Arzt, der zwei Jahre lang an einem pathologischen Institut angestellt war, will den Chefarzt in einem Sanatorium vertreten, das "auf der Höhe eines Gebirges, in einem Wald" gelegen ist. Schon bald stellt sich jedoch heraus, daß er offenbar nicht in der Lage ist, seinen ärztlichen Pflichten regelmäßig nachzukommen. Er versagt in seinem Dienst, bricht förmlich zusammen, und der Chefarzt muß schnellstens zurückgerufen werden.

Die Geschichte scheint gewissermaßen direkt aus dem realen Leben gegriffen zu sein und wäre nicht weiter von Belang, erwiese sich nicht ihre scheinbare Alltäglichkeit als trügerisch. Nicht nur, daß bereits der Titel "Gehirne" und das diesem Prosastück vorangestellte Motto "Wer meint, daß man mit Worten lügen könne, könnte meinen, daß es hier geschehe" den Leser aufhorchen läßt, sondern spätestens nach der Lektüre der ersten Sätze wird spürbar, daß der Gestalt des Dr. Rönne etwas unerklärlich Rätselhaftes und Beunruhigendes anhaftet. Zudem läßt die auf die vordergründige "Handlung" verkürzte Inhaltsangabe eine Reihe von Fragen offen, die auf ein wesentlich abgründigeres Geschehen in dieser Novelle verweisen: Wo liegen die Ursachen für Rönnes berufliches Versagen? Wie sind seine "merkwürdigen und ungeklärten" Erschöpfungserscheinungen zu erklären? Welcher Zusammenhang besteht zwischen seinem sonderbaren "Zusammenbruch" und dem Titel der Novelle "Gehirne", welcher zwischen Rönnes apathischen Ausfällen und den Anforderungen, die

---

128 D. Wellershoff: Gottfried Benn. Phänotyp dieser Stunde. Köln, Berlin 1958, S. 15.

seine Umwelt an ihn als Arzt und Mensch stellt? Die Antworten auf all diese Fragen scheinen auf den ersten Blick im Dunklen zu liegen, eingehüllt in eine nicht leicht erschließbare Ausdruckssprache: Eindeutige, klare Aussagen stehen neben alogischen Assoziationsketten; Allusionen und in den Text eingestreute Lyrismen werden abgelöst von Begriffen aus der medizinischen Fachsprache; oder expressionistische, die syntaktische Ordnung auflösende Wortkomplexe gehen über in geordnete Satzgefüge, die sich den Gesetzen konventionellen Sprechens beugen. Benns kunstvolle Montage verschiedener Sprachschichten und Stilebenen übt eine starke Reizwirkung aus, weil sie faszinierend und verwirrend zugleich ist. Gerade deswegen ist sie aber auch eine Herausforderung an den Leser, den Zusammenhang zwischen dem ihn befremdenden Geschehen und der künstlerischen Verfremdung der Sprache aufzuspüren und damit auch den Schlüssel zur Beantwortung all jener Fragen zu finden, die Rönnes existentielle Grenzsituation aufwirft.

In einem kurzen, aber für das Verständnis des Folgenden wichtigen Vorspann wird zunächst - gewissermaßen aus der Perspektive eines external point of view - sachlich knapp und in der distanzierenden dritten Person der "Handlungsträger" der Novelle vorgestellt:

> "Rönne, ein junger Arzt, der früher viel seziert hatte, fuhr durch Süddeutschland dem Norden zu. Er hatte die letzten Monate tatenlos verbracht; er war zwei Jahre lang an einem pathologischen Institut angestellt gewesen, das bedeutet, es waren ungefähr zweitausend Leichen ohne Besinnen durch seine Hände gegangen, und das hatte ihn in einer merkwürdigen und ungeklärten Weise erschöpft."[129]

Was wird hier beschrieben? Der junge Arzt Rönne - so erfährt der Leser im Eingangssatz - ist unterwegs in Richtung Norden. Die Tatsache, daß er "früher viel seziert" und die letzten Monate "tatenlos verbracht" hat, wird zunächst so kurz und beiläufig erwähnt, als sei sie für das weitere Geschehen kaum von Belang. Erst eine ergänzende Erläuterung läßt ihre Bedeutungsschwere erahnen: Scheinbar teilnahmslos und so nüchtern, als handle es sich um einen amtlichen Bericht, läßt Benn den Leser wissen, daß Rönne während seiner zweijährigen Tätigkeit an einem pathologischen Institut etwa zweitausend Leichen

---

129 G. Benn: Gehirne. A. a. O., S. 14.

seziert hat. "Ohne Besinnen" sind also Tag für Tag tote Leiber "durch seine Hände gegangen" und das hatte ihn so erschöpft, daß mehrere Monate der Ruhe offenbar nicht ausgereicht haben, seine Kräfte wiederherzustellen. Durch den permanenten Umgang mit Toten hat Rönne die Hinfälligkeit und Vergänglichkeit der menschlichen Existenz und "den brutalen Realismus der Natur"[130] in einer so zermürbenden Weise erfahren, daß die Vermutung nahe liegt, diese traumatische Konfrontation mit Tod und Zerfall sei die eigentliche Ursache seiner Erschöpfungszustände. Im Text selbst wird allerdings ein solcher Kausalzusammenhang nur scheinbar hergestellt; denn das "Merkwürdige" und "Ungeklärte" an Rönnes innerer Verfassung bleibt vorerst noch ein Geheimnis, das sich in seiner beunruhigenden Rätselhaftigkeit eindeutigen und allzu sinnfälligen Schlußfolgerungen entzieht. Vordergründige Erklärungsversuche müssen daher ein fruchtloses und fragwürdiges Unterfangen bleiben.

Mit einem Minimum an Stilmitteln ist es Gottfried Benn in dieser äußerst kurzen Exposition gelungen, die Konzentration des Lesers auf jene Worte zu lenken, die Rönnes "Erschöpfung" problematisieren, ohne sie vorerst näher zu begründen. Erst der folgende Abschnitt vermittelt einen tieferen Einblick in die existentielle Situation des jungen Arztes. Im Text heißt es:

"Jetzt saß er auf einem Eckplatz und sah in die Fahrt: es geht also durch Weinland, besprach er sich, ziemlich flaches, vorbei an Scharlachfeldern, die rauchen von Mohn. Es ist nicht allzu heiß; ein Blau flutet durch den Himmel, feucht und aufgeweht von Ufern; an Rosen ist jedes Haus gelehnt, und manches ganz versunken. Ich will mir ein Buch kaufen und einen Stift; ich will mir jetzt möglichst viel aufschreiben, damit nicht alles so hinunterfließt. So viele Jahre lebte ich, und alles ist versunken. Als ich anfing, blieb es bei mir? Ich weiß es nicht mehr."[131]

Zunächst fällt auf, daß hier - sprachlich sehr geschickt - von der distanzierenden Personenbeschreibung in der dritten Person zu einer Art Selbstgespräch Rönnes in Form eines kurzen inneren Monologs übergeleitet wird. Diese Veränderung der Erzählperspektive bewirkt

130 Derselbe: Können Dichter die Welt verändern? In: Essays und Reden. A. a. O., S. 151.
131 Derselbe: Gehirne. A. a. O., S. 14.

zweierlei: Zum einen "erlaubt" die Ich-Form dem Autor eine - wenn auch versteckte - Identifikation mit der Hauptfigur seiner Novelle, zum anderen wird durch diesen "Kunstgriff" die Distanz zwischen dem Leser und der "Person" Dr. Rönne bedeutend geringer. Wiederum gelingt es hier Benn, mit sprachlichen Mitteln das Interesse und die Aufmerksamkeit des Rezipienten zu steigern und ihn für eine ganz bestimmte Problemsituation Rönnes und damit des modernen Menschen überhaupt zu sensibilisieren:

Rönnes "merkwürdige" und "ungeklärte" Erschöpfung ist offensichtlich der Ausdruck seines Unvermögens, das zu erfassen, was gemeinhin mit "Wirklichkeit" bezeichnet wird. Während er von seinem Fensterplatz aus die vorüberfliegende Landschaft betrachtet, "bespricht er sich", muß also gewissermaßen das Mittel der Selbstbeschwörung einsetzen, um sich ganz einfache Tatsachen bewußt zu machen. Aber schon die folgenden Eindrücke korrespondieren nicht mehr mit der Wirklichkeit, denn Rönne registriert in seinem Selbstgespräch keineswegs die tatsächlich vorhandene Außenwelt, sondern erlebt eine mit Worten erschaffene andere, "irreale" Welt, deren Wahrnehmung fast wie eine Vision anmutet: Die Zugfahrt geht "durch Weinland, (...) vorbei an Scharlachfeldern, die rauchen von Mohn (...) ein Blau flutet durch den Himmel, feucht und aufgeweht von Ufern; an Rosen ist jedes Haus gelehnt und manches ganz versunken."

Die konventionelle Sprachgebung der Exposition geht hier über in eine lyrische Ausdruckskunst, in der die Einzelworte zwar durchaus konkrete Dinge bezeichnen, in ihrer Verknüpfung jedoch nicht nur die Logik herkömmlicher Sprachstrukturen und Denkgesetze sprengen, sondern auch jeglicher empirischer Erfahrung widersprechen. Zugleich aber lassen sie das Bild einer farbigen Traumlandschaft entstehen, deren Reiz eine Reihe von faszinierenden Vorstellungen und Assoziationen auslöst.

In ihrem Zusammenklang vermittelt die Bennsche Sprache hier also weder ein Naturerlebnis im Sinne herkömmlicher Dichtkunst, noch schildert sie Phänomene einer "natürlichen Natur", sondern formt vielmehr eine "imaginäre", "gedankliche", "stilisierte" Natur - kurz: "die Ausdruckswelt"[132]. Für Benn bedeutet die allein durch das dichterische Wort geschaffene "Ausdruckswelt" eine aus dem konstruktiven Geist gebildete neue Schöpfung. Ihre Entstehung verdankt sie weni-

---

132 Derselbe: Ausdruckswelt. Wiesbaden 1954, S. 138

ger einer zufälligen, flüchtigen Inspiration, sondern vielmehr der Imagination, der Willens- und Denkkraft und vor allem dem künstlerischen Formgefühl. Mit "schöpferischer Lust"[133] und artistischem Können setzt so der Künstler einer sinnentleerten, vom Zerfall gezeichneten "Wirklichkeit" ein neues Reich der Töne, Träume, Mythen - die "Wirklichkeit der Götter"[134] entgegen.

Rönnes kurze "Entschweifung" in solch eine imaginäre Landschaft ist hier freilich weder als ein Akt des Willens, noch als eine bewußte Abkehr von der Wirklichkeit zu sehen, sondern eher als ein Ausdruck seiner inneren Not; denn noch leidet er unter seiner Ohnmacht, die zerrissene Beziehung zur Außenwelt neu zu knüpfen, und unter der bitteren Erkenntnis, daß alles, was er bisher erlebt, gedacht und gefühlt hat, völlig "versunken" ist. Fast krampfhaft versucht er daher, der Fakten seines Lebens und der Umwelt wieder habhaft zu werden und beschließt, dabei ganz systematisch vorzugehen: Er plant also zunächst den Kauf eines Buches und eines Stiftes, um sich dann "möglichst vieles auf(zu)schreiben, damit nicht alles so herunterfließt". Die große Hoffnung, die er mit diesem Entschluß verbindet, mutet fast rührend an. Wie dringlich ihm jedoch der Versuch ist, die Dinge des Lebens wieder in den Griff zu bekommen, zeigt die Wiederholung seiner Selbstaufforderung "Ich will".

Auch Rönnes Erinnerungsvermögen hat sich verflüchtigt. "Als ich anfing", so fragt er sich, "blieb es bei mir?", und kann nur feststellen, daß er es nicht mehr weiß. Der Realität entfremdet und losgelöst von seiner eigenen Vergangenheit, scheint er dem alltäglichen Leben nicht mehr gewachsen. In seiner 1934 verfaßten Schrift "Lebensweg eines Intellektualisten" charakterisiert Benn aus der zeitlichen Distanz von zwanzig Jahren seine Figur Rönne folgendermaßen:

> "Wir erblicken also hier einen Mann, der eine kontinuierliche Psychologie nicht mehr in sich trägt. Seine Existenz (...) ist zwar eine einzige Wunde von Verlangen nach dieser kontinuierlichen Psychologie (...), aber er findet aus konstitutionellen Gründen nicht mehr zurück."[135]

---

133 Derselbe: Gesammelte Werke in vier Bänden. A. a. O., Bd II, S. 323.

134 Derselbe: Essays und Reden. A. a. O., S. 561.

135 Derselbe: Lebensweg eines Intellektualisten. In: Gottfried Benn. Der Dichter über sein Werk. München 1976, S. 22.

Die Distanz, mit der Benn hier den seelischen Zustand Rönnes als "eine einzige Wunde" diagnostiziert, ist nur eine scheinbare; denn sein persönliches, "existentielles Betroffensein"[136] wird nicht nur in seinen frühen Novellen immer wieder deutlich, sondern hat sein gesamtes Schaffen geprägt. In der Figur Rönne manifestiert sich aber nicht nur die Daseinsproblematik ihres Urhebers Gottfried Benn, sondern die des modernen Menschen überhaupt.

Wie aber sind jene "konstitutionellen Gründe" zu verstehen, die einer Wiederherstellung der Ich-Kontinuität Rönnes/Benns im Wege stehen? Als Anhaltspunkt für eine mögliche Erklärung mag eine Textstelle aus dem kurzen Prosastück "Heinrich Mann. Ein Untergang" dienen, das bereits im Jahre 1913 in der Zeitschrift "Die Aktion" veröffentlicht wurde, also ein Jahr vor der Entstehung der Novelle "Gehirne":

> "Früher in meinem Dorf wurde jedes Ding nur mit Gott oder dem Tod verknüpft und nie mit Irdischheit. Da standen die Dinge fest auf ihrem Platz und reichten bis an das Herz der Erde. - Bis mich die Seuche der Erkenntnis schlug: es geht nirgends etwas vor; es geschieht alles nur in meinem Gehirn. Da fingen die Dinge an zu schwanken, wurden verächtlich und kaum des Ansehens wert. Und selbst die großen Dinge: wer ist Gott? und wer ist Tod? Kleinigkeiten. Wappentiere. Worte aus meiner Mutter Mund. - Nun gab es nichts mehr, das mich trug."*137*

Auffallend an Benns Schilderung ist, daß sie keinen biographischen Hinweis - etwa auf ein traumatisches Erlebnis - enthält, der die Zerstörung seines Vertrauens in die Welt, wie er es ja in seiner Kindheit und Jugend uneingeschränkt hatte, einsichtbar erklären könnte. Aber deutlich wird: "Benn stieß nicht auf den Realitätsverfall, sondern er stieß ihm zu."[138] Die Dissoziation auf allen Ebenen fiel ihn gewissermaßen in Form jener "Seuche der Erkenntnis" an, für die der moderne Mensch scheinbar besonders anfällig ist.

Offenbar hat diese "Krankheit" auch Rönne befallen und könnte die eigentliche Ursache seiner "merkwürdigen" Erschöpfung und ge-

---

136 E. Buddeberg: Gottfried Benn. Stuttgart 1961, S. 11.
137 G. Benn: Werke in vier Bänden. A. a. O., Bd. 1, S. 9.
138 D. Wellershoff: Gottfried Benn. Phänotyp dieser Stunde. A.a.O., S.22.

schwächten Konstitution sein. Wann immer sie von ihm Besitz ergriffen hat - ob während seiner aufreibenden Tätigkeit als Pathologe oder bereits früher - : er trägt sie nach wie vor in sich. Wird es ihm gelingen, durch Rückkehr ins Berufsleben Heilung zu erfahren? Er hofft und will es. Er, dem alles entglitten ist, hat beschlossen, an den Abläufen des Lebens wieder teilzunehmen und den Aufgaben, die es ihm stellt, gerecht zu werden. Aus diesem Grunde will er nun für ein paar Wochen die Vertretung des Chefarztes einer Krankenanstalt übernehmen und Verantwortung tragen, denn der Alltag stellt schließlich seine Forderungen. "Das Leben ist so allmächtig", denkt er, als er das Klinikgelände betritt, "diese Hand wird es nicht unterwühlen können" und blickt auf seine Rechte. Das erweckt fast den Eindruck, als regten sich Zweifel in ihm, ob "diese" Hände - durch die immerhin zweitausend Leichen gegangen sind - noch zu heilen und Leben zu erhalten vermögen. Der Gebrauch des Demonstrativpronomens "diese" klingt in diesem Zusammenhang merkwürdig fremd und distanziert. An einer anderen Stelle des Textes wird diese Distanz zwischen Rönne und seinen Händen noch deutlicher, wenn es heißt:

"Dann nahm er selber seine Hände und führte sie über die Röntgenröhre (...)"[139]

Als seien seine Hände tote Gegenstände oder Instrumente "nimmt" er sie, um damit alle möglichen Verrichtungen auszuführen. Tatsächlich zeigt sich im Verlauf des Geschehens immer mehr, daß sich in Rönnes gestörtem Verhältnis zu den eigenen Händen die ganze Beziehungslosigkeit sich selbst und der Realität gegenüber offenbart.

Wie erschreckend isoliert der Arzt Rönne auch seinen Mitmenschen gegenüber steht, wie wenig er in der Lage ist, der neuen Situation Herr zu werden und sie als Wirklichkeit zu erfassen, zeigt bereits die erste Begegnung mit seinen Mitarbeitern. Obwohl Benn Rönnes Dienstantritt äußerst knapp und scheinbar distanziert beschreibt, ist sein persönliches Betroffensein wiederum nicht zu überhören:

"Rönne war feierlich zumute; umleuchtet von seiner Einsamkeit besprach er mit den Schwestern die dienstlichen Angelegenheiten - Er überließ ihnen alles zu tun".[140]

---

139 G. Benn: Gehirne. A. a. O., S. 17.

Nicht mehr fähig, die Medizin als etwas sinnvolles Ganzes zu begreifen, tut es "Rönne wohl, die Wissenschaft in eine Reihe von Handgriffen aufgelöst zu sehen". Zwar greift schließlich auch er zum Instrumentarium moderner medizinischer Versorgung und verrichtet diesen oder jenen ärztlichen Handgriff, der - so stellt er sich vor - in seinen Patienten Assoziationen wie "Helfer, Heilung, guter Arzt, von allgemeinem Zutrauen und Weltfreude" wecken, erledigt aber seine Pflichten rein mechanisch und ohne jegliche innere Teilnahme.

Erst wenn der Schmerz einsetzt, wenn die Lebenswirklichkeit bedroht scheint und der körperliche Zerfall schon seine Schatten wirft, "horcht" Rönne aufmerksam "in die Tiefe", als vernähme er "eine fernere Stimme" aus einer Sphäre jenseits aller Wirklichkeit. Insbesondere in seinem Umgang mit den "Aussichtslosen", den Moribundi, wächst Rönne über sich hinaus. Da, wo jede ärztliche Kunst versagt, wo kein noch so geschickter Handgriff den Tod mehr aufhalten kann, wo nur noch der Wirklichkeit des Todes eine durch die "Magie des Wortes" "provozierte"[141] Wirklichkeit des Lebens entgegen gesetzt werden kann, überwindet er für einen Augenblick seine Indolenz und Apathie und spricht zu einem vom Tod Gezeichneten das erlösende Wort. Freilich ist es mehr die Faszination des Experiments, durch Sprache eine "zweite Realität"[142] zu schaffen, als menschliche Anteilnahme oder Mitleid mit dem Todkranken, wenn er ihm "zur gelungenen Kur" gratuliert und ihn mit einem herzhaften "Glück auf!" aus der Klinik entläßt. Eher blickt er dem Mann mit einer gewissen Verachtung nach, "wie er von dannen trottet"[143]. Die Betrachtungen, die er über dessen "Zukunftsaussichten" anstellt, klingen fast zynisch:

> "Er wird nun nach Hause gehen, (...) die Schmerzen als eine lästige Begleiterscheinung der Genesung empfinden, unter den Begriff der Erneuerung treten, den Sohn anweisen, die Tochter heranbilden, den Bürger hochhalten, die Allgemeinvorstellung des Nachbars auf sich nehmen, bis die Nacht kommt mit dem Blut im Hals."[144]

---

140 Ebenda, S. 14.
141 G. Benn: Provoziertes Leben. In: Essays und Reden. A. a. O., S. 376.
142 Derselbe: Ausdruckswelt. A. a. O., S. 137.
143 Derselbe: Gehirne. A. a. O., S. 15.
144 Ebenda.

Und dann läßt Benn den Arzt Rönne jenen rational nur schwer faßbaren Satz aussprechen, den er als Motto der Novelle vorangestellt hat:

"Wer meint, daß man mit Worten lügen könnte, könnte meinen, daß es hier geschähe."[145]

Von den wenigen Versuchen in der Fachliteratur, den Sinn dieses Aphorismus befriedigend zu deuten, sei hier der Interpretationsansatz Werner Zimmermanns zitiert. In seiner Studie zu der vorliegenden Novelle schreibt er: "Rönne scheint in einer Welt zu leben, in der man mit Worten nicht lügen kann, weil seine Worte die empirische Wirklichkeit gar nicht mehr treffen. Worte in diesem Sinne, wie Rönne und mit ihm Benn sie verstehen, tragen ihre Wahrheit in sich."[146] Wenn Rönne also den Todkranken zu seiner Genesung beglückwünscht, stehen zwar seine Worte im krassen Widerspruch zu den Tatsachen und wären - gemessen an dem Prüfstein der Wirklichkeit - "objektiv" eine Lüge. Aber für den Betroffenen werden sie zur Wahrheit. Es sind jene "magischen" Worte, die das Leben überhaupt erträglich machen. "Überall", sagt sich Rönne, nachdem er den Kranken verabschiedet hat, "bedarf es eines Wortes, um zu leben", erkennt jedoch zugleich seine eigene Situation, wenn er unmittelbar darauf fortfährt: "Hätte ich doch gelogen, als ich diesem sagte: Glück auf!". In dem verzweifelten Ausruf klingt der ganze Schmerz über seine furchtbare Einsamkeit mit, denn: der Verlust der Sprache als gängiges Kommunikationsmittel, eben jener Sprache, die auch die Lüge zuläßt, endet zwangsläufig - Rönne erfährt das immer deutlicher an sich selbst - in der totalen Isolation.

Die Abspaltung Rönnes von der ihn umgebenden Lebenswirklichkeit vertieft in zunehmendem Maße die Entfremdung vom eigenen Ich und führt schließlich zum totalen Zusammenbruch seiner seelisch-geistigen und körperlichen Kräfte.

"Wo bin ich hingekommen? Wer bin ich? Ein kleines Flattern, ein Verwehn. - Er sann nach, wann es begonnen hätte, aber er wußte es nicht mehr (...) - Es schwächt mich etwas von oben. Ich habe keinen Halt mehr hinter den Augen. Der Raum wogt

---

145 Ebenda.
146 W. Zimmermann: Deutsche Prosadichtungen des 20. Jahrhunderts. Bd. I. Düsseldorf 1989, S. 224.

so endlos, einst floß er noch auf der Stelle. Zerfallen ist die Rinde, die mich trug."[147]

Mit der Auflösung der Wirklichkeit und der Ich-Kontinuität verliert Rönne auch seine an Raum- und Zeitgefühl gebundene Orientierungsfähigkeit: Die Dinge zerfließen ihm ins Unendliche, und sein einst "gesammeltes" Ich verflüchtigt sich darin als ein "kleines Flattern und Verwehn". "Zerfallen ist die Rinde, die mich trug" - Auch dieser Satz läßt sich verschieden deuten. Er kann einmal als eine symbolische Umschreibung einer einst heilen, ungebrochenen Weltordnung interpretiert werden, an der Rönne als Individuum früher einmal ganz selbstverständlich teil hatte und die ihm nun zerbrochen, "zerfallen" ist. Nach Else Buddebergs Deutung[148] könnte der Ausdruck "Rinde" aber auch ganz wörtlich als Großhirnrinde, d. h. als "Sinnes-, Gedächtnis- und Assoziationszentrum"[149] des menschlichen Gehirns verstanden werden. Rönnes Aussage erhielte so den Charakter einer medizinischen Selbstdiagnose, während der der junge Arzt selbst den Zerfall seines Gehirns, also seines Bewußtseins feststellt. Im Hinblick auf Benns eigene medizinische Forschung, vor allem aber im Hinblick auf den Titel und Fortgang der Novelle selbst, scheinen E. Buddebergs Ausführungen durchaus gerechtfertigt, zumal sich unmittelbar nach Rönnes denkwürdigem Satz eine Szene anschließt, der unbedingt eine Schlüsselfunktion zukommt: Immer wieder beschäftigt Rönne sich mit seinen Händen, dreht sie hin und her und betrachtet sie dabei intensiv. Benn fährt fort:

"Und einmal beobachtete eine Schwester, wie er sie beroch oder vielmehr über sie hinging, als prüfe er ihre Luft, und wie er dann die leicht gebeugten Handflächen, nach oben offen, an den kleinen Fingern zusammenlegte, um sie dann einander zu und ab zu bewegen, als bräche er eine große weiche Frucht auf oder als böge er etwas auseinander."[150]

Die Schwester erzählt ihre Beobachtung weiter, aber niemand versteht, was Rönnes Handbewegung zu bedeuten hat. Kurz darauf wird

---

147 G. Benn: Gehirne. A. a. O., S. 16.

148 Vergl.: E. Buddeberg. A. a. O., S. 5.

149 G. Benn: Der Aufbau der Persönlichkeit. Geologie des Ich. In: "Essays und Reden". A. a. O., S. 114.

150 Derselbe: Gehirne. A. a. O., S. 16.

in der Krankenanstalt ein größeres Tier geschlachtet, und gerade als man den Kopf aufschlägt, kommt Rönne "wie zufällig" hinzu. Er nimmt den "Inhalt" des Tierkopfes in die Hände und biegt die beiden Hälften auseinander. Da durchfährt es die Schwester, denn sie erkennt die Bewegung wieder. Da sie aber nicht die Hintergründe kennt, vergißt sie das Erlebnis wieder.

Für den Leser freilich lassen sich nun Zusammenhänge erkennen, die bisher noch verborgen waren: Denn erst in der beschriebenen Schlüsselszene verbindet sich das Geschehen mit dem Titel, dem Anfang und - der Vorgriff sei hier gestattet - dem Schluß der Erzählung: "Rönne, ein junger Arzt", - hatte "ohne Besinnen" Gehirne freigelegt, das heißt "hundert oder auch tausend Stück" (S. 18) in seinen Händen gehalten und pathologisch untersucht, aber keine Antwort auf die ihn quälende Frage gefunden, was denn das menschliche Gehirn eigentlich sei:

> "Oft fing er etwas höhnisch an: er kenne diese fremden Gebilde, seine Hände hätten sie gehalten. Aber gleich verfiel er wieder: sie lebten in Gesetzen, die nicht von uns seien und ihr Schicksal sei uns so fremd wie das eines Flusses, auf dem wir fahren. Und dann ganz erloschen, sein Blick schon in einer Nacht: Um zwölf chemische Einheiten handele es sich, die zusammengetreten sind nicht auf sein Geheiß, und die sich trennen würden, ohne ihn zu fragen. (...) Er sei keinem Ding mehr gegenüber, er habe keine Macht mehr über den Raum, äußerte er einmal; lag fast ununterbrochen und rührte sich kaum."[151]

Nicht die Fragen nach der anatomischen Beschaffenheit, den Funktionen und der chemischen Zusammensetzung der menschlichen Gehirne sind es, auf die Rönne eine erlösende Antwort sucht, sondern auf jene bohrende existentielle Grundfrage des Menschen einer untergehenden Epoche, die bis heute offen ist: Wie steht es um das Ich in einer heillosen, sinnentleerten Welt? "Wir sehen" - so kennzeichnet Benn die Problemlage Rönnes und damit generell die des modernen Menschen - "die Frage der anthropologischen Substanz liegt hier unmittelbar vor, und sie ist identisch mit der Frage nach der Wirklichkeit."[152]

---

151 Ebenda, S. 17f.
152 G. Benn: Der Dichter über sein Werk. A. a. O., S. 22

Auf die Zwänge der Realität, einer Realität, die er "nicht mehr ertragen, aber auch nicht mehr erfassen kann"[153], reagiert Rönne zunehmend panisch. Der Chefarzt muß schnellstens zurückkehren und seinen Dienst wieder übernehmen. Er geht auf Rönne zu, sucht das Gespräch, aber Rönne antwortet ihm nicht, sondern spricht gewissermaßen ins Leere:

"(...) in diesen meinen Händen hielt ich sie, hundert oder auch tausend Stück; manche waren weich, manche waren hart, alle sehr zerfließlich; Männer, Weiber, mürbe und voll Blut. Nun halte ich immer mein eigenes in meinen Händen und muß immer danach forschen, was mit mir möglich sei. Wenn die Geburtszange hier ein bißchen tiefer in die Schläfe gedrückt hätte (...)? Wenn man mich immer über eine bestimmte Stelle des Kopfes geschlagen hätte (..).? Was ist es denn mit den Gehirnen? Ich wollte immer auffliegen wie ein Vogel aus der Schlucht; nun lebe ich außen im Kristall. Aber nun geben Sie mir bitte den Weg frei, ich schwinge wieder - ich war so müde - auf Flügeln geht dieser Gang - mit meinem blauen Anemonenschwert - im Mittagsturz des Lichts -in Trümmern des Südens - in zerfallendem Gewölk - Zerstäubungen der Stirne - Entschweifungen der Schläfe."[154]

Hier, am Ende der Novelle, offenbart sich noch einmal deutlich Benns polarisierende und apokalyptische Weltsicht - vor allem in seiner Verwendung expressionistischer Stilmittel: Insbesondere durch den Wechsel der Sprachebenen läßt er - deutlicher als zu Beginn seiner Erzählung - wieder jene beiden "Realitäten" entstehen, die Rönne in einen Zustand innerer Zerrissenheit versetzen. Entsprechend der im Alltagsleben als selbstverständlich hingenommenen Kongruenz von Sprache und Fakten werden die "tatsächlichen" Vorgänge, die um den zurückgerufenen Chefarzt kreisen, in konventioneller, allgemein verständlicher Gebrauchssprache geschildert. Sie ist das gängige Kommunikationsmittel in jener vordergründigen Daseinswirklichkeit, die Rönne als eine nichtige, zugleich aber auch als eine brutale und beängstigende erfahren und erkannt hat. Dennoch - physisch und psychisch an sie gebunden - konnte er sich bisher nicht von ihr lösen

---

153 Ebenda, S. 20.
154 G. Benn: Gehirne. A. a. O., S. 19.

und harrte in ihr aus: Einmal gepeinigt von Selbstzweifeln, Zwangsvorstellungen und Ängsten, ein andermal von einer todähnlichen
Apathie befallen, erstarrte er zu etwas "Steifem" und "Wächsernem",
"wie abgezogen von den Leibern, die sein Umgang gewesen sind"[155]
oder zermarterte sich das Hirn mit selbstzersetzenden Gedanken.
Aber nun, im Augenblick des äußersten Leidensdrucks, bleibt ihm
nur noch eine Möglichkeit, sich aus den Zwängen und Ängsten seines Daseins zu retten: Er überläßt sich dem Strom freischwebender
Assoziationen. Geradezu berauscht vom Klang phantastischer Wort-
kombinationen, scheint er mit seinem "blauen Anemonenschwert"
zugleich mit den Strukturen der herkömmlichen Sprechweise auch
die Grenzen der ihr zugeordneten Realität zerschlagen zu wollen. Das
öffnet ihm den Eingang in eine neue Wirklichkeit, in eine mit Worten
gestaltete Traumwelt. Wird es für Rönne tatsächlich ein Weg der Befreiung und Selbsterlösung sein? Auf den "Tragschwingen"[156] lyri-
scher "Expressionen"[157] mag sein träumendes Ich wohl in die ima-
ginären Lichtsphären des "Mittag" fliegen. Aber so, wie in der Apokalypse die Erschaffung einer neuen Welt die Zertrümmerung der alten
voraussetzt, ist aus der Sicht des jungen Benn der befreiende Aufstieg
des träumenden, schöpferischen Ich unabdingbar mit dem Fall des
bewußten, rational denkenden verknüpft. Rönnes Hochflug ist zugleich ein Absturz.

Benn entwirft hier - den antiken Ikarus-Mythos umdeutend - ein
apokalyptisches Bild, in dem sich in der Gestalt des Werff Rönne die
Daseinsproblematik einer ganzen Generation widerspiegelt, die
glaubt, sich durch schöpferische Neugestaltung der Welt von der verhaßten Realität ihres Daseins befreien zu können. Obwohl Benn der
Kunst eine geradezu metaphysische Macht zusprach, war er sich, vielleicht mehr als andere Expressionisten, aber auch ihrer Grenzen bewußt. So liegt seinem gesamten Oeuvre die Erkenntnis zugrunde, daß
das schöpferische "Wort" - für Benn Inbegriff aller Kunst überhaupt -
zwar immer wieder neue imaginäre Räume, ja Welten öffnen kann,
die für Augenblicke Gefühle höchster Vitalität und grenzenloser Freiheit entzünden, letztlich jedoch den Menschen nicht von der Zerris-

---

155 Ebenda.
156 G. Benn: Doppelleben. Wiesbaden 1950, S. 41.
157 P. Böckmann: Gottfried Benn und die Sprache des Expressionismus. In: H. Steffen
     (Hrsg.): Der deutsche Expressionismus. Formen und Gestalten. Göttingen 1965, S.
     65.

senheit und Dunkelheit seines Daseins zu erlösen vermögen. In einem seiner späteren Gedichte lautet eine Strophe:

"Ein Wort - ein Glanz, ein Flug, ein Feuer,
ein Flammenwurf, ein Sternenstrich -
und wieder Dunkel, ungeheuer,
im leeren Raum um Welt und Ich."[158]

4. Die Angst vor der Welt:
Edvard Munchs "Der Schrei"

Die zentrale Gestalt des nordischen Expressionismus und einer der ersten Vertreter dieser vornehmlich in Deutschland beheimateten Kunstrichtung ist der norwegische Maler Edvard Munch. Bilder wie "Melancholie", "Asche", "Angst", "Eifersucht" und sein berühmtestes Werk "Der Schrei" sind inhaltlich und formal so eindringlich-expressive Darstellungen der existentiellen Angst und Ich-Zerrüttung, wie sie später kaum mehr einem Künstler gelangen.

Bevor er sich im Jahre 1909 nach einem schweren Nervenzusammenbruch endgültig in der Nähe Oslos niederließ, pendelte er fast zwanzig Jahre, von ständiger Unruhe getrieben, von einer Kunstmetropole zur anderen: Berlin, Hamburg, Dresden und immer wieder Paris, aber auch Leipzig und Lübeck waren seine Stationen. In Paris, wo er zunächst wenig Verständnis fand, wurden seine Bilder als zu "germanisch", "barbarisch" und "literarisch" abgelehnt. Munch konterte derlei Angriffe später seinerseits mit spöttischen Seitenhieben auf die in seinen Augen inhaltlich harmlose, oberflächlich-dekorative Malerei der Franzosen und verschonte dabei weder die namhaften Impressionisten noch die junge Avantgarde der Kubisten und Fauvisten.

In Deutschland, wo Munch zwischen 1891 und Ende 1907 seine künstlerisch fruchtbarste Phase hatte und ihm endgültig der Durchbruch vom Formalen zum Expressiven gelang, wurde der feinfühlige Maler wegen seiner engagierten Anteilnahme am deutschen Kulturleben und wegen seines hervorragenden Talents, seelische Befindlichkeiten in Kunst umzusetzen, nach einigen Anfangsschwierigkeiten

---

158 G. Benn: Lyrik. Auswahl letzter Hand. A. a. O., S. 222.

mit der konservativen Kritik bewundert und geschätzt. Hier nahm auch sein Hauptwerk "Lebensfries" immer mehr Gestalt an: eine Folge von Bildern, die inhaltlich alle um Leben, Liebe und Tod kreisen und wie kaum ein anderes Kunstwerk der expressionistischen Bewegung die Abgründe des modernen Seelenlebens aufdeckten. Etwa zur gleichen Zeit wie der junge Sigmund Freud in Wien mit seiner tiefenpsychologischen Forschung versucht Munch mit den Mitteln seiner Ausdruckskunst, die verborgensten Seelenwinkel des zerbrochenen Individuums bloßzulegen.

"So wie Leonardo da Vinci das Innere des menschlichen Körpers studierte und Leichen sezierte - so versuche ich, die Seele zu sezieren. - Er mußte damals verschlüsselt schreiben, weil es strafbar war, Leichen zu sezieren. Heutzutage sind es die seelischen Phänomene, die zu sezieren beinahe als unsittlich und leichtfertig gilt".*159*

Und in der Tat kam es anläßlich seiner ersten Ausstellung in Berlin, wo ein mächtiges, konservatives Lager noch die staatserhaltende Historienmalerei feierte, zu einem Skandal, wie ihn das wilhelminische Berlin noch nicht erlebt hatte. Munchs Kommentar: "Eine bessere Reklame hätte ich mir nicht wünschen können". Von nun an war seine "anstößige" Malerei in aller Munde und sorgte in mehreren Städten für großes Aufsehen, erntete aber auch den bewundernden Beifall aufgeschlossener Kritiker.

Die zunehmende Anerkennung als Künstler half ihm jedoch nicht über seine melancholisch-düstere Grundstimmung hinweg. Sein pessimistisches Lebensgefühl - überwiegend die Folge traumatischer Jugenderfahrungen und einer schwachen nervlichen Konstitution - war beherrscht von quälenden Ängsten, die ihn, wie er einmal bekannt hat, verfolgten, so lange er denken konnte. Aber gerade über den Weg einer permanenten Auseinandersetzung mit sich selbst fand er schließlich zu den großen Themen seiner Malerei: Einsamkeit, Angst und Ich-Bedrohung. So wurde er nicht nur zum einfühlsamen Deuter der inneren Befindlichkeit des modernen Menschen, sondern auch zum ausdrucksstärksten Maler seiner Zeit. "Ohne Munch wäre Mitteleuropas wichtigste Kunstrichtung, der Expressionismus, nicht möglich

---

159 Zitiert nach: U. M. Schneede: Edvard Munch. Die frühen Meisterwerke. München 1988, S. 19.

gewesen", schrieb der Kunsthistoriker J. P. Hodin bereits vier Jahre nach Munchs Tod.[160]

Munchs Gemälde "Der Schrei" (Abb. 18) ist wohl die erschütterndste und expressivste Darstellung der Weltentfremdung und der Ich-Bedrohung des vom Transzendenzverlust gezeichneten Individuums, und in der Tat kann er als "geballter Aufschrei des Expressionismus schlechthin"[161] bezeichnet werden, was inhaltliche Aussage, Spannung und antinaturalistische Form- und Farbgebung betrifft.

Im Jahre 1893 zunächst als Ölbild für den "Lebensfries" geschaffen, gestaltete der Maler den "Schrei" einige Monate später auch als Lithographie und ermöglichte damit eine weite Verbreitung des Bildes. Mit halluzinativer Intensität wird hier eine scheinbar subjektive Welterfahrung wiedergegeben, der ein persönliches Schlüsselerlebnis Munchs zugrunde liegt. Auf der Rückseite eines Druckexemplars der Lithographie schildert er:

> "Ich ging mit zwei Freunden. Da sank die Sonne. Auf einmal war der Himmel rot wie Blut; ich stand still, krank und müde bis zum Tod. Über dem blauschwarzen Fjord lag der Himmel wie Blut und Feuerzungen. Meine Freunde gingen weiter, und ich stand allein, bebend vor Angst. Mir war, als ging ein mächtiger, gellender Schrei durch die Natur (...) ich malte dieses Bild - malte Wolken als wirkliches Blut. Die Farben schrien."[162]

Die Schilderung dieser traumatischen Erfahrung gleicht schon von ihrer Diktion her eher der einer apokalyptischen Vision als der einer plötzlichen nervlich-psychischen Indisposition. Dennoch war sie immer wieder Anlaß zu Interpretationen, die mehr Munchs labilen Nervenzustand und seine depressive Grundstimmung ins Blickfeld rückten als die universale Dimension dieses Kunstwerks. So schreibt beispielsweise der englische Kunsthistoriker David Loshak zu diesem Bild:

> "Several facts indicate Munch was aware of the danger of an art of this sort for a neurotic humanist like himself. (...) He certainly had a

---

160 J. P. Hodin: Edvard Munch - Der Genius des Nordens. Stockholm 1948, S. 272.

161 B. S. Myers: Malerei des Expressionismus. Eine Generation im Aufbruch. Köln 1957, S. 33.

162 Zitiert nach K. Maurer (Hrsg.): Vom Klang der Bilder. Die Musik in der Kunst des 20. Jahrhunderts. München 1985, S. 56.

horror of insanity, which had afflicted his sister Laura. Within the picture, he has set up a defense, in the form of the plunging perspective of the roadway and its fence, which preserves a rational world of three dimensions. (...) In the foreground unified nature has come close to crossing the fence, close enough to distort the form and personality of the protagonist. But the fence still protects it from total absorption into subjective madness."[163]

Diese Konzentration auf den gefährdeten Geisteszustand Edvard Munchs mag zwar ein legitimer Interpretationsansatz sein, wird jedoch - trotz des einfühlsamen Vorgehens des Autors - der Bedeutung dieses Kunstwerks nicht ganz gerecht. Denn "Der Schrei" weist weit über die Grenzen der Privatsphäre des Künstlers hinaus. In der Hauptfigur ausschließlich das Abbild des Malers Munch sehen zu wollen, wäre eine Simplifizierung der Aussage und Bedeutung dieses Bildes, selbst wenn man sich auf den zitierten Erlebnisbericht beruft.

Das Fehlen jeglicher individueller Züge, das totenhafte Maskengesicht, die Unbestimmbarkeit von Alter und Geschlecht der Gestalt konzentrieren den Blick des Betrachters auf das Wesentliche: auf die Darstellung eines Seelenzustandes - auf die Angst an sich. In jedem Detail drückt sie sich aus: Im Körper, der sich, wie von einer Schockwelle getroffen, windet, in den Kopf und Trommelfell schützenden Händen, in den vor Entsetzen erstarrten Augen und in dem weit geöffneten Mund. Der "mächtige, gellende Schrei", der durch die Natur geht, ist der Angstschrei des von Panik befallenen Individuums, das sich plötzlich seiner Verletzlichkeit und Einsamkeit bewußt wird, angesichts einer Wirklichkeit, die ihm irreal und unbegreiflich erscheint und daher Grauen in ihm hervorruft. Noch befindet es sich zwar auf dem sicheren Boden einer vertrauten Wirklichkeit mit ihren schützenden Grenzen (hier dargestellt als Holzsteg und Geländer), doch jenseits dieser Absperrung scheinen sich Himmel, Erde und Wasser zu einer gewaltigen Macht zu vereinigen, zu einer alles mit sich reißenden Flut, die diese Schutzbarriere des Individuums jederzeit durchbrechen kann, um es zu vernichten und vollständig zu absorbieren. Die Angst vor dem Verlust der Realität und vor der totalen Ich-Zerstörung verdichtet sich in diesem Bild zur Weltangst, d. h. zu der Angst davor, von der unendlichen Weite einer fremden, feindlichen Welt ganz aufgesogen zu werden. Der Eindruck ihrer Bedroh-

---

163 D. Loshak: Munch. New York 1990, S. 47.

lichkeit wird noch erhöht durch den in Wellen dynamisch geführten, breiten Pinselstrich und die expressiven, pastos aufgetragenen Farben: Flammendes Orange und Blutrot für den Himmel und ein unheimliches Schwarz-Blau für das Wasser des Fjords. Form und Inhalt, Empfindungstiefe und dynamische Ausdruckskraft gehen in diesem Gemälde eine Verbindung ein, wie sie der Expressionismus anstrebte. Darüber hinaus ist "Der Schrei" eines der beklemmendsten Zeugnisse für die seelische Erschütterung und apokalyptische Weltangst des von der Ich-Vernichtung bedrohten Menschen. Gleichzeitig aber wird hier auch auf die Möglichkeit verwiesen, mit den Mitteln der Kunst den Schrecken zu bannen und die Angst zu bewältigen: Denn der Schrei kann auch ein Akt der Befreiung sein.

V. Befreiung durch die Kunst oder "zwiespältige Zufluchten"?[164]

1. Georg Trakls "Abendland" und Jakob van Hoddis' "Weltende"

Die Erfahrung der verlorenen Transzendenz und der Ohnmacht gegenüber den Umwälzungen des 19. und beginnenden 20. Jahrhunderts hat in vielen Menschen die Gewißheit metaphysischer Geborgenheit, das Gefühl existentieller Sicherheit in einer rational immer undurchsichtiger erscheinenden Welt und den Glauben an die fortschreitende Vervollkommnung menschlicher Erkenntnisfähigkeit gründlich erschüttert. Stattdessen hat sich ihrer ein Gefühl des Ausgesetztseins, der Angst und der Fremdheit in einer als Chaos erfahrenen Wirklichkeit bemächtigt. Insbesondere in den Jahren vor dem ersten Weltkrieg, in denen die Schrecken einer sich anbahnenden Katastrophe ihre Schatten bereits vorauswerfen, droht alles, was sich der Mensch in Jahrhunderten erkämpft und aufgebaut hat, zusammenzufallen und sich aufzulösen in einem "unendlichen Nichts"[165]. In gleichem Maße, wie sich philosophische Denkgebäude, kühne Geschichtsentwürfe und das gesamte System tradierter Werte als Trugbilder erweisen, offenbart sich die Brüchigkeit der gesellschaftlichen und politischen Strukturen der bürgerlichen Ordnung. Verschärft durch die Vision einer um sich greifenden Herrschaft des Materialismus und "Vulgäratheismus"[166] hat die allgemeine Daseinskrise für die meisten der Expressionisten den Grad der Unerträglichkeit erreicht. Zweifelsohne prägen daher Weltangst, Katastrophenstimmung und individuelle Zerrissenheit eine große Anzahl ihrer Werke. Expressionistische Kunst kann aber auch, wie bereits am Ende des letzten Kapitels angedeutet wurde und nun anhand einiger Einzelanalysen ver-

---

164 Titel einer erfrischend unkonventionellen Untersuchung der Marburger Politikwissenschaftler W. v. Bredow und H.-F. Foltin über die "Renaissance des Heimatgefühls", die 1981 in Bonn erschienen ist.

165 F. Nietzsche: Werke in sechs Bänden. A. a. O., Bd. III, S. 10.

166 E. Bloch: Geist der Utopie. Bearbeitete Neufassung von 1923. Frankfurt a. M. 1985, S. 305.

deutlicht werden soll, der Versuch sein, innere Not und Verzweiflung zu überwinden und neue Hoffnungsperspektiven zu eröffnen.

Auf der empfindsamen Seele eines Künstlers wie Georg Trakl müssen Endzeitvorstellungen, die visionäre Gewißheit des Untergangs einer entwurzelten Menschheit und damit des eigenen Ich als ungeheurer Druck apokalyptischer Weltangst schwer gelastet haben. Bevor er darunter zerbrach und, erst siebenundzwanzigjährig, durch Selbstmord starb, versuchte er, durch die poetische Antizipation des katastrophalen Endes sich innerlich von ihm zu distanzieren und damit von der ihm unerträglich gewordenen conditio humana zu befreien. Für die letzte Fassung seines Gedichts "Abendland" wählte er die odische Ausdrucksform: Durch eine von Pathos getragene Apostrophe gewinnt er Abstand zu dem apokalyptischen Geschehen und versucht so - ähnlich wie Meidner durch die Gestaltung seiner "Apokalyptischen Landschaften" - einen Ausweg aus der Angst zu finden.

Georg Trakl: Abendland (Schluß)

(...)
Ihr großen Städte
Steinern aufgebaut
In der Ebene:
So sprachlos folgt
Der Heimatlose
Mit dunkler Stirne dem Wind,
Kahlen Bäumen am Hügel.
Ihr weithin dämmernden Ströme:
Gewaltig ängstet
Schaurige Abendröte
Im Sturmgewölk.
Ihr sterbenden Völker:
Bleiche Woge
Zerschellend am Strande der Nacht,
Fallende Sterne.[167]

Wie so häufig im Expressionismus, tauchen auch in diesem Gedicht die "steinernen Städte" als öde, lebensfeindliche Orte der Endzeit auf,

---

167 G. Trakl: "Abendland". In: G. Trakl: Dichtungen und Briefe. Historisch-kritische Ausg. v. W. Killy u. H. Szklenar. 2 Bde. Salzburg 1939. 1. Bd., S. 170.

die den "Heimatlosen" vor Angst verstummen lassen und schließlich in den Untergang treiben. Die düsteren, beängstigenden Bilder der ersten Verse verdichten sich am Ende der Ode zur Vision einer gewaltigen Katastrophe, bei der die "sterbenden Völker" des Abendlandes wie "fallende Sterne" am "Strande der Nacht" zerschellen. Mit der dreimaligen beschwörenden Anrufung ("Ihr großen Städte", "Ihr weithin dämmernden Ströme", "Ihr sterbenden Völker") stellt der Dichter eine Distanz zwischen sich und dem apokalyptischen Geschehen her, als wolle er die Angst vor dem drohenden Unheil abwehren oder bezwingen.

Welch eine befreiende Wirkung aber auch die künstlerische Gestaltung des Grauens selbst haben kann, verdeutlicht auf ganz andere Weise als bei Trakl die Reaktion junger Künstler und Intellektueller auf Jakob van Hoddis' 1912 erstmals veröffentlichtes Gedicht "Weltende". Für Gottfried Benn leitete es die expressionistische Literaturbewegung überhaupt ein, und nicht zufällig hat Kurt Pinthus es an den Anfang seiner 1919 herausgegebenen Anthologie expressionistischer Lyrik "Menschheitsdämmerung" gestellt. Expressionistischer Kultur- und Daseinspessimismus verbindet sich hier mit der Hoffnung auf das Ende einer in bürgerlicher Engstirnigkeit vermorschten Zeit und damit auf den Anfang einer neuen Phase der Menschheitsentwicklung. In acht Zeilen, einer grotesken Collage bedrohlicher und banaler Vorgänge, schildert er hier ironisch und spielerisch den Untergang:

Jakob van Hoddis: Weltende

Dem Bürger fliegt vom spitzen Kopf der Hut,
In allen Lüften hallt es wie Geschrei.
Dachdecker stürzen ab und gehn entzwei,
Und an den Küsten - liest man - steigt die Flut.
Der Sturm ist da, die wilden Meere hupfen
An Land, um dicke Dämme zu zerdrücken.
Die meisten Menschen haben einen Schnupfen.
Die Eisenbahnen fallen von den Brücken.[168]

---

168 J. van Hoddis: "Weltende". In: Menschheitsdämmerung. Ein Dokument des Expressionismus (1919). Hrsg. v. Kurt Pinthus. Rev. Neuauflage Hamburg 1988, S. 39.

Die bewußte Verharmlosung des Endzeit-Geschehens wird zu einem künstlerischen Befreiungsakt und führt zur apokalyptischen - Heiterkeit. Es wäre freilich eine zu vordergründige Betrachtungsweise, wollte man in Jakob van Hoddis' Gedicht "Weltende" die Manifestation einer ungebrochenen, aus einem reinen Überlegenheitsgefühl gewonnenen Gelassenheit sehen, denn dieser Schein trügt. Zwar wird hier durch die groteske Aneinanderreihung heterogener "Katastrophen"-Bilder eine teilweise geradezu kabarettistische Wirkung erzielt, aber dem vermeintlich unbeschwerten Spottgesang auf den Untergang der verachteten Bourgeoisie sind dunkle Töne beigemischt, die von latentem Unheil künden. Die Disparatheit der Bilder, die Auflösung der zeitlichen Kontinuität und des gedanklichen Zusammenhangs in diesem Gedicht verweisen durchaus auf existentielle Verunsicherung, Orientierungslosigkeit und Endzeitstimmung einer Generation, die den totalen Zusammenbruch der alten Ordnung bereits vorausahnt. Dennoch vermittelten van Hoddis' Verse - vielleicht nicht zuletzt wegen der Demonstration einer trotz aller quälenden Drangsale unerschütterlichen "schöpferischen Lust"[169] - vielen jungen Expressionisten ein Gefühl der Hoffnung und des "Siegesmutes"[170]. Johannes R. Becher, wie van Hoddis ein Mitglied der "Neopathetiker", erinnert sich später an die außergewöhnliche Begeisterung, die diese zwei Strophen bei der jungen Avantgarde auslösten:

"Auch die kühnste Phantasie meiner Leser würde ich überanstrengen bei dem Versuch, ihnen die Zauberhaftigkeit zu schildern, wie sie dieses Gedicht 'Weltende' von Jakob van Hoddis für uns in sich barg. Diese zwei Strophen, o diese acht Zeilen schienen uns in andere Menschen verwandelt zu haben, uns emporgehoben zu haben aus einer Welt stumpfer Bürgerlichkeit, die wir verachteten und von der wir nicht wußten, wie wir sie verlassen sollten. Diese acht Zeilen entführten uns. Immer neue Schönheiten entdeckten wir in diesen acht Zeilen, wir sangen sie, wir summten sie, wir murmelten sie, wir pfiffen sie vor uns hin, wir gingen mit diesen acht Zeilen auf den Lippen in die Kirchen, und wir saßen, sie vor uns hinflüsternd mit ihnen beim Radrennen. Wir riefen sie uns gegenseitig über die Straße hinweg zu wie Losungen, wir saßen mit diesen acht Zeilen beiein-

169 G. Benn: Gesammelte Werke in vier Bänden. A. a. O., Bd. II, S. 323.
170 S. Vietta/H. G. Kemper: Expressionismus. München 1975, S. 31.

ander, frierend und hungernd, und sprachen sie gegenseitig vor
uns hin. Was war geschehen? Wir kannten das Wort damals
noch nicht: Verwandlung. Alles, wovor wir sonst Angst oder gar
Schrecken empfanden, hatte jede Wirkung auf uns verloren. Wir
fühlten uns wie neue Menschen, (...) und eine Unruhe, schwo-
ren wir uns zu stiften, daß den Bürgern Hören und Sehen ver-
gehen sollte und sie es geradezu als Gnade betrachten würden,
von uns in den Orkus geschickt zu werden."[171]

Jakob van Hoddis' Gedicht "Weltende" enthält eine Botschaft der Befreiung, weil es nicht nur den Durchbruch aus der Begrenzung durch
die traditionelle Kunst verheißt, sondern auch den Ausweg aus dem
unerträglichen Gefängnis bürgerlicher Zwänge.

2. Die Suche nach dem verlorenen Paradies:
Die Künstlergemeinschaft "Brücke"

In der bildenden Kunst waren es zunächst die Maler der "Brücke", die
sich in der epochalen Umbruchsituation zu Beginn unseres Jahrhunderts als Vorreiter einer neuen Ausdruckskunst und als Hoffnungsträger einer verunsicherten, unbehausten Generation verstanden. Bereits
im Jahre 1906 hatten sich Fritz Bleyl, Ernst Ludwig Kirchner, Erich
Heckel und Karl Schmidt-Rottluff spontan zu einer solidarischen,
avantgardistischen Künstlergruppe zusammengeschlossen, um ihrem
Aufbruch in eine neue Welt genügend Stoßkraft zu verleihen. Einmal
glaubten sie, in einer starken Gemeinschaft den unvermeidlichen An-
griffen konservativer Gegenkräfte eher gewachsen zu sein; darüber
hinaus aber hofften sie auch, den Schrecken der künstlerischen Isolation und der menschlichen Vereinsamung auf diese Weise entgehen
zu können. Noch im gleichen Jahr erweiterte sich der Kreis: Max
Pechstein, der einzige der Maler-Freunde, der an einer Kunstakademie studiert hatte, und Ernst Nolde schlossen sich der Gemeinschaft
an und sorgten für neue Impulse. Otto Müller, der durch Carl Hauptmann als "Einhard, der Lächler" in die Literatur eingegangen ist,
wurde erst im Jahre 1910 Mitglied der "Brücke" und bereicherte fortan

---

171 P. Raabe (Hrsg.): Expressionismus. Aufzeichnungen und Erinnerungen der
    Zeitgenossen. Olten u. Freiburg 1965, S. 51f.

mit seinen subtilen Zigeunerdarstellungen die gemeinsamen Ausstellungen thematisch und ästhetisch.

In dem chaotischen Widerstreit verschlissener alter und beängstigender neuer Ideologien wollten die jungen Künstler neue Wege in eine bessere Zukunft weisen. Um ihren Bestrebungen, Kunst und Leben miteinander zu verschmelzen, Ausdruck zu verleihen, verfaßten sie ein knappes "Gründungsprogramm", das zwar schnell den Kontakt zu Gleichgesinnten herzustellen vermochte, jedoch in der eher generalisierenden Unverbindlichkeit seiner inhaltlichen Aussage noch klare Zielsetzungen vermissen läßt:

"Mit dem Glauben an Entwicklung, an eine Generation der Schaffenden wie der Genießenden, rufen wir alle Jugend zusammen, und als Jugend, die die Zukunft trägt, wollen wir uns Arm- und Lebensfreiheit verschaffen gegenüber den wohlangesessenen älteren Kräften. Jeder gehört zu uns, der unmittelbar und unverfälscht das wiedergibt, was ihn zum Schaffen draengt."[172]

Was den jungen Malern an Zielen vorschwebte und was sie im Tonfall schwärmerischer Jugendbewegtheit immer wieder vortrugen, war der gemeinsame Widerstand gegen eine nach außen hin wohlanständige, aber ihrer Meinung nach inwendig verrottete und einzig auf ihren materialistischen Vorteil bedachte Bourgeoisie. Den Degenerationserscheinungen und Auswüchsen der Zivilisation setzten sie mit enthusiastischem Engagement eine natürliche Lebensweise entgegen, forderten die Befreiung des Menschen aus seinen sozialen und moralischen Zwängen und träumten von der Wiedergewinnung der verlorenen harmonischen Einheit von Mensch und Natur und einem brüderlichen Miteinander in einer gerechteren Ordnung. Solchen Schwärmereien mangelte es freilich an realistischem Blick und an tieferer Einsicht in die eigentlichen Ursachen gesellschaftlicher Spannungen und geistiger Auseinandersetzungen dieser Zeit. Ihre rebellische, antibürgerliche Gesinnung verlor sich daher zwar zunächst "nur" in einem rein emotional gesteuerten, etwas verschwommenen Freiheitsdrang und in illusionärem Weltverbesserertum, aber ihre feste Überzeugung, die Welt und die Menschheit durch schöpferische

---

172 Zitiert nach H. Jähner: Künstlergruppe Brücke. Geschichte - Leben und Werk ihrer Maler. Stuttgart 1986, S. 20.

Arbeit und unbedingtes Wollen zum Guten hin verändern zu können, beflügelte ihren Schaffensgeist. In intensivem Bemühen verschafften sie sich gemeinsam die notwendigen gestalterischen Mittel, um ihren Idealen adäquate Ausdruckskraft zu verleihen. Dabei war das Aufnahme- und Lernbedürfnis der "Brücke"-Maler schier unerschöpflich, wie man aus den "Erinnerungen" Fritz Bleyls erfährt:

"Wir suchten Weiterbildung, fortschrittliche Entwicklung und Lösung vom Herkömmlichen, wo immer wir sie erhoffen konnten, so etwa in den damals erscheinenden Sammel- und Probebänden der Münchener 'Jugend', und bezogen die englische Kunstzeitschrift 'Studio', deren laufende Neuerscheinungen wir kaum erwarten konnten. Eines Tages brachte Kirchner aus irgendeiner Bücherei einen bebilderten Band von Meyer-Graefe über die modernen französischen Künstler mit. Wir waren begeistert. (...) An unserem Mittagstisch kreiste heiß umkämpft der 'Simplizissimus'; Th. Th. Heine, Gulbransson waren unsere Männer."[173]

Man las - hier waren Kirchner und Heckel wohl die treibenden Kräfte - zusammen Nietzsche, Dostojewski, Ibsen und Strindberg, aber auch die bereits in Übersetzungen vorliegenden Werke Baudelaires und Rimbauds, studierte die Kataloge in- und ausländischer Avantgardisten, arbeitete gemeinsam an neuen Techniken, malte nach gleichen Modellen und inspirierte sich gegenseitig durchaus fruchtbringend trotz oder auch gerade wegen der Unterschiede hinsichtlich der individuellen Temperamente und künstlerischen Präferenzen.

Natürlich verachteten sie wie alle Expressionisten ihre Väter. Aber so vehement sie auch alles Tradierte, Akademische und Historisierende in der Malerei ablehnten, schöpften die jungen "Brücke"-Künstler auf ihrer Suche nach einer eigenen Formsprache sehr wohl auch aus den Kraftquellen der Vergangenheit. So zeigten sie sich bei ihren regelmäßigen Besuchen der Dresdener Gemäldegalerie und des Kupferstichkabinetts durchaus offen für traditionelle Kunsttechniken, wenn sie ihren eigenen schöpferischen Intentionen entgegen kamen. Besonders die gemeinsame intensive Beschäftigung mit der spätgotischen Holzschnittkunst hat jenen "kollektiven" Ausdrucksstil mitge-

---

173 F. Bleyl: Erinnerungen. In: Hans Wentzel: Bildnisse der Brücke-Künstler voneinander. Stuttgart 1961, S. 25.

prägt, der charakteristisch für die erste Schaffensphase der "Brücke" werden sollte und ihren ersten Höhepunkt darstellte. Das spontane, freie Schneiden ins Holz entsprach nicht nur ihrem Streben nach Vereinfachung und Prägnanz der Bildgestaltung, sondern das Medium des Holzschnitts erschien ihnen auch wegen seiner Ausrichtung auf Breitenwirkung das geeignete Mittel zur Propagierung ihres künstlerischen und gesellschaftlichen Freiheitsdrangs.

Neben den Meistern altdeutscher Graphik, von denen vor allem Dürer und Cranach höchste Bewunderung entgegengebracht wurde, waren es aber mehr noch die großen Vorbilder der eigenen geistigen Gegenwart, die eine immense Anziehungskraft auf die jungen "Brücke"-Künstler ausübten: Vincent van Gogh und Edvard Munch. Die flammenden Farbenmeere, die dynamisch-unmittelbare Gestaltung und die atmosphärische Dichte der van Goghschen Bildkunst ließen bei einer Dresdener Ausstellung die "Brücke"-Maler geradezu "außer Rand und Band" geraten, wie später Fritz Schumacher zu berichten wußte[174]. Zur wahren Offenbarung wurde ihnen auch die ausdrucksgeladene, suggestive Gestaltung seelischer Befindlichkeit, wie sie in Munchs Gemälden vollendet verwirklicht wurde. Vor allem aber die sehnsuchtsvolle Suche dieser beiden großen Meister nach Menschlichkeit und nach einer heileren Welt, die Sensibilität ihres Empfindens und die ihnen - trotz stilistischer Verschiedenheit - gemeinsame Eindringlichkeit der symbolhaften Ausdrucksweise hat die jungen Dresdener Expressionisten zutiefst beeindruckt. Hier fanden sie Bestätigung und Bestärkung in ihrem Ringen um ein neues Welt- und Lebensgefühl, dessen Natürlichkeit und Wahrhaftigkeit den Gegenpol zur Verlogenheit wilhelminischer Bürgerlichkeit einerseits und futuristischem Fortschrittswahn andererseits bilden sollte.

Verfolgt man die weiteren Anregungen, die für die Entwicklung der "Brücke"-Malerei von Bedeutung waren, ist u. a. auf ihre Nähe zum Fauvismus hinzuweisen, jener französischen Kunstbewegung, die versuchte, mit einer auf das Wesentliche reduzierten Formsprache und einer Palette reiner, ausdrucksstarker Farben die Ästhetik impressionistischer Bildkunst zu überwinden. Schon Henri Matisse stellte Expressivität als das Hauptziel seiner Kunst heraus, wie in seinem Beitrag

---

174 F. Schumacher: Stufen des Lebens. Erinnerungen eines Baumeisters. Stuttgart und Berlin 1935, S.283. Der Autor war als Städteplaner Dozent an der Technischen Hochschule in Dresden.

für die Zeitschrift "La Grande Revue" von 1908 nachzulesen ist.[175] Aber gerade am Beispiel Matisse wird trotz mancher Gemeinsamkeit zwischen den deutschen "Wilden", wie Franz Marc die "Brücke"-Expressionisten nannte, und den Pariser "Fauves" auch das Trennende deutlich. Während die Dresdener Künstler von Sendungsbewußtsein und jugendlichem Idealismus getragen wurden, "träumt" Matisse genießerisch "von einer Kunst des Gleichgewichts, der Reinheit und der Ruhe, ohne jede Problematik, ohne aufwühlendes Sujet"[176]. Während die Maler der "Brücke" mit Leidenschaft ihre Kunst in den Dienst ethischer Ziele stellen wollten und vom Verlangen nach einer befreiten Menschheit beseelt waren, hielt Matisse nicht viel von Gesinnungskunst und dem Verströmen von Emotionen, sondern wollte mit seiner Malerei "wie ein guter Lehnstuhl dem physisch Ermatteten Erholung schenken"[177]. Während er versuchte, Ausgewogenheit und "interesseloses Wohlgefallen" zu bewirken, wollten die "Brücke"-Künstler mit ihren Bildern die allzu Bequemen wachrütteln und in Erregung versetzen. Aber trotz dieser Divergenzen erhielten sie in einem Schaffensstadium, das stärker vom Bemühen um den Ausgleich von Gefühl und bewußter Formgebung gekennzeichnet war als der ungestüme Beginn ihrer Arbeit, durch Matisse und die fauvistische Kunstauffassung - wenn auch nur vorübergehend - wertvolle Impulse und Anregungen.

Einen nachhaltigeren Einfluß auf die "Brücke"-Kunst übte zweifelsohne Paul Gaugin aus. Mehr noch als von der Leuchtkraft seiner Farben und der Expressivität seines plakativen Malstils fühlten sich die jungen Künstler von dem exotischen Reiz seiner Gemälde angezogen. Angewidert von den Auswüchsen und Zwängen der europäischen Zivilisation hatte Gaugin Zuflucht im Inselparadies der Südsee gefunden, um im Zusammenleben mit den Eingeborenen Glück und Erfüllung zu finden. Die Gemälde, die er dort schuf, schienen den "Brücke"-Malern von einer so bezaubernden, exotischen Schönheit, daß sie völlig in ihren Bann gezogen wurden. Fasziniert von der Ursprünglichkeit und Natürlichkeit des Eingeborenendaseins, wie sie sich in Gaugins Oeuvre widerspiegeln, setzten sie sich fortan intensiv

---

175 H. Matisse: Notizen eines Malers. In: Henri Matisse. Farbe und Gleichnis. Gesammelte Schriften. Zürich 1955, S. 12.

176 H. Matisse: Bekenntnis. Gespräch mit Etienne. In: Ebenda, S. 39.

177 Ders.: Notizen eines Malers. In: Ebenda, S. 13.

mit der Lebensweise und den Kunstgegenständen fremder, außereuropäischer Kulturen auseinander.

Ihre deutliche Hinwendung zur sogenannten primitiven Kunst war jedoch keineswegs nur eine Frage zusätzlicher Bereicherung, sondern sie gab ihnen auch den Anstoß zur Abkehr von der verhaßten Wirklichkeit der "wohlangesessenen Kräfte" und der beschönigenden Salonkultur der wilhelminischen Ära. Zugleich bekundete die "Brücke" mit dem Bekenntnis zum Primitivismus ihren Protest gegen die Vorherrschaft eines fortschrittsorientierten Rationalismus. Beeindruckt von der ungebrochenen schöpferischen Energie, die sie in den Plastiken und Schnitzereien der Südseevölker und afrikanischen Stämme verwirklicht sahen, suchten die Maler-Freunde selber immer häufiger Zuflucht in der Idylle unberührter Landschaften, um fernab von den Konfliktherden der Zeit Ruhe und Schaffenskraft aus den Quellen der freien Natur zu schöpfen. Malerische Umgebungen fanden sie für ihren "alternativen" Lebens- und Arbeitsstil vor allem an den Moritzburger Seen nahe Dresden und an den Küsten der Nord- und Ostsee. Auch nach ihrem gemeinsamen Umzug nach Berlin kehrten sie immer wieder einzeln oder zu zweit zurück, um dem zermürbenden Großstadtgetriebe zu entfliehen, allerdings nie mehr gemeinsam. Nur Nolde und Pechstein hatten die Gelegenheit, unabhängig voneinander eine Exkursion in die exotische Inselwelt zu unternehmen, jedoch erst einige Jahre später. Vorerst entdeckten die "Brücke"-Maler ihr "Tahiti" im eigenen Lande. Im Vergleich zum "normalen" Mietskasernenalltag und der menschenfeindlichen Atmosphäre der industrialisierten Großstädte mochte ihnen ihr Refugium an den Moritzburger Seen tatsächlich wie das verlorene Paradies erschienen sein oder - den Blick in die Zukunft gerichtet: wie die wenigstens zeitweise verwirklichte Utopie eines angstfreien, selbstbestimmten Daseins. Diesen Traum von einem ungebundenen, natürlichen Leben hielten sie immer wieder in ihren Kunstwerken fest. Dabei gefiel es ihnen offensichtlich, sich selbst und ihre Begleiterinnen häufig ganz direkt als "nackte Wilde" - etwa beim Bumerangwerfen, beim Waten durch Schilf, beim dichten Nebeneinanderkauern, beim Bogenschießen oder aber beim gemeinsamen Baden im See - in dem ihnen eigenen ausdrucksstarken Stil darzustellen.

Ein beliebtes Motiv, das geradezu die künstlerische Angriffslust der "Brücke"-Maler versinnbildlicht, war die nackte Bogenschützin. Wie es fast die Regel bei den gemeinsam verbrachten Arbeits- und Badesommern war, wurde auch dieses Sujet von verschiedenen Künstlern zugleich festgehalten. So ist die pfeilschießende Amazone sowohl auf einem Holzschnitt Ernst Ludwig Kirchners als auch auf einer Lithographie Max Pechsteins (Abb. 19 und 20) dargestellt, und im Werk Ernst Heckels tritt sie ebenfalls auf. Wie ein Fanal wirkte die wilde Kriegerin dann auf Pechsteins Plakat zur ersten Ausstellung der "Neuen Sezession" (Abb. 21), zu der sich 1910 die "Brücke"-Maler und einige andere Künstler zusammengeschlossen hatten, nachdem ihre Bilder von der etablierten Berliner "Sezession" um Max Liebermann zurückgewiesen worden waren. Auch auf späteren Plakaten und anderen Publikationen der "Neuen Sezession" erschien Pechsteins "Bogenschützin" immer wieder, so daß der "Moritzburger Stil" bald über die Grenzen Deutschlands hinaus geradezu zum Inbegriff der jungen expressionistischen Avantgarde wurde.[178]

Das eigentlich große Thema der "Brücke"-Maler war jedoch die Wiederherstellung des zerstörten Einklangs von Mensch und Welt. Nicht erst nach der Konfrontation mit der Großstadthölle Berlin beschworen sie in ihren Arbeiten ein ungebrochenes Dasein in einer heilen Welt; denn auch in ihrem vergleichsweise beschaulichen "Elbflorenz" Dresden blieben sie nicht unberührt von der allgemein um sich greifenden Endzeitstimmung und Daseinsangst, die sie mit Pinsel und Farbe bewältigen zu können glaubten.

Der älteste unter ihnen, Max Pechstein, war bereits drei Jahre vor seinen Malerfreunden nach Berlin übergesiedelt und genoß daher besonders die gemeinsamen Sommeraufenthalte in Moritzburg. Hier entstanden jene Gemälde, bei denen Pechstein teilweise seine akademische Vorbildung zugunsten des spontanen Pinselstrichs aufgab, wenngleich er die Raumperspektive nie ganz aus den Augen verlor und auf den harten Kontrast großflächig aufgetragener Komplementärfarben - wie er typisch für den "Brücke"-Stil ist - verzichtete.

Als Beispiel für seine malerische Ausdruckskraft, mit der er seinen Traum vom freien Leben in der Geborgenheit der Gemeinschaft und Natur formuliert, sei hier sein Ölbild "Freilicht. Badende in Moritzburg" aus dem Jahre 1910 (Abb. 22) vorgestellt. Es zeigt eine Gruppe männlicher und weiblicher Gestalten, die sich nackt und losgelöst von allen Zwängen in einer idyllisch schönen Landschaft tummeln:

---

178 Vergl. hierzu auch: Stephan v. Wiese: Graphik des Expressionismus. Stuttgart 1976, S. 46ff.

miteinander spielend, sich unterhaltend, auch vor sich hin träumend scheinen sie das unbeschwerte Zusammensein in vollen Zügen zu genießen. Pechstein hat die Formen ihrer sonnendurchglühten Körper nur skizzenhaft umrissen und ihren Gesichtern lediglich mit einigen sparsam gesetzten Konturen andeutungsweise individuelle Züge verliehen. Unterschieden werden die einzelnen Charaktere - wenn überhaupt - am ehesten durch Haltung, Gestik und die Art ihrer Bewegungen. Im Vordergrund steht hier nicht die Psyche des Einzelnen, sondern das Gemeinschaftserlebnis und die Kommunikation einer Gruppe Gleichgesinnter. Einzig der rechts auf der Wiese sitzende junge Mann scheint seinen Blick nach innen zu lenken und in träumerischer Versonnenheit für einen Moment seine Umwelt zu vergessen. Ruhe und Bewegung sind bei der Darstellung der Gruppe subtil aufeinander abgestimmt und schaffen eine Atmosphäre der Ausgewogenheit und Harmonie. Bei der Darstellung der Landschaft, der Wiese, des Birkenhains, der Sträucher und des Weizenfeldes im Hintergrund zeigt sich noch deutlicher Pechsteins ganze Kunst der unmittelbaren und doch ausgewogenen Gestaltung. Die Weichheit der Linienführung, der modellierte, rhythmische Auftrag der eher gedämpften Farben, die Bewegtheit der Formen, die feine Abstufung der Blau- und Grüntöne - all das läßt eine Landschaft entstehen, in der nichts Beunruhigendes die Harmonie der Natur zu stören scheint.

Nur ein knappes Jahr früher entstand Erich Heckels Ölbild "Badende im Schilf" (Abb. 23). Trotz der Ähnlichkeit des Sujets und der künstlerischen und ideellen Intentionen zeigen sich gleich auf den ersten Blick die Unterschiede in der Art der Gestaltung. Akademisch nicht vorgebildet, führt er seinen Pinsel weitaus unbefangener und hastiger als Pechstein und scheut weder harte Kontraste noch den unmodellierten flächigen Farbauftrag. Im Gegenteil: Sein Ziel ist es, den erlebten Eindruck möglichst direkt und rasch im Bild festzuhalten. Aus diesem Grunde hat er immer wieder mit Benzin und verschiedenen anderen Essenzen experimentiert, um für die zähe Ölfarbe aus der Tube das gewünschte Maß der Geschmeidigkeit herauszufinden.

Das Gemälde "Badende im Schilf" zeigt im Vordergrund wie in Pechsteins Bild eine Gruppe nackter Personen, deren körperliche Aktivität auf Daseinsfreude und Lebenskraft schließen läßt. Sie wenden sich einander zu und wirken wie eine gut aufeinander eingespielte Gemeinschaft. Nur eine Figur hat sich vorübergehend von der Gruppe gelöst: ganz links im Bild steht breitbeinig eine kräftige männliche

Gestalt, die sich frontal dem Betrachter zuwendet und in ihren Ge-
bärden urwüchsiger und wilder erscheint als die übrigen. Aber nicht
nur durch Körpersprache und räumliche Abkehr von der aktiven
Gruppe ist diese gekennzeichnet, sondern auch durch die feuerrote
Hautfarbe, die durch das Grün des Hintergrunds noch intensiviert
wird.

Ausgeprägter als Pechstein hat Heckel in seiner Bildgestaltung auf alle "nebensächlichen" Einzelheiten verzichtet, um durch eine radikale
Vereinfachung der Formen nur das Wesentliche im Bild festzuhalten
und umso stärker die natürliche Ausdruckskraft der reinen Farbe zu
betonen. Vor allem in der Figurendarstellung wird sein Bestreben
deutlich, alle Details - wie D. Elger es formuliert - "summarisch zusammenzufassen"[179]. Die Körper werden ausschließlich durch ihre
Konturen charakterisiert, alle individuellen Eigenheiten bleiben un-
ausgeformt oder werden absichtlich mit Farbe geradezu
"überstrichen" - sogar die Gesichter. Der Mensch wird hier nicht in
seiner individuellen Einzigartigkeit dargestellt, sondern als Teil einer
alles umfassenden Natur. Heckels Wunsch, mit seiner Kunst einen
Beitrag zur Versöhnung von Mensch und Welt zu leisten, ist das eigentliche Anliegen dieses Bildes.

Das Werk Emil Noldes gilt noch heute als Inbegriff expressionistischer Malerei, obwohl sich der norddeutsche Künstler selbst beharr-
lich gegen jegliche Einordnung seiner Bilder, in welche Strömung
auch immer, gewehrt hat und die Einzigartigkeit seiner Kunst nicht
gern angetastet sah. Älter und erfahrener als die meisten Künstler der
expressionistischen Generation, glaubte er, seine künstlerische Schaffenskraft unabhängig von irgendwelchen Einflüssen allein aus den
Tiefen der eigenen Seele und seinen religiösen Empfindungen zu
schöpfen. Noldes künstlerische Abgrenzung mag - wie H. Jähner vermutet - vielleicht auch der Ausdruck seiner Abneigung gegen die "mit
dem Expressionismus verbundene Fülle von Schlagworten" sein, "die
ihn als einen Revolutionär wider eigenem Willen vor der Nachwelt
erscheinen lassen könnten"[180]. Dennoch gehört Emil Nolde zu den
Malern, deren Werke Wesen und Eigenart expressionistischer Malerei
besonders deutlich zum Ausdruck bringen. Als er trotz seines fast
ängstlichen Mißtrauens gegen jegliche Art von Kollektivismus eine

---

179 D. Elger: Expressionismus. Eine deutsche Kunstrevolution. Köln 1988, S. 57.
180 H. Jähner: Künstergruppe "Brücke". A. a. O., S. 250.

Einladung Schmidt-Rottluffs nach Dresden annahm und sich kurz
darauf offiziell der "Brücke"-Gemeinschaft anschloß, stand er - obwohl als Künstler bereits arriviert - wie seine jüngeren Kollegen in
harschem Widerspruch zu seiner Umwelt und fühlte wie sie die be-
drückende Isolation des Künstlers in einer repressiven Gesellschaft,
die alles Schöpferische bereits im Keim zu ersticken drohte. Wie sie
fühlte er sich berufen, mit der expressiven Kraft der Farben eine bessere Welt zu schaffen, wenngleich er dabei - anders als seine jüngeren Weggefährten - mit seiner Kunst nicht so sehr eine Veränderung
der gesellschaftlichen Verhältnisse und eine Wiederbelebung des
Humanen anstrebte, sondern vielmehr in jene "mystischen Tiefen
menschlich-göttlichen Seins"[181] vorzudringen hoffte, in denen das
"Urgeheimnis", das "nie Gesehene" und "Unfaßbare" der Welt begründet liegt. Allein hier glaubte er den Schlüssel zur Erlösung finden
zu können. Nolde war kein Intellektueller und empfand Bücherlesen
geradezu als eine Veruntreuung von Zeit.[182] Kunsttheoretische und
philosophische Gespräche, wie sie im Kreise der jüngeren "Brücke"-
Mitglieder voller Begeisterung geführt wurden, interessierten ihn wenig, und von politischen Diskussionen wollte er schon gar nichts
wissen: "Sie (die Politik) und Kunst schienen mir gegensätzlich"[183],
erinnerte er sich später in seiner autobiographischen Schrift "Das
eigene Leben". Schon bald widerstrebte es ihm daher, an den
gemeinsamen Arbeitssitzungen der "Brücke" teilzunehmen, obwohl
man bei diesen Zusammenkünften durchaus voneinander lernte.
Doch zu ausgeprägt war Noldes Individualismus, zu besessen sein
Streben nach künstlerischer Autonomie, als daß er bereit gewesen
wäre, über einen längeren Zeitraum die gerade gewonnenen Ergebnisse seiner Arbeit der Beurteilung der Gruppe auszusetzen. Bereits nach knapp zwei Jahren verließ er daher die Gemeinschaft, blieb
den jüngeren Malerkollegen jedoch - wie er selbst schrieb - stets "in
Gesinnung (...) zugetan und im Künstlerischen ein Freund"[184]. In
"andauernder Selbststeigerung", "bis zum Irrsinn", verfolgt von
Selbstzweifeln und Daseinsangst, rang Nolde in den folgenden Jahren
in völliger Zurückgezogenheit um die Vervollkommnung seiner
Malerei. Seinen ersten künstlerischen Höhepunkt nach dieser inneren

---

181 E. Nolde: Jahre der Kämpfe. Flensburg o. J., S. 105.
182 Vergl.: Ebenda, S. 151.
183 Derselbe: Das eigene Leben. Köln 1967, S. 105.
184 Derselbe: Jahre der Kämpfe. A. a. O., S. 94.

Krise bildete eine Folge religiöser Werke, in denen er emphatisch seine sehnsuchtsvolle Hoffnung auf göttliche Erlösung zu beschwören scheint. War schon in seinen frühen Blumen- und Landschaftsdarstellungen die Farbe die treibende Kraft in der Gestaltung, wird sie nun in Gemälden wie "Pfingsten" (1909), "Abendmahl" (1909), "Verspottung Christi" (1909), "Christus und die Kinder" (1910) u. a. in ekstatischem Pathos zu höchster Intensität gesteigert und gewinnt einen geradezu metaphysischen Stellenwert. In der Glut Noldescher Farben manifestiert sich hier eine visionäre Sprachgewalt, wie sie nur selten in der Malerei zu finden ist.

Obwohl es sich bei Noldes Bildern religiösen Inhalts zumeist tatsächlich um eine existentielle Auseinandersetzung mit dem Christentum handelt, entspringen nicht alle seine Darstellungen biblischer Themen der seelischen Ergriffenheit vor dem Mysterium der göttlichen Offenbarung. So fest auch Noldes Daseinsgefühl in seinem "unerschütterlichen Felsenglauben" begründet lag, war er doch immer wieder fasziniert von der heidnischen Wildheit exotischer Naturvölker. In seinem 1910 entstandenen Bild "Tanz um das goldene Kalb" (Abb. 24) greift er zwar auf ein alttestamentarisches Motiv zurück, benutzt es jedoch lediglich als äußeren Vorwand für die kultische Darstellung einer orgiastischen Tanzszene, die in ihrer entfesselten Sinnlichkeit, rauschhaften Ekstase und aggressiven Farbigkeit allen moralischen und ästhetischen Konventionen der wilhelminischen Gesellschaft einen geradezu skandalösen Schlag versetzte. Malerei scheint hier zu einem Akt der Selbstbefreiung aus den Zwängen herkömmlicher Wertvorstellungen und Denkweisen zu werden. Der Macht der Wissenschaften und der intellektuellen Wirklichkeitserkenntnis setzt Nolde nicht nur in seinen Bildern eine "instinktive" Erfassung des "Urweltlichen"[185] entgegen: "Instinkt ist zehnmal mehr als Wissen."[186] Mit dieser Devise vertritt Emil Nolde eine Geisteshaltung, die den jungen Malern der "Brücke" zutiefst fremd war und bis auf einige Ausnahmen auch bei den anderen expressionistischen Künstlern kaum Widerhall fand. Dennoch ist sie bei dem einen oder anderen zweifelsohne nachweisbar. In ihrer extrem antirationalistischen Realitätsverachtung und ihrem Schwanken zwischen Aggression und Regression war diese Gesinnung zwar einerseits Ausdruck heftigen

---

185 Derselbe: Das eigene Leben. A. a. O., S. 166.
186 Ebenda, S. 168.

113

Aufbegehrens gegen die bestehende Ordnung, erwies sich aber andererseits auch als anfällig für totalitäre Ideologien. Die späteren politischen Verirrungen einiger Expressionisten bezeugen dies.

3. Kandinskys Suche nach dem "Geistigen in der Kunst"

Gewissermaßen als Gegenpol zur "Brücke"-Gemeinschaft konstituierte sich in München 1911 der "Blaue Reiter", eine lose geknüpfte Vereinigung expressionistischer Künstler, in der zwar jeder seinen eigenen, individuellen Stil entwickelte, in der aber allen eine Tendenz zur Abstraktion zu eigen war.

Während die Dresdener Avantgarde zumindest verbal ihr sozial-politisches Engagement und ihren Willen zur Veränderung der bestehenden Verhältnisse bekundete, ging es den Künstlern des "Blauen Reiter" vornehmlich um die "Erlösung der Seele"[187], jenseits der Realität des alltäglichen Lebens.

Die herausragende Gestalt dieser Vereinigung und zudem ihr spiritus rector war der aus Moskau stammende Maler und Kunsttheoretiker Wassily Kandinsky. Wie bei den meisten seiner expressionistischen Mitstreiter bedeutete die Suche nach neuen schöpferischen Gestaltungsmöglichkeiten auch für ihn zugleich ein Ringen um Selbstbefreiung aus endzeitlichen Ängsten.

Dieser Künstler, dessen Bilder durchgängig eine Fülle apokalyptischer Motive aufweisen, fand letztlich seinen Weg aus existentiellen Daseinszwängen in der Hinwendung zur gegenstandslosen Malerei, im Fortschreiten ins künstlerisch Unbekannte.

Als er mit einunddreißig Jahren in München eintraf, war er von dieser Stadt, zu jener Zeit das Kunstdorado in Deutschland, hingerissen. Er erlebe eine Wiedergeburt, schrieb er nach Petersburg; er berichtete aber auch, daß die Jugendstilzentrale München eine Dornröschenstadt sei, wo alles schlafe. Bei seiner Suche nach Lehrmeistern fiel er zunächst in die Hände des Akademismus. In der Malschule von Anton Azbe verlangte man von ihm, die impressionistischen Maltechni-

---

187 H. Jähner: Künstlergruppe "Brücke". A. a. O., S. 79.

ken zu erlernen und anatomische Studien zu treiben, woran er "keineswegs Geschmack fand, um so mehr als der Unterricht schlecht war"[188]. Im Jahre 1900 wurde Kandinsky - gleichzeitig mit Paul Klee - an der Münchener Akademie in die Malklasse von Franz von Stuck aufgenommen und unterrichtete bereits zwei Jahre später selbst an der Kunstschule, die der Künstlergruppe "Phalanx" angeschlossen war, einer Gruppe, die er selbst ins Leben gerufen hatte. Ebenfalls unter seiner Regie wurde 1909 die "Neue Künstlervereinigung" gegründet.

Die sechzehn Jahre, die Kandinsky in München und mitunter im voralpinen Murnau verbrachte (beim Ausbruch des Ersten Weltkriegs mußte er, da er russischer Staatsbürger war, Deutschland verlassen), waren trotz scharfer, zum Teil bornierter Kritik, die ihm entgegengebracht wurde, die fruchtbarste Periode seines Lebens. Während dieser Zeit erreichte er nicht nur den Höhepunkt seines künstlerischen Schaffens, sondern entwickelte auch seine bahnbrechenden ästhetischen Konzeptionen und bewirkte mit ihnen grundlegende Veränderungen in der gesamten Malerei: Er wurde zum Begründer und Verfechter der abstrakten Kunst. Kandinsky schuf Bilder von nie gekannter schöpferischer Spontaneität - Bilder, die sich mit den herkömmlichen Kriterien nicht erfassen und keiner Schule mehr zuordnen ließen. Im 1913 verfaßten "Rückblick" führt er seine Loslösung von der gegenständlichen Abbildung auf die Begegnung mit einer der "Heuhaufen"-Impressionen von Claude Monet zurück und nennt als weitere Vorstufe auf dem Weg zur abstrakten Malerei Richard Wagners "Lohengrin", der ihm ein nachhaltiges synästhetisches Erlebnis vermittelt habe: "Ich sah also meine Farben, sie standen mir vor Augen. Wilde, fast tolle Linien zeichneten sich vor mir (...) ganz klar wurde mir aber, daß die Kunst viel machtvoller ist, als sie mir vorkam, daß andererseits die Malerei ebensolche Kräfte, wie sie die Musik besitzt, entwickeln könnte." Und schließlich habe ihn die Nachricht von der Möglichkeit der Atomspaltung glauben gemacht, daß die Wissenschaft ihre Grenzen bereits überschritten habe: "Alles wurde unsicher, wackelig und weich."[189]

---

188 W. Kandinsky: Essays über Kunst und Künstler. Kommentiert u. hrsg. von Max Bill. Stuttgart 1955, S. 140.
189 Derselbe: Rückblick. Einleitung v. Ludwig Grote. Baden-Baden 1956.

Für Kandinsky wird das Malen zum gewaltigen Zusammenstoß verschiedener Welten, die aus dem Kampf miteinander dazu bestimmt sind, eine neue Welt zu schaffen. Jedes Werk, so schreibt er in seinen "Essays über Kunst und Künstler", entstehe technisch so, wie der Kosmos entstand: durch Katastrophen, die aus dem chaotischen Gebrüll der Instrumente zum Schluß eine Symphonie bilden, die Sphärenmusik heißt. Werkschöpfung sei Weltschöpfung. Tiefe Naturverbundenheit und Spontaneität des Erlebens verbinden sich bei ihm mit Spiritualität und bestimmen sein Werk. Ähnlich wie Franz Marc geht es ihm darum, das Dasein in seinem Wesenskern zu erfassen, um seinen "Inhalt zu spüren":

"Eine Vertikale, die sich einer Horizontalen verbindet, erzeugt einen fast dramatischen Klang. Die Berührung des spitzen Winkels eines Dreiecks mit einem Kreis hat in der Tat nicht weniger Wirkung als die des Finger Gottes mit dem Finger Adams bei Michelangelo. Und wenn die Finger nicht Anatomie oder Physiologie sind, sondern mehr, nämlich malerische Mittel, sind Kreis und Dreieck nicht Geometrie, sondern mehr: malerische Mittel. Zuweilen spricht die Stille sogar stärker als das Laute, und die Stummheit bekommt eine klare Beredsamkeit. Die abstrakte Malerei kann natürlich außer den sogenannten sehr strengen, geometrischen Formen von einer unbegrenzten Zahl sogenannter freier Formen Gebrauch machen und neben den primären Farben eine unbegrenzte Menge unerschöpflicher Abtönungen verwenden - jedesmal im Einklang mit dem Ziel des gegebenen Bildes. Was den Grund betrifft, weshalb sich diese scheinbar neue Fähigkeit bei den Menschen zu entwickeln beginnt, würde uns hier zu weit führen. Es genügt hier zu sagen, daß sie mit der scheinbar neuen Fähigkeit verbunden ist, die es dem Menschen erlaubt, unter der Oberfläche der Natur sein Wesen, seinen 'Inhalt' zu spüren. Mit der Zeit wird man schlagend beweisen, daß die 'abstrakte' Kunst nicht die Verbindung mit der Natur ausschließt, sondern daß im Gegenteil diese Verbindung größer und intensiver ist als je in jüngster Zeit."[190]

Kandinsky hat das "reine" Bild angestrebt und der Kunst ein missio-narisches Postulat auferlegt: Der Künstler solle sich als Diener höherer

---

190 Derselbe: Essays über Kunst und Künstler. A. a. O., S. 141.

Zwecke fühlen, "dessen Pflichten präzis, groß und heilig sind"[191]. Mit seinen Taten, Gedanken, Gefühlen könne er die Luft verklären oder verpesten. Zwar sei die Kunst ein Reich für sich, das durch eigene und nur ihm eigene Gesetze regiert werde, aber mit den anderen Reichen zusammen bilde es im Grunde das große Reich, das wir nur dumpf ahnen können.[192] Kandinsky wendet sich also entschieden gegen die Annahme, daß "reine" Kunst nur für die Kunst existiere[193]. Sie solle vielmehr dem Menschen den hinter und in der Materie verborgenen Geist enthüllen[194] und so den "inneren Klang" der Dinge offenbaren[195]. Als Beispiel für Kandinskys Ausbruch aus der konventionellen Gegenstandsmalerei und seine Hinwendung zur Spiritualität, dem rein Geistigen in der Kunst, sei hier sein Gemälde "Improvisation 19" von 1911 gewählt (Abb. 25). Der finnische Kunsthistoriker Sixten Ringbom hat in seiner Untersuchung "The Sounding Cosmos"[196] nachgewiesen, daß sich Kandinsky bereits seit 1908 eingehend mit theosophischen Abbildungen übersinnlicher Phänomene und Menschengestalten auseinandergesetzt hat, mit ihren Auren unterschiedlicher Tönung, die nicht nur *um* sie, sondern auch *durch sie hindurch* und *über sie hinaus* bestehen. Dadurch wurde seine Intention, mit Hilfe der Kunst eine geistige Erneuerung des Menschen herbeizuführen, wesentlich beeinflußt. Das Bild gehört - wie viele Kompositionen dieser Periode - dem eschatologischen Themenkreis an und verweist auf das Jüngste Gericht. Zu sehen ist ein schwarz umrandetes Lichtgebilde, das von oben in eine Fläche verschiedener Blautöne eindringt, die wiederum eine bunte, nur in schwarzen Konturen angedeutete Gruppe gesichtsloser Gestalten (links) von einer anderen Gruppe überlängter, schemenhafter Figuren trennt. Diese Figuren sind durchdrungen vom Blau des Hintergrunds,

---

191 Derselbe: Über das Geistige in der Kunst. Insbesondere in der Malerei. München 1912, Neuausgabe Bern 1970, S. 118

192 Ebenda. Vergl. auch: H. Hess: Dokumente zum Verständnis moderner Malerei. Hamburg 1956, S. 87.

193 Derselbe: Über das Geistige in der Kunst. A. a. O. S., 117.

194 Vergl.: Ders.: Über die Formfrage. In: Der Blaue Reiter. Neudruck München 1965, S. 137-140.

195 Derselbe: Über das Geistige in der Kunst. A. a. O., S. 45f.

196 Vergl.: S. Ringbom: The Sounding Cosmos. A Study in the Spiritualism and the Genesis of Abstract Painting. Turku 1970.

einer Farbe, die - wie bereits festgestellt wurde - im Expressionismus, besonders aber bei Kandinsky, einen bestimmten Stellenwert hat:

"Die Neigung des Blaus zur Vertiefung ist so groß, daß es gerade in tieferen Tönen intensiver wird und charakteristischer innerlich wirkt. Je tiefer das Blau wird, desto mehr ruft es den Menschen in das Unendliche, weckt in ihm die Sehnsucht nach Reinem und schließlich Übersinnlichem. Es ist die Farbe des Himmels, so wie wir ihn uns vorstellen bei dem Klange des Wortes Himmel. - Blau ist die typisch himmlische Farbe. Sehr tiefgehend entwickelt das Blau das Element der Ruhe. Zum Schwarzen sinkend, bekommt es den Beiklang einer nicht menschlichen Trauer. Es wird eine unendliche Vertiefung in die ernsten Zustände, wo es kein Ende gibt und keines geben kann. Ins Helle übergehend, wozu das Blau auch weniger geeignet ist, wird es von gleichgültigerem Charakter und stellt sich zum Menschen weit und indifferent, wie der hohe hellblaue Himmel. Je heller also, desto klangloser, bis es zur schweigenden Ruhe übergeht - weiß wird."[197]

Blau ist - wie das Zitat verdeutlicht - für Kandinsky die Farbe eines metaphysischen, sakralen, unendlichen Raumes, die Farbe des Himmels. Das Bild "Improvisation 19" kann daher als Verheißung auf eine jenseitige Welt verstanden werden.

Kandinskys Traum vom sich gegenseitig inspirierenden Zusammenspiel von "Farbe", "Klang" und "Wort" nimmt in seinen ästhetischen Theorien einen großen Raum ein, und die tiefe Bedeutung, die die Musik Arnold Schönbergs für ihn hatte, wird in der Fachliteratur immer wieder betont. Ausführlich befaßt er sich aber auch mit der Affinität von Musik und Dichtung, insbesondere mit dem "inneren Klang" des Wortes.

"Das Wort ist ein innerer Klang. Dieser innere Klang entspricht teilweise (vielleicht hauptsächlich) dem Gegenstand, welchem das Wort zum Namen dient. Wenn aber der Gegenstand nicht selbst gesehen wird, sondern nur sein Name gehört wird, so entsteht im Kopfe des Hörers die abstrakte Vorstellung, der dematerialisierte Gegenstand, welcher im 'Herzen' eine Vibration sofort hervorruft. So ist der grüne, gelbe, rote Baum auf der Wiese nur ein materieller Fall, eine zufällige materialisierte Form des Baumes, welchen wir in uns fühlen, wenn wir das Wort Baum hören. Geschickte Anwendung (nach dichteri-

---

197 W. Kandinsky: Über das Geistige in der Kunst. A. a. O., S. 93.

schem Gefühl) eines Wortes, eine innerlich nötige Wiederholung desselben zweimal, dreimal, mehrere Male nacheinander kann nicht nur zum Wachsen des inneren Klanges führen, sondern noch andere nicht geahnte geistige Eigenschaften des Wortes zutage bringen. Schließlich bei öfterer Wiederholung des Wortes (...) verliert es den äußeren Sinn der Benennung. Ebenso wird sogar der abstrakt gewordene Sinn des bezeichneten Gegenstandes vergessen und nur der reine Klang des Wortes entblößt."[198]

4. August Stramms "Urtod"

Ein Dichter, der bereits ab 1913 versuchte, poetisch das zu verwirklichen, was Kandinsky als richtungweisend für die zukünftige Dichtung ansah, war August Stramm. Zudem setzte er in seiner "abstrakten" Lyrik die "Wortkunst"-Theorie des Dichters und Essayisten Lothar Schreyers konsequent und radikal in die Praxis um. Stramm und Schreyer gehörten einem Kreis expressionistischer Künstler an, der sich um den Herausgeber der Zeitschrift "Der Sturm", Herwardt Walden, gebildet hatte. Stramms Gedicht "Urtod" ist ein typisches Beispiel für jene "Reinigungsarbeit" an der Sprache und Konzentration auf Laut und Rhythmus, wie Schreyer sie - in Anlehnung an Marinettis "Manifesto tecnico della letteratura" - in seinen theoretischen Schriften[199] postuliert hat.

August Stramm: Urtod
Raum
Zeit
Raum
Wegen
Regen
Richten
Raum
Zeit
Raum
Dehnen

---

198 Ebenda, S. 45f.
199 Vor allem in: L. Schreyer: Expressionistische Dichtung. In: Theorie des Expressionismus. Hrsg. v. Otto Best. Stuttgart 1976, S. 170.

Einen
Mehren
Raum
Zeit
Raum
Kehren
Wehren
Recken
Raum
Zeit
Raum
Ringen
Werfen
Würgen
Raum
Zeit
Raum
Fallen
Sinken
Stürzen
Raum
Zeit
Raum
Wirbeln
Raum
Zeit
Raum
Wirren
Raum
Zeit
Raum
Flirren
Raum
Zeit
Raum

Irren
Nichts.*200*

Die beiden Worte "Raum" und "Zeit", die neunmal in dreizeiligen
Blöcken "Raum/Zeit/Raum" erscheinen, werden durch die permanente Repetition von ihrer herkömmlichen Funktion als Begriffsträger
befreit. Die Wiederholung verstärkt - ganz im Sinne Kandinskys - auf
diese Weise ihre assoziative Wirkung als Voraussetzung für die Ent-
faltung ihres "inneren" Klanges. Unterbrochen werden die untereinander gereihten Wortblöcke von jeweils drei substantivierten Verben
der Bewegung, die durch Reduzierung auf ihren Wortstamm noch an
Ausdruckskraft gewinnen. Durch die extreme Verkürzung der Sprache und durch die Wiederholungen soll Konzentration und Intensität
der Aussage erreicht und jener Simultaneffekt realisiert werden, auf
den es dem "Sturm"-Kreis ankommt.

Richard Brinkmann hat diesen "Zug zur Simultaneität" in diesem und
anderen Gedichten August Stramms in einem Aufsatz "Zur Wortkunst
des Sturm-Kreises" folgendermaßen gedeutet: "In der beständigen
Verkürzung der Sprache, in der Zusammenziehung der extensiven
grammatischen, syntaktischen Satzstruktur in ein einziges Wort, in all
dem, was in der Schreyerschen Wortkunst-Lehre *Konzentration* heißt,
manifestiert sich nicht zuletzt dieser Drang des Menschen, des modernen Menschen, aber vielleicht des Menschen überhaupt, dieser Drang
nach Simultaneität, nach Gleichzeitigkeit, nach der Aufhebung der
Zeit, diese Sehnsucht, die Zeit zu vernichten, ihrem Gesetz zu entfliehen, das ja eben das Gesetz des Vorwärtsschreitens, das heißt aber
des Vergehens und des Todes ist. Es ist diese Schwermut, die (...) zu
spüren ist, und dies vielleicht weniger in den rational identifizierba-
ren Aussagen als eben in ihrer Form, in der jedes Wirklichkeitsstück-
chen erst seinen Sinn bekommt; es ist diese Schwermut der Sehnsucht nach der Aufhebung der Zeit als des Weges zum Tode und zugleich der Erfahrung, daß doch eben in der Aufhebung der Zeit das
Leben aufgehoben wird, das sich nur in der Zeit vollzieht, und daß
dergestalt in der Aufhebung der Zeit der Tod vorweggenommen
wird. So ist der Tod schreckliches Ende und sehnsüchtig erstrebtes
Ziel der Selbstverwirklichung. Und das ist charakteristisch für manche

---

200 A. Stramm: "Urtod". In: Ders.: Das Werk. Hrsg. v. R. Radrizzani. Wiesbaden 1963, S.
    88.

Bereiche moderner Dichtung: dieses Miteinander von Todesangst und Todessehnsucht."[201]

So gesehen ist August Stramms Gedicht eine poetisch-abstrakte Deutung des Untergangs, in der Raum und Zeit in einem chaotischen Vorgang des Wirbelns und Stürzens schließlich in das "Nichts" "Irren" und sich darin auflösen. Die Zerstörung aller sprachlichen und formalen Konventionen steigert nicht nur die Ausdruckskraft bei der Darstellung dieser Vernichtung, sondern sie ist hier als Schöpfung einer neuen "Wortkunst" zu sehen: "Die Reinigungsarbeit des Sturm" - so erklärt Schreyer - "war dem Krieg und nicht der Revolution benachbart. Reinigung grenzt stets an Vernichtung. Aber Reinigung ist zugleich die Voraussetzung und erste Formung des Neuen."[202]

Den Krieg, die totale Destruktion, als Katharsis zu akzeptieren, ist eine Tendenz im Expressionismus, die nicht nur den ästhetischen Bereich betrifft, sondern auch den politisch-gesellschaftlichen.

---

201 R. Brinkmann: Zur Wortkunst des Sturm-Kreises. Anmerkungen über die Möglichkeiten und Grenzen abstrakter Dichtung. In: Unterscheidung und Bewahrung. Festschrift für H. Kunisch. 1961, S. 63ff.
202 L. Schreyer: Erinnerung an Sturm und Bauhaus. Hamburg 1966, S. 56.

VI. Apokalyptische Vision und bittere Realität: Der Krieg

1. Franz Marc: "Das Reh im Walde" und "Die Wölfe"

Je näher der Krieg rückte, desto mehr gewannen die Untergangsvisionen in der expressionistischen Kunst an Schärfe. Bisher waren die apokalyptischen Bilder der Maler und Dichter eher dem epochenbedingten Krisenbewußtsein zuzuordnen oder Ausdruck von allgemeiner Daseinsangst und Endzeitstimmung in einer sinnentleerten Welt und einer materialistischen und dem Individuum feindlich gesonnenen Gesellschaft. Aber als sich die Krise immer mehr zur Katastrophe verdichtete, wurde der Krieg - wenn auch mit unterschiedlicher Deutlichkeit - explizit thematisiert.

Selbst ein nach Harmonie strebender Künstler wie Franz Marc, dessen Darstellungen der mit der Natur im Einklang lebenden Tiere im Grunde ergreifende Bekundungen seiner Sehnsucht nach Einheit von Mensch und Welt sind, konnte sich nun nicht mehr der bitteren Realität ganz entziehen, obwohl er seinen Idealen bis zu seinem Tod treu blieb, wie noch anhand seiner Essays von 1914 bis 1915 nachzuweisen sein wird. Schon an den Titeln seiner Bilder ist die Veränderung der Weltsicht des Künstlers abzulesen: Das schlafende "Reh im Walde" von 1911/12, "Kämpfende Formen" von 1913, "Die Wölfe. Balkankrieg" von 1913 oder "Die Vögel", ein Bild, dem ein Motiv der Johannes-Apokalypse zugrunde liegt, sind nur einige Beispiele für diese Entwicklung vom Einklang zur Disharmonie in Franz Marcs Bildern. Freilich suchte er weiterhin seine Themen fast ausschließlich in der Tierwelt.

Die allgemeine Endzeitvorstellung, die als vorherrschendes Thema die Kunst Wassily Kandinskys bestimmte, hatte Franz Marc zu ähnlichen Gedanken geführt. Zwei der bereits erwähnten Bilder sollen hier beispielhaft den Umbruch in seiner Malerei kurz vor Ausbruch des Ersten Weltkriegs belegen: Von allen Werken, die zwischen 1911 und 1914 entstanden, ist mit dem Bild "Reh im Walde I" (Abb. 26) von 1911/12 das Tier am stärksten in die Landschaft einbezogen: Das Reh im Vordergrund schmiegt sich eng an den Boden, während die herabhängenden Kiefernzweige wie ein beschirmendes Dach über ihm hängen. Es scheint, völlig eingebunden in die schützende Natur, zu schlafen. Die Stille des fast märchenhaft anmutenden Waldes versetzt den Betrachter in eine verzauberte Welt von geheimnisvoller Poesie. Trotz des stark aufleuchtenden Rots geht von dem Bild Ruhe und Harmonie aus. In einigen fragmentarischen Aufzeichnungen aus der gleichen Zeit formuliert Marc - mehr als Frage an sich selbst - das Anliegen seiner Tierbilder:

"Gibt es für Künstler eine geheimnisvollere Idee als die, wie sich wohl die Natur in dem Auge eines Tieres spiegelt? Wie sieht ein Pferd die Welt oder ein Adler, ein Reh oder ein Hund? Wie armselig, seelenlos ist unsre Konvention, Tiere in eine Landschaft zu setzen, die unsern Augen zugehört, statt uns in die Seele des Tieres zu versenken, um dessen Bilderkreis zu erraten."

Franz Marc wollte mit den Tierbildern dieser Phase seines Schaffens vor allem die Unteilbarkeit allen Seins vermitteln, und zwar mit dem Ziel und der Sehnsucht, auch der Mensch möge sich in den Kosmos eingebettet erleben. Nur aus dem Gefühl des Eingebundenseins könne er seine verhängnisvolle Hybris, die Natur beherrschen zu wollen, überwinden, und sein materialistisches Denken zugunsten einer Besinnung auf das Geistige aufgeben.

Seinem Bild "Die Wölfe" (Abb. 27) gab Marc den Zusatztitel "Balkankrieg". Hier wird das "reine Tier" endgültig zum Unheilssymbol, Rot und Schwarz werden - wie in Georg Heyms "Der Gott der Stadt" - zu Farben der Bedrohung. Nicht auf der naturbedingten Suche nach Beute durchstreifen die Wölfe die Landschaft, sondern in somnambuler Bereitschaft zum Morden hetzen sie durch die dunkle Nacht, als "Vollzugsorgane göttlichen Zorns und Aufrührer wider die Friedensbotschaft"[203].

Letzten Endes ist - wie beide Bilder zeigen - Franz Marcs Malerei anthropologisch determiniert: Der Künstler überträgt menschliche Verhaltensmuster, die jedoch weniger dem Intellekt als vielmehr dem emotionalen Bereich entstammen, auf die Tierwelt. Die Darstellung der Natur als Lebensraum der Tiere ist bei Marc an der Subjektivität

---

203 M. P. Maass: Das Apokalyptische in der modernen Kunst. A. a. O., S. 74.

menschlicher Gefühle und Sehnsüchte orientiert und wird der modernen Technik, die den Lebensraum des Menschen bestimmt, entgegengehalten. Es ist die Intention dieses Künstlers, in seinen Tierbildern das psychische Potential zu bewahren, das den Menschen in den Mechanismen ihrer Umwelt verloren zu gehen droht. Ab 1913 entwickkelte der Maler jedoch ein immer gebrocheneres Verhältnis zum Tier, wie an seinem Bild "Die Wölfe. Balkankrieg" abzulesen ist. Er selbst berichtet, daß ihm zu dieser Zeit plötzlich die "Häßlichkeit und Unreinheit der Natur" voll zum Bewußtsein gekommen sei.[204]

Trotz seiner zunehmend negativen Weltsicht erlebt Franz Marc in seiner Zeit auch "ihre Pracht und ihre trunkene Schönheit", wenn er seinen Artikel "Zur Sache" beendet: "Wer dies nicht fühlt, wer diese fruchtbare und heilige Zeit nicht liebt, gehört nicht zu ihr und ihrem Werden."[205] Auf der anderen Seite beunruhigt ihn die Ahnung, daß der "dornenvolle Weg" noch nicht gegangen sei, "vieles abgestreift und vielleicht mit Gewalt abgerissen"[206] werden muß. Seine letzten Bilder - vor Ausbruch des Krieges gemalt - sind Ausdruck dieser Endzeitstimmung und könnten andeuten, daß er das herannahende Unheil bereits ahnte.

2. Georg Heyms "Der Krieg I"

Bereits im Jahre 1911 schrieb Georg Heym sein wohl am häufigsten interpretiertes Gedicht "Der Krieg", das hier in der ersten Fassung wiedergegeben wird:

Georg Heym: Der Krieg I (Entwurf)

Aufgestanden ist er, welcher lange schlief,
Aufgestanden unten aus Gewölben tief.
In der Dämmrung steht er, groß und unerkannt,
Und den Mond zerdrückt er in der schwarzen Hand.

---

204 Vergl. hierzu auch F. S. Levines Studie "The Apocalyptic Vision. The Art of Franz Marc as German Expressionism", die 1979 in New York erschienen ist.

205 F. Marc: Schriften. Hrsg. von K. Lankheit. Köln 1978, S. 134.

206 Ebenda, S. 154.

In den Abendlärm der Städte fällt es weit,
Frost und Schatten einer fremden Dunkelheit,
Und der Märkte runder Wirbel stockt zu Eis.
Es wird still. Sie sehn sich um. Und keiner weiß.

In den Gassen faßt es ihre Schulter leicht.
Eine Frage. Keine Antwort. Ein Gesicht erbleicht.
In der Ferne wimmert ein Geläute dünn
Und die Bärte zittern um ihr spitzes Kinn.

Auf den Bergen hebt er schon zu tanzen an
Und er schreit: Ihr Krieger alle, auf und an.
Und es schallet, wenn das schwarze Haupt er schwenkt,
Drum von tausend Schädeln laute Kette hängt.

Einem Turm gleich tritt er aus die letzte Glut,
Wo der Tag flieht, sind die Ströme schon voll Blut.
Zahllos sind die Leichen schon im Schilf gestreckt,
Von des Todes starken Vögeln weiß bedeckt.

Über runder Mauern blauem Flammenschwall
Steht er, über schwarzer Gassen Waffenschall.
Über Toren, wo die Wächter liegen quer,
Über Brücken, die von Bergen Toter schwer.

In die Nacht er jagt das Feuer querfeldein
Einen roten Hund mit wilder Mäuler Schrein.
Aus dem Dunkel springt der Nächte schwarze Welt,
Von Vulkanen furchtbar ist ihr Rand erhellt.

Und mit tausend roten Zipfelmützen weit
Sind die finstren Ebnen flackend überstreut,
Und was unten auf den Straßen wimmelt hin und her,
Fegt er in die Feuerhaufen, daß die Flamme brenne mehr.

Und die Flammen fressen brennend Wald um Wald,
Gelbe Fledermäuse zackig in das Laub gekrallt.
Seine Stange haut er wie ein Köhlerknecht
In die Bäume, daß das Feuer brause recht.

Eine große Stadt versank in gelbem Rauch,
Warf sich lautlos in des Abgrunds Bauch.
Aber riesig über glühnden Trümmern steht
Der in wilde Himmel dreimal seine Fackel dreht,

Über sturmzerfetzter Wolken Widerschein,
In des toten Dunkels kalte Wüstenein,

Daß er mit dem Brande weit die Nacht verdorr,
Pech und Feuer träufet unten auf Gomorrh.*207*

Schon beim ersten Lesen dieses Gedichtes fällt auf, daß die Motivik der elementaren Naturgewalten - Eis, Feuer, Sturm und Wasser - den gewaltigen Bildern der biblischen Apokalypsen entlehnt ist. Während aber dort die Katastrophe von Gott als Strafe zur Läuterung der Menschheit verhängt wird, ist sie bei Heym Metapher für die sinnlose Vernichtungswut eines vom Menschen heraufbeschworenen Kriegsdämons.

Die zahlreichen literaturwissenschaftlichen Beiträge zu diesem Gedicht divergieren erheblich[208]. Die einen stellen es vor allem in einen Zusammenhang mit der Marokko-Krise von 1911, die in der Tat einen Teil der deutschen Bevölkerung in panischen Schrecken versetzte[209]. Andere betonen mehr die "Gemeinsamkeiten mit den mythischen Untergangsvisionen der Décadence" und die Ähnlichkeit zwischen Heyms dämonisierender Darstellung des Krieges und den entsprechenden allegorischen Personifizierungen in der bildenden Kunst des Fin-de-siècle[210]. Fritz Martini und Johannes Pfeiffer dagegen bezeichnen das Gedicht "als prophetisch-mythische Vision"[211] und sprechen dem Verfasser divinatorische Hellsicht zu. Dies sind nur einige Beispiele aus der Vielzahl der Blickwinkel, aus denen Heyms Gedicht betrachtet werden kann. Allen Deutungen gemeinsam ist jedoch die Feststellung, daß Georg Heyms apokalyptische Kriegsvorstellungen eng mit einer ambivalenten Erwartungshaltung verknüpft waren. Silvio Vietta geht einen Schritt weiter, wenn er Heym als einen der Dichter bezeichnet, der den Ersten Weltkrieg "gleichsam antizipiert hat"; aber - so betont er ausdrücklich - eine Antizipation des Krieges konnte nur möglich sein, weil er ohnehin "atmosphärisch in der Luft lag"[212]. Für Gunter Martens dagegen ist dieses Kriegsgedicht vor

---

207 G. Heym, Dichtungen und Schriften, Bd. 1. A. a. O., S. 346f.

208 Vergl. J. Schöbel: Georg Heyms Gedicht "Der Krieg I" und die Geschichte seiner Deutung. In: G. Damman/K. L. Schneider/J. Schöbel: Georg Heyms Gedicht "Der Krieg". Heidelberg 1978, S. 72ff.

209 K. L. Schneider: Georg Heyms "Der Krieg I" und die Marokkokrise von 1911. In: Ebenda, S. 40ff.

210 B. W. Seiler: Die historischen Dichtungen Georg Heyms. Analyse und Kommentar. München 1972, S. 28ff.

211 K. Vondung: Die Apokalypse in Deutschland. A. a. O., S. 362.

212 S. Vietta (Hrsg.): Lyrik des Expressionismus. Tübingen 1976, S. 117.

allem eine "rauschhaft-dynamische Darstellung des Lebens" und bezeugt "eine grenzenlose Verherrlichung des Lebens, seine (Heyms) Sehnsucht nach dem ständig Neuen, nach Sensation und Erregung und seine Lust am Triebhaft-Elementaren in unverhüllter Gestalt"[213]. Diese These ist deshalb einleuchtend, weil Georg Heym, wie in seinen Tagebüchern aus der Zeit der Entstehung dieses Gedichts nachzulesen ist, offenbar zutiefst unter der Inhaltslosigkeit seines Daseins und der lähmenden Öde und Sinnlosigkeit des Alltags litt:

> "Es ist immer das gleiche, so langweilig, langweilig, langweilig. Es geschieht nichts, nichts, nichts. Wenn doch einmal etwas geschehen wollte, was nicht diesen faden Geschmack von Alltäglichkeit hinterläßt (...) Würden einmal wieder Barrikaden gebaut. Ich wäre der erste, der sich darauf stellt, ich wollte noch mit der Kugel im Herzen den Rausch der Begeisterung spüren. Oder sei es auch nur, daß man einen Krieg begänne, er kann ungerecht sein. Dieser Friede ist so faul ölig und schmierig wie eine Leimpolitur auf alten Möbeln."[214]

Die zum Teil extrem verschiedenen Positionen der Literaturwissenschaftler zeigen nicht nur die Ambivalenz dieses und anderer Gedichte Georg Heyms, sondern geben darüber hinaus eine Vorstellung von der nahezu verwirrenden Vieldeutigkeit der expressionistischen Untergangsvorstellungen überhaupt.

3. Ernst Stadler:
"Vorwärts, in Blick und Blut die Schlacht"

Wesentlich deutlicher noch als in Georg Heyms Kriegsgedicht kommt die ungeduldige Erwartung eines großen Kampfes in Ernst Stadlers Gedicht "Der Aufbruch" zum Ausdruck:

---

213 G. Martens: Vitalismus im Expressionismus. Ein Beitrag zur Genesis und Deutung expressionistischer Stilstrukturen und Motive. Stuttgart, Berlin, Köln, Mainz 1971, S. 256.

214 G. Heym: Dichtungen und Schriften. A. a. O., Bd. III, S. 139.

Ernst Stadler: Der Aufbruch

Einmal schon haben Fanfaren mein ungeduldiges Herz blutig
gerissen
Daß es, aufsteigend wie ein Pferd, sich wütend ins Gezäum ver-
bissen.
Damals schlug Tambourmarsch den Sturm auf allen Wegen,
Und herrlichste Musik der Erde hieß uns Kugelregen.
Dann, plötzlich, stand Leben stille. Wege führten zwischen alten
Bäumen.
Gemächer lockten. Es war süß, zu weilen und sich versäumen,
Von Wirklichkeit den Leib so wie von staubiger Rüstung zu ent-
ketten,
Wollüstig sich in Daunen weicher Traumstunden einzubetten.
Aber eines Morgens rollte durch Nebelluft das Echo von Signa-
len,
Hart, scharf, wie Schwerthieb pfeifend. Es war wie wenn im
Dunkel plötzlich Lichter aufstrahlen
Es war wie wenn durch Biwakfrühe Trompetenstöße klirren,
Die Schlafenden aufspringen und die Zelte abschlagen und
Pferde schirren.
Ich war in den Reihen eingeschient, die in den Morgen stießen,
Feuer über Helm und Hügel,
Vorwärts, in Blick und Blut die Schlacht, mit vorgehaltenen Zü-
geln.
Vielleicht würden uns am Abend Siegesmärsche umstreichen,
Vielleicht lägen wir irgendwo ausgestreckt unter Leichen.
Aber vor dem Erraffen und vor dem Versinken,
Würden unsre Augen sich an Welt und Sonne satt und glühend
trinken.[215]

Dieses Gedicht wurde im Jahre 1912 verfaßt und zu Weihnachten
1913 in einer Gedichtsammlung mit demselben Titel erstmals veröffentlicht. Als es im folgenden Jahr tatsächlich zum Krieg kam, dem
Stadler wie so viele andere Expressionisten zum Opfer fiel, wurde es
in der Rückschau häufig als eine visionäre Vorhersage künftiger hi-
storischer Ereignisse betrachtet. Besonders, fast ehrfürchtig, wurde
diese Idealisierung des Dichters als Seher offensichtlich auch in Stad-

---

215 E. Stadler: Der Aufbruch. Gedichte und Übertragungen mit einer Auswahl der
    kleinen kritischen Schriften und Briefe. Band I. (Hrsg. von K. L. Schneider).
    Hamburg (o.J.), S. 128-129.

lers Freundeskreis gepflegt, wie an einem Bericht von Hans Naumann abzulesen ist, in dem er sich erinnert: "Ein Abend wird allen, die ihn erlebten, unvergesslich sein: Montag vor Kriegsausbruch. Fern von Straßburg in später Stunde die kleine Gesellschaft in einem Dorfwirtshaus. Der drohende Krieg durchaus schon der Grundton der Stimmung. Abschiedsgefühle und Gefühle der plötzlich ungewiß gewordenen Zukunft einer ganzen schönen jungen Welt. Die Lampen waren verlöscht und nur der phantastische Schein der dort beliebten Feuerzangenbowle, die Stadler soeben sachverständig und geschickt bereitete, flammte auf und ab. Da trug einer (...) aus dunkler Ecke, unaufgefordert und wie auf eine Eingebung leise Stadlers Gedicht 'Der Aufbruch' langsam und feierlich uns vor: diesen fabelhaften, kampf- und abenteuerfrohen, welt- und sonnenseligen, todestrunkenen Kriegsgesang."[216]

Die Vorstellung, daß Stadler in seinem "Aufbruch" visionär die historische Wirklichkeit des Ersten Weltkriegs antizipiert habe, galt auch in der Literaturgeschichte über einen erstaunlich langen Zeitraum hinweg als eine festgeschriebene Tatsache, obwohl das Gedicht selbst dazu wenig Anlaß bietet. Karl Ludwig Schneider hat als einer der ersten Literaturwissenschaftler darauf aufmerksam gemacht, daß die These von der seherischen Vorwegnahme des Kriegsgeschehens hier nicht haltbar sei und das Kriegsthema dieser Verse anders gewertet werden müsse, nämlich als "Gleichnis (...), das eine sich bereits als kämpferische Zeitströmung empfindende neue Lebens- und Geisteskraft ausdrückt"[217]. Damit stehe dieses Gedicht zwar im Zeichen der kriegerisch-vitalistischen Aufbruchsmetaphorik, sei jedoch nicht auf den Ersten Weltkrieg zu beziehen. Wie aber jene "kämpferische Zeitströmung" zu fassen sei, wird bei Schneider nicht näher untersucht. Werner Kohlschmidt bestimmt sie als jene Ausbruchsversuche "aus der beengten Wirklichkeit der bürgerlichen Friedenssphäre, die für einen Teil der deutschen Jugend keine echte Selbstbewährung zuzulassen schien"[218]. Ähnlich interpretiert Gunter Martens den Text als "Loslösung von jener Stagnation" und als "Opposition gegen Verhaltensweisen, die den zentralen Werten des Lebens, der Bewegung und

---

216 K. L. Schneider: Das Leben und die Dichtung Ernst Stadlers. In: Ebenda, S. 259.

217 K. L. Schneider: Die Dichtungen Ernst Stadlers. In: K. L. Schneider: Zerbrochene Formen. Wort und Bild im Expressionismus. Hamburg 1967, S. 148.

218 W. Kohlschmidt: Die Lyrik Ernst Stadlers. In: H. Steffen (Hrsg.): Der deutsche Expressionismus. Formen und Gestalten. Göttingen 1965, S. 37.

der Spontaneität des Handelns zuwiderlaufen". Und etwas später heißt es in seiner Studie "Expressionismus und Vitalismus" zu diesem Gedicht: "Die im Kampf enthaltene destruktive Tendenz kann (...) zum Eigenwert werden, weil in der Vernichtung des Alten (...) der vitalistische Grundgedanke des fortwährenden Wechsels zum Tragen kommt."[219]

Obwohl die kriegerische Auf- und Ausbruchsmetaphorik in Stadlers Gedicht nicht ausdrücklich gegen die Stagnation der bürgerlichen Gesellschaftsordnung gerichtet, sondern eher in den "Bezirk der hermetischen poetischen Fiktion"[220] verlegt ist, verdeutlicht sie dennoch die Tendenz, den Krieg als Voraussetzung für eine kollektive und individuelle Erneuerung und höchste Lebenserfüllung herbeizusehnen.

4. Ludwig Meidner:
Der Krieg als apokalyptische Katastrophe

Wie bei Ernst Stadler, Georg Heym oder auch wie bei Franz Marc waren im Expressionismus die meisten Kriegs- und Untergangsvorstellungen von der Hoffnung auf einen radikalen Wandel der existentiellen und gesellschaftspolitischen Situation und der Erwartung einer - wie immer gearteten, unbestimmten - neuen Welt geprägt. Gewiß gab es Ausnahmen: Georg Trakl, Jakob van Hoddis oder Maler wie Ludwig Meidner, Ernst Ludwig Kirchner, Max Beckmann und Otto Dix waren zum Beispiel keine optimistischen Apokalyptiker. Von ihnen war es wiederum Meidner, der die bevorstehende Katastrophe bereits mit erschreckender Klarheit und Schärfe in seinen Bildern vorwegnahm. Nicht mehr "Apokalyptische Landschaften" lauteten ein Jahr vor Kriegsausbruch die Titel seiner Werke, sondern "Die Abgebrannten. Heimatlose", "Am Vorabend des Krieges", "Bombardement einer Stadt", "Schrecken des Krieges" oder "Vision eines Schützengrabens".

Ludwig Meidners früheste künstlerische Vorausschau der Kriegsgreuel entstand - vermutlich als eine spontane Reaktion auf die Dichtungen Heyms und van Hoddis' - bereits im Jahre 1911. Auf dieser

---

219 G. Martens: Vitalismus im Expressionismus. A. a. O., S. 144
220 H. Korte: Der Krieg in der Lyrik des Expressionismus. Studien zur Evolution eines literarischen Themas. Bochum 1978, S. 69.

Tuschzeichnung "Schrecken des Krieges" (Abb. 28) zeigt sich die all-umfassende Vernichtung, die durch die vom Menschen selbst in Gang gesetzte Katastrophe herbeigeführt wird: Drei Opfer sitzen verstümmelt, nackt und ohne Hoffnung am Boden, während im Hintergrund die verbrannte Erde auf das Ausmaß der Verwüstung hinweist.

Das Bild "Vision eines Schützengrabens" von 1912 (Abb. 29) thematisiert ebenfalls die Auswirkungen eines Vernichtungskrieges. In der Bildmitte winden sich drei einer gewaltigen Explosion zum Opfer gefallene Männer im Todeskampf, umgeben von einer zerrissenen und von einer Sonnenfinsternis verdunkelten Landschaft, die keinerlei Hoffnung auf neues Leben bietet. Die düstere Farbgebung verleiht der Szene einen gräßlichen Unterton von Tod und Verwesung und spiegelt die von Angstzuständen beherrschten Gefühle und Gedanken wider, die Meidner im Sommer 1912 quälten:

"Ich habe den Hochsommer vor dampfenden Leinwänden geschlottert, die in allen Flächen, Wolkenfetzen die Erdennot ahnten. (...) Mein Hirn blutete in schrecklichen Gesichten. (...) Der August schlug mich wie ein Raubvogel mit scharfen Schnabelhieben, August riecht faulig und sauer nach den Leichnamen der Verreckten."[221]

Meidners Tuschzeichnung "Bombardement einer Stadt" von 1913 (Abb. 30) ist nicht die Schreckensphantasie eines überspannten Gemüts, sondern die visionäre Antizipation der künftigen Realität des Krieges. Die Unerbittlichkeit des Geschehens wird durch den Schwarz-Weiß-Kontrast und die Schärfe der Linienführung noch verstärkt, und gerade das Mißverhältnis der großen Geschützstellung mit den vier uniformierten Gestalten im Vordergrund zu den wie Kartenhäuser umkippenden Gebäuden dahinter nimmt dem Krieg den Nimbus eines irgendwie notwendigen, begründbaren Geschehens. Vielmehr wird er hier von Meidner als eine sinnlose, gigantische Zerstörungsorgie entlarvt. Ein Jahr später fiel sein bester Freund, der Dichter Wilhelm Lotz, als eines ihrer ersten Opfer.

Meidners Bildern wurde - allerdings erst in der Rückschau - eine divinatorische Kraft zugesprochen, eine visionäre Vorwegnahme des kommenden Krieges. Vermutlich hatten die Panikzustände und ner-

---

221 L. Meidner: "Vision eines apokalyptischen Sommers". In: L. Meidner, Septemberschrei. A. a. O., S. 8.

vösen Zwangsvorstellungen im Sommer 1912 die Hellsichtigkeit des Malers geweckt. Er selbst gibt in seinen 1919 veröffentlichten Lebenserinnerungen eine Schilderung dieser unruhigen Monate: "Ich malte Tag und Nacht meine Bedrängnisse mir vom Leibe, Jüngste Gerichte, Weltuntergänge und Totenschädelgehänge, denn in jenen Tagen warf zähnefletschend das große Weltgewitter schon seine grellgelben Schatten auf meine winselnde Pinselhand."[222] Tatsächlich war für ihn, aber auch für viele andere feinfühlige Zeitgenossen, "die sich ankündigende Katastrophe aus vielen Anzeichen der zunehmenden politischen Spannung innerhalb Europas zu erahnen". Jedes einzelne für sich betrachtet - so vermutet E. Roters - schien zwar nicht "von allzugroßer Bedeutung zu sein, aber in der Zusammenschau wirkten sie immer bedrohlicher"[223]. Stefan Zweig beschrieb später in seinen "Erinnerungen eines Europäers" die Stimmungslage der Jahre vor Ausbruch des Ersten Weltkrieges: "Herrlich war diese tonische Welle von Kraft, die von allen Küsten Europas gegen unser Herz schlug. Aber was uns beglückte, war, ohne daß wir es ahnten, zugleich Gefahr (...) Frankreich strotzte vor Reichtum. Aber es wollte noch mehr, wollte noch eine Kolonie, (...) Österreich annektierte Bosnien. Serbien und Bulgarien wiederum stießen gegen die Türkei vor, und Deutschland, vorläufig noch ausgeschaltet, spannte schon die Pranke zum zornigen Hieb. (...) Die französischen Industriellen, die dick verdienten, hetzten gegen die Deutschen, die ebenso im Fett saßen, weil beide mehr Lieferungen von Kanonen wollten, Krupp und Schneider Creuzot. (...) Die Konjunktur hatte sie toll gemacht, hüben und drüben, nach einem wilden Mehr und Mehr. (...) In Deutschland wurde eine Kriegssteuer eingeführt mitten im Frieden, in Frankreich die Dienstzeit verlängert; schließlich mußte sich die Überkraft entladen, und die Wetterzeichen am Balkan zeigten die Richtung, von der die Wolken sich Europa näherten. Es war noch keine Panik, aber doch schon eine ständig schwebende Unruhe, immer fühlten wir ein leises Unbehagen, wenn vom Balkan her die Schüsse knatterten. Sollte

---

222 Ders.: Mein Leben. In: Lothar Brieger: Ludwig Meidner. Junge Kunst, Bd. IV. Leipzig 1919, S. 12.
223 E. Roters: Nächte des Malers. In: Ludwig Meidner. Apokalyptische Landschaften. A. a. O., S. 65.

wirklich der Krieg uns überfallen, ohne daß wir wußten, warum und wozu?"[224]

5. Verhängnisvolle Illusionen

Ein aus heutiger Sicht unbegreiflich großer Teil der europäischen Bevölkerung stellte sich nicht die bangen Fragen Stefan Zweigs und empfand den Krieg zunächst keineswegs als einen sinnlosen "Überfall", sondern begrüßte ihn mit mehr oder weniger frenetischem Jubel.

Auch eine nicht geringe Anzahl der jungen Expressionisten ließ sich von der allgemeinen Euphorie mitreißen und meldete sich sofort freiwillig zu den Waffen. Freilich stimmten sie nicht in die nationalistischen Haß- und Heldengesänge mit ein, deren schrille Klänge fortan von allen Seiten her jede andere Stimme übertönten, sondern sie hofften vielmehr, daß der Krieg als eine Art "Stahlgewitter"[225] die von ihnen als unerträglich empfundene dumpfe, erstickende Atmosphäre einer überalteten Welt zu reinigen vermöge. Ein kurzer, radikaler Einschnitt sollte die ersehnte Heilung bringen - stattdessen wuchs sich der Krieg zu einem vierjährigen blutigen Gemetzel aus, dessen Wahnsinn Abertausende zum Opfer fielen. Auch von den expressionistischen Dichtern und Malern mußten viele ihre verhängnisvollen Sehnsüchte und Illusionen mit dem Tod oder folgenschweren seelischen Erschütterungen bezahlen, die unmittelbar oder indirekt mit dem Kriegsgeschehen in Zusammenhang standen:

Bei Georg Heym, der nach düsteren, zwiespältigen Ahnungen und Visionen bereits 1912 ertrank, konnte ein Selbstmord nie ganz ausgeschlossen werden. Alfred Lichtenstein, Ernst W. Lotz, Ernst Stadler, August Stramm, August Macke, Franz Marc und andere fielen in den ersten Kriegsjahren. Georg Trakl vergiftete sich nach der Schlacht von Grodek 1914 vor Verzweiflung mit Kokain. Der Dichter Ludwig Rubiner und der Maler Egon Schiele wurden von einer Nachkriegs-Epi-

---

224 St. Zweig: Die Welt von Gestern. Erinnerungen eines Europäers. Frankfurt am Main 1947. Zitiert nach E. Roters: Nächte des Malers. In: Ludwig Meidner. Apokalyptische Landschaften. A. a. O., S. 65.

225 Vergl.: E. Jünger: In Stahlgewittern. Berlin 1927.

demie dahingerafft. Jakob van Hoddis wurde schizophren und 1942 von den Nationalsozialisten deportiert und ermordet. Ernst Ludwig Kirchner, Max Beckmann, Oskar Kokoschka, um nur einige zu nennen, brachen psychisch und physisch zusammen, weil sie den Greueln der Grabenkämpfe nicht gewachsen waren. Sie konnten sich von ihrem Schock nie ganz erholen. Manche verloren - wie Ludwig Meidner oder Ernst Ludwig Kirchner - ihre Schaffenskraft, für andere wurde die Kunst die einzige Möglichkeit, sich von ihrem Trauma zu befreien: Otto Dix, Max Beckmann, George Grosz, Ernst Toller, Georg Kaiser und anderen gelang erst in den Zwanziger Jahren der künstlerische Durchbruch.

Im August 1914 waren es allerdings wenige, die nicht von dem großen Begeisterungstaumel mitgerissen wurden, nicht nur, weil sie dem Krieg kathartische Kräfte zusprachen, in der Hoffnung, daß aus den Trümmern der alten Ordnung eine neue, bessere Gesellschaft entstehen werde, sondern auch, weil sie als kämpfende Soldaten das große Gemeinschaftserlebnis einer Jugend suchten, das die traditionellen bürgerlichen Klassenschranken überwinden sollte. Andere glaubten gar zunächst, neue, unverbrauchte Eindrücke und Motive für ihre Kunst zu finden. So begeisterte sich zum Beispiel Max Beckmann im Herbst 1914 in einem Brief an seine Frau: "Draußen das wunderbar große Geräusch der Schlacht. Ich ging hinaus durch Scharen verwundeter und maroder Soldaten, die vom Schlachtfeld kamen, und hörte diese eigenartig schaurige großartige Musik (...) Ich möchte dieses Geräusch malen können."[226]

Doch nach den anfänglichen Äußerungen der Faszination, des "Schauers des Ungeheuren" und des "großen Gefühls einer Entscheidung über Sein und Nichtsein"[227] wurden die meisten der jungen Dichter und Maler bald durch die Realität einer barbarischen Vernichtungsmaschinerie zutiefst erschüttert und desillusioniert. Franz Marc, der den Krieg trotz seiner Ängste nicht nur überschwenglich begrüßt hatte, sondern bis zu seinem Tode verklärte und mit dem Glauben an einen Sieg des Geistes verband, der nur durch schmerzliche Verluste zu erringen sei, kann vielleicht als Ausnahme gelten.

Im September 1914 schrieb er zum Tode seines Freundes August Macke, der als einer der ersten gefallen war:

---

226 M. Beckmann: Briefe im Kriege. Gesammelt von M. Tube. München 1984, S. 18.
227 S. George - F. Gundolf, Briefwechsel. München und Düsseldorf 1962, S. 255.

"Das Blut, das die erregte Natur den Völkern in großen Kriegen abfordert, bringen diese in tragischer, namenloser Begeisterung. Die Gesamtheit reicht sich in Treue die Hände und trägt stolz unter Siegesklängen den Verlust."[228]

Selbst als er schon im Trommelfeuer der Geschütze stand, sprach Marc noch vom "großen Blutopfer", das notwendig sei, um sich ein neues Leben und neue Ideale zu formen:

"Die Welt (aber) will rein werden, sie will den Krieg. Welcher Europäer möchte heute den Krieg ungeschehen wissen? (...) Das Volk hat Instinkt. Es weiß, daß der Krieg es reinigen wird. Um Reinigung wird der Krieg geführt und das kranke Blut vergossen. (...) Laßt uns Soldaten bleiben, auch nach dem Kriege. (...) Dieser Großkrieg ist ein europäischer Bürgerkrieg, ein Krieg gegen den inneren, unsichtbaren Feind des europäischen Geistes."[229]

Franz Marc betrachtete den Krieg, selbst nachdem er schon einige Monate seine Schrecken erlebt hatte, noch immer als eine Frage des Geistes. Ein halbes Jahr später beendete er seinen Essay "Der hohe Typus"[230] mit dem Fazit: "Uns hat der große Krieg erfrischt und befreit." Er überlebte ihn nicht. Bereits im Jahre 1916 fiel er vor Verdun. Seine Deutung des Krieges als Übergang zu einem freien, geistigen Europa war ein tragischer Irrtum: Der Erste Weltkrieg war ein Krieg der Machtpolitik, des militanten Nationalismus und der Industrie-Magnate.

Illusionäre Verblendung, welche die Zeichen der furchtbaren Wirklichkeit nicht erkannte? Mißbrauchter Idealismus in seiner tiefsten Erniedrigung? Oder Sehnsucht nach dem Untergang als vollkommene Läuterung und Voraussetzung für ein ersehntes reines Sein? Vielleicht gibt sein letztes großes Werk eher als seine verbalen Äußerungen eine Antwort auf diese Fragen. Er malte es, kurz bevor er sich freiwillig zum Kriegsdienst meldete; es blieb unvollendet (Abb. 31). Sein Titel "Die Vögel" spielt auf eine Stelle in der Offenbarung des Johannes an,

---

228 F. Marc: Schriften. A. a. O., S. 156.
229 Derselbe: Das geheime Europa. In: Schriften. A. a. O., S. 164 u. 165.
230 Derselbe: Der hohe Typus. In: Schriften. A. a. O., S. 173.

die sich auf den Sieg des Messias über den Antichristen und seinen christusfeindlichen Anhang bezieht:

> "Und ich sah einen Engel in der Sonne stehen, und er rief mit großer Stimme und sprach zu allen Vögeln, die unter dem Himmel fliegen: 'Kommt und versammelt euch zu dem großen Mahle Gottes, daß ihr esset das Fleisch der Könige und der Hauptleute. (...) Und alle Vögel wurden satt von ihrem Fleisch."[231]

Marc nahm solche Worte sehr ernst: "Du mußt nicht denken, daß ich die Bibel 'poetisch' lese, ich lese sie als Wahrheit", heißt es in einem Brief an seine Frau[232]. Diese Wahrheit versuchte er mit der kristallinen Struktur der Bildfläche und dem strahlenden, in allen Farben prismatisch sich brechenden Licht künstlerisch zu gestalten. "Die Vögel" ist ein Bild apokalyptischer Hoffnung und vielleicht als das eigentliche Vermächtnis des Künstlers zu deuten, auch wenn seine Beurteilung der historischen Wirklichkeit eine verhängnisvolle Fehleinschätzung war[233].

Sigmund Freud bewies in diesem Punkt mehr Weitblick, als er 1915 schrieb: "Er (der Krieg) zerreißt alle Bande der Gemeinschaft unter den miteinander ringenden Völkern und droht eine Erbitterung zu hinterlassen, welche eine Wiederanknüpfung derselben für lange Zeit unmöglich machen wird."[234]

6. Der Geist von 1914

Es wurden im Laufe der Zeit mancherlei Versuche unternommen zu erklären, warum die allgemeine Begeisterung über den Ausbruch des Krieges von vielen Intellektuellen und Künstlern so enthusiastisch ge-

---

231 Die Offenbarung des Johannes. A. a. O., Kap.19, V. 17, 18 u. 21.

232 F. Marc: Briefe 1914-16. Aus dem Felde. Berlin 1959, S. 82.

233 Mit Marcs Motiv der Vögel als Apokalypse-Symbol setzt sich v. a. auch F. S. Levine intensiv auseinander. Vergl. hierzu seine Arbeit "The Apocalyptic Vision", a. a. O., S. 150-155.

234 S. Freud: Zeitgemäßes über Krieg und Tod. In: Sigmund Freud: Studienausgabe. Hrsg. v. A. Mitscherlich, A. Richards, J. Strackey. Frankfurt a. M. 1969ff. Bd. IX, S. 38.

teilt wurde. Den meisten - besonders aber den Expressionisten - hatte vorher nichts ferner gelegen, als sich mit der Politik der Regierenden und dem Chauvinismus der wilhelminischen Bourgeoisie zu identifizieren. Wenn sie dennoch diesen Krieg zunächst bejubelten, dann vor allem, weil sie sich ihn als ein allumfassendes apokalyptisches Geschehen vorstellten, das nicht nur eine neue, verklärte Welt herbeiführen, sondern auch auf die am Krieg beteiligten Menschen eine erlösende Wirkung ausüben sollte. Aber auch Motive wie Befreiung von alltäglichen Zwängen, vitalistischer Auf- und Ausbruchsdrang, Abenteuerlust, Suche nach enervierenden Erlebnisquellen und Grenzerfahrungen als Steigerung der Lebensintensität, Verherrlichung des Stirb-und-Werde-Gedankens führten zur Rechtfertigung des Krieges mit der anfänglichen Tendenz, seine menschenverachtende, brutale Dimension zu verdrängen. Diese Haltung einiger der den Krieg befürwortenden Expressionisten entsprach ganz jener Bewußtseinslage von 1914, die Thomas Mann in seinem Roman "Doktor Faustus" ironisch-distanziert in der literarischen Darstellung rekonstruierte:

> "Der Krieg war ausgebrochen. Das Verhängnis, das sich so lange über Europa gebreitet hatte, war los und raste (...) durch unsere Städte, tobte als Schrecken, Emporgerissensein, Pathos der Not, Schicksalsergriffenheit, Kraftgefühl und Opferbereitschaft in den Köpfen und Herzen der Menschen. In unserem Deutschland, das ist gar nicht zu leugnen, wirkte er ganz vorwiegend als Erhebung, historisches Hochgefühl, Aufbruchsfreude, Abwerfen des Alltags, Befreiung aus einer Weltstagnation, mit der es so nicht hat weitergehen können, als Zukunftsbegeisterung, Appell an Pflicht und Mannheit, kurz, als historische Festivität."[235]

In welcher Form auch kriegsbegeisterte Expressionisten an diesen Ideen partizipierten, soll an einigen paradigmatischen Zitaten aufgezeigt werden:

> "Ich fühlte jenes Feuer unbegrenzter Verschwisterungssucht strömen, das in den frühen Augusttagen, da noch die weißen Tauben rascher Siege über die luftigen Terrassen der Cafés rauschten, sich in die Herzen aller ergoß, die Sturmflut der Gefühlshöhen, die zersplitterten Teilgefühle aller Stände schloß

---

235 Th. Mann: Doktor Faustus. Das Leben des Adrian Leverkühn erzählt von einem Freunde. In: Thomas Mann: Werke in zwölf Bänden. Frankfurt a. M. 1967, S. 300.

und die kalte Feindschaft der Parteien, Ränge, Gesellschaftsgesetze und Formen schmolz."[236] (Paul Zech)

"Eine herrliche Rauschstimmung, für sein Vaterland zu kämpfen, hebt uns an die goldgesäumten Wolken, daß wir alle Bedenken tief auf Erden lassen. (...) Ich habe die Seele der Welt in mir rauschen hören, der Glanz ihrer Liebe hat mich mir selber enthoben. Ich fühle mich im Glauben fest an Gott gebunden. Die Ereignisse unserer Tage begeife ich so erst in der Tiefe."[237] (Fritz von Unruh)

"Die Volksgemeinschaft hat sich erhoben über die Kasten und Stände. Ihre Kraft hat gesiegt, ihre Kraft wächst von Stunde zu Stunde."[238] (Alfred Döblin)

Wie stark das schon seit 1890 von der fin-de-siècle-Literatur aktualisierte Stirb-und-Werde-Philosophem, das den Tod als herbeigesehnten Übergang zu einer höheren Existenzstufe deutet, Einfluß auf manche expressionistischen Schriftsteller hatte, wird auch an einigen Gedichten deutlich, die René Schickele, später einer der konsequentesten Pazifisten unter den Expressionisten, 1914 nach Kriegsausbruch geschrieben hat:

"Was ist Sterben? und was Leben?
Tanz aus Dunkel, Ruhe, Licht und Schall!
Allem Sein zutiefst ergeben,
lausch ich ferner Tode Widerhall."[239]

oder:

"Wo ein Mensch endlos zusammenbricht,
eine Flamme aus dem Trüben sticht,

---

236 P. Zech: Das Grab der Welt. Eine Passion wider den Krieg auf Erden. Hamburg 1919.

237 Unveröffentlichter Brief von Fritz von Unruh vom 21. 1. 1915 an Paul Schleuter. Zitiert nach Hermann Korte: Der Krieg in der Lyrik des Expressionismus. Bochum 1978, S. 119.

238 A. Döblin: "Es ist Zeit". In: A. Döblin: Schriften zur Politik und Gesellschaft. Olten 1972, S. 29.

239 R. Schickele: Unterwegs (1914). In: J. Bab: Der deutsche Krieg im Gedicht. Heft I. Berlin 1914, S. 45.

Seele weh zu seelenhaftem flieht,
Blut sich wieder erdehin verzieht,
sterbend sind wir alle Mütter, die gebären!
(...)
Heute mußt du leuchten, mußt du schweben,
heute, heute, wenn auch heute nur
umjubelt mein Triumph zu leben
den Vernichtungsschrei der Kreatur.
Blutrot will ich in die Höhe hissen
und verzückt vom Tode wissen."[240]

Und Kasimir Edschmid bekennt: "So ist uns der Krieg ein fabelhaftes Erlebnis geworden. (...) Wir werden zwischen Erleben und Lebenmüssen wie von rasenden Pferden auseinandergerissen. Kaum haben wir uns dem anonymen Leben in Arbeit und Geist hingegeben, schnellt sich der schneidende Tubaton des Geschehens grell gegen uns, wir strecken alle Nerven nach ihm, bäumen uns im wütendsten Erleben, dann verklingt er, wir bleiben restlos allein und beginnen von neuem den Kreuzgang des allgemeinen Tuns. Aber eh wir wieder Wurzeln fassen, hebt uns ein rasendes Ereignis wieder über uns und aus uns selbst heraus."[241]

Enthusiasmus und Glaube an die heroische Größe der hereinbrechenden Kriegszeit kennzeichnen auch die Feldpostbriefe von Ernst Wilhelm Lotz, in denen er - kurz vor seinem ersten Fronteinsatz - die "Unsterblichkeit des Vaterlandes" mystifizierend hervorhebt und den Ausbruch seiner Vitalität und Stärke preist, den er mit Beginn des Krieges wahrzunehmen glaubt. Neun Tage später jedoch ist bereits - als Folge der persönlichen Fronterfahrung - sein Glaube an die vitalisierende Kraft des Krieges gebrochen: "Ich habe alle Sensationen des Krieges satt, die einen unmenschlichen Rohling entzücken können. Bei dem Wort Krieg sehe ich nur Unerquickliches, zerplatzte Bäuche, wimmernde Verwundete, weinende Kinder vor brennenden Häusern und brutale Kanonenschläge, die ganze Kolonnen zerfleischen. (...) In diesen Tagen ist mir der Krieg ein Greuel geworden."[242]

---

240 Derselbe: Mein Herz - Mein Land. Ausgewählte Gedichte. Leipzig 1915, S. 96.

241 K. Edschmid: Die kleine Grausamkeit. In: Zeit-Echo, 1. Jg. 1914/15, Heft 6, S. 239-240.

242 E. W. Lotz: Prosaversuche und Feldpostbriefe. Hrsg. von H. Draws-Tychsen. München 1955, S. 68.

7. "Der Krieg ist immer derselbe. Ist Rausch und Zerstörung"[243]

Ähnlich reagieren auch andere junge Expressionisten auf den Schock angesichts der katastrophalen Wirklichkeit: Ihr Begeisterungstaumel der ersten Stunde weicht unter dem Eindruck der bestialischen Kriegsgeschehnisse einem schrecklichen Erwachen und schlägt um in Grauen, Trauer und verzweifelte Resignation:

> "Jeden Morgen ist wieder Krieg.
> Nackte Verwundete, wie auf alten Gemälden.
> Durchgeeiterte Verbände hängen wie Girlanden von den Schultern.
> Die merkwürdig dunklen, geheimnisvollen Kopfschüsse.
> Die zitternden Nasenflügel der Brustschüsse.
> Die Blässe der Eiternden.
> (...)
> Das rhythmische Stöhnen von Bauchgetroffenen.
> Der erschrockene Ausdruck in toten Gesichtern.
> (...)
> Bis das Schnappen nach Luft kommt, - und der perlende Schweiß,
> Und auf graue Gesichter die Nacht sich senkt -
> Soldatengrab - zwei Latten über Kreuz gebunden."[244]

Erst Gedichte wie Wilhelm Klemms "Lazarett" lösen sich von den dämonisierenden, poetischen Kriegsdarstellungen der frühexpressionistischen Lyrik. Sie schildern nun die erlebte Wirklichkeit von sich täglich wiederholendem Massensterben auf den Schlachtfeldern eines brutalen Stellungskrieges. Und was eben noch von einigen als "historische Festivität" gefeiert wurde, erweist sich nun als eine abscheuerregende, mörderische Vernichtungsorgie, die nicht nur zahllose Opfer fordert, sondern auch den Menschen permanent zum Töten zwingt: "Ich bin Soldat/Und werde Mörder sein" heißt es in einem der an der Front verfaßten Kriegsgedichte, die als eine erschütternde Dokumentation der Zerstörung des Menschen durch den Menschen von

---

243 W. Klemm: Gloria. Kriegsgedichte aus dem Felde. München 1915, S. 61.
244 Ebenda.

F. Pfemfert gesammelt und in der Zeitschrift "Die Aktion" regelmäßig veröffentlicht wurden[245].

Viele Dichter und Künstler versuchten, ihre widerspruchsvolle Einstellung zum Krieg zu klären. Im Oktober 1916 schrieb Käthe Kollwitz in ihr Tagebuch:

> "Nach wie vor ist mir alles so dunkel. Nicht nur bei uns ging die Jugend freiwillig und freudig in den Krieg, sondern bei allen Nationen. Menschen, die unter anderen Umständen verstehende Freunde wären, gehen als Feinde aufeinander los. (...) Ist wirklich die Jugend ohne Urteil? Geht sie immer los, wenn man sie aufruft? Ohne näheres Hinsehen? Geht sie hin, weil es ihr im Blut liegt, und nimmt sie unbesehen hin, was man ihr an Kriegsgründen sagt? (...) Ist also diese Jugend in all diesen Ländern betrogen worden? (...) Wo sind die Schuldigen? Gibt es die? Sind alle Betrogene? Ist es ein Massenwahnsinn gewesen? Und wann und wie wird das Aufwachen sein?"[246]

Zu dieser Zeit teilte sie diese Ratlosigkeit bereits mit den meisten ihrer künstlerischen und intellektuellen Zeitgenossen an der Front: Verwirrung und Alpträume blieben übrig, nachdem das Feuer der Begeisterung verraucht war. Viele, die zunächst das Chaos als eine Möglichkeit der Befreiung und Erlösung herbeigesehnt hatten, gerieten angesichts des Massensterbens in einen Zustand seelischer Erschütterung. Einige versuchten sich noch an ihren Standorten von ihren traumatischen Eindrücken zu befreien, indem sie sie fast gierig als Motive in ihren künstlerischen Fundus aufnahmen.

Max Beckmann, der als Sanitäter die grauenvollen Kampfhandlungen an vorderster Front miterlebte, verarbeitete seine Erfahrungen zum Beispiel in der Radierung "Die Granate" (Abb. 32) von 1915, einer Montage simultan stattfindender Geschehnisse: Während sich links im Hintergrund noch Soldaten im Sturmangriff gegenüberstehen und im Vordergrund sterbende Schwerverletzte taumeln und blutend zusammenbrechen, wird in der von der Explosion erhellten Bildzone übergroß ein getroffener Soldat mit vor Schmerz und Entsetzen verzerrtem Gesicht gezeigt. Seine Gestalt, vom Blitz der Granate gleichsam durchleuchtet, wirkt fast wie eine Lichterscheinung. Die Kopfhal-

---

245 F. Pfemfert (Hrsg.): 1914-16. Eine Anthologie. Berlin 1916.
246 K. Kollwitz: Tagebuchblätter und Briefe. Berlin 1948, S. 65.

tung und die vom Detonationsdruck auseinandergerissenen Arme erinnern an die Darstellung eines Gekreuzigten. Mathias Ebele hat darauf aufmerksam gemacht, daß Beckmanns Bild in Komposition und Ikonographie einige erstaunliche Parallelen zu der "Kreuzigung" von Matthias Grünewald im Basler Kunstmuseum aufweist. So ähnelt z. B. der lanzentragende Ulan, der mit erhobenem Arm auf das grauenvolle Kriegsgeschehen weist, jenem Hauptmann Longius, der bei Grünewald auf den gekreuzigten Christus zeigt: "Vere Filius Dei Erat Ille" (Matth. 27, 54).

Beckmanns Zusammenschau von menschlichen Qualen an der Front und der Passion des Erlösers deutet Mathias Ebele als Bekenntnis des verzweifelten Künstlers: "Im leidenden Opfer des Krieges" - so interpretiert er die Radierung - "offenbart sich Gott, doch scheint dem Maler zu diesem Zeitpunkt das Opfer schon nicht mehr sinnvoll."[247] Andere Autoren, wie beispielsweise der Kunsthistoriker W. Hofmann, richten ihr Augenmerk vor allem auf die Ambivalenz, die Beckmanns Fronterlebnisse kennzeichnet.[248] Noch kurz bevor der Künstler unter der physischen und psychischen Belastung zusammenbrach, berichtete er in seinen Briefen von "wundervollen Untergangsträumen" und beschrieb - obwohl zutiefst erschüttert - den grauenvollen Verlauf einer Schlacht wie den Entwurf zu einem geplanten Gemälde:

"Es war ein Höllenlärm. Die Luft war angefüllt mit dem schrillen Pfeifen der Schrapnells und dem wüsten Dröhnen der Geschütze. Man brachte andauernd Verwundete. Einige Vergiftete wälzten sich in wilden Zuckungen und röchelten schwer. In dem halbdunklen Unterstand halbentkleidete, blutüberströmte Männer, denen die weißen Verbände angelegt wurden. Groß und schmerzlich im Ausdruck! Neue Vorstellungen von Geißelungen Christi."[249]

Obwohl sich - wie die zitierte Äußerung zeigt - auch bei Max Beckmann zunächst apokalyptische Eindrücke und Faszination vermischen, ist nicht zu übersehen, daß ab 1915 die brutale Kriegswirklichkeit das Weltbild dieses Künstlers tief erschüttert hat. Deutlicher

247 M. Ebele: Der Weltkrieg und die Künstler der Weimarer Republik. Stuttgart, Zürich 1989, S. 19.
248 Vergl. z. B.: W. Hofmann: Die Kräfte wachsen. In: W. Hofmann (Hrsg.): Schrecken und Hoffnung. Künstler sehen Krieg und Frieden. Hamburg 1987, S. 36 u. 145.
249 M. Beckmann: Briefe im Kriege. A. a. O., S. 55.

als in den Berichten an seine Frau findet seine Hoffnungslosigkeit und existentielle Angst in seinen Bildern ihren Niederschlag.

8. Max Beckmanns Bilder "Auferstehung" und "Die Nacht"

Nachdem Beckmann 1916 nach einem Zusammenbruch vom Kriegsdienst befreit worden war, begann er mit der Arbeit an seinem großangelegten Werk "Auferstehung" (Abb. 33). Wie aus mehreren Briefstellen hervorgeht, war für ihn bereits vor dem Krieg die Frage nach der transzendenten Existenz des Menschen von zentraler Bedeutung. Mag er zu jener Zeit noch eine Antwort für sich gefunden haben, quälen ihn jetzt Ungewißheit und Ratlosigkeit. Seine bitteren Erfahrungen von menschlichem Leid in einem mörderischen Krieg haben ihn zu der Überzeugung gebracht, daß das Universum ein finsteres Loch sei, ein Gefängnis, aus dem es auch nach dem Tod kein Entrinnen gibt. Er betrachtet es nunmehr als seine künstlerische Aufgabe, diese neu gewonnene Einsicht mit seinem Werk "Auferstehung" in aller Deutlichkeit vor Augen zu führen. Beckmann arbeitete zwei Jahre an diesem Bild. Es blieb unvollendet. Der Titel verweist zwar auf die neutestamentarische Verheißung des ewigen Lebens im Reiche Gottes, aber auf dem Gemälde selbst wird die christliche Heilsbotschaft in keiner Weise thematisiert. Hier gibt es keine Auferstehung des Fleisches zu neuem Leben in der Herrlichkeit Gottes. Der Weg zu einem höheren Dasein ist abgeschnitten, die apokalyptisch verfinsterte Sonne wirkt drohend und abweisend. Die Auferstehenden torkeln in eine vom Krieg verwüstete Welt hinein, die von einer fahlen Helligkeit erleuchtet ist, deren Quelle ungewiß bleibt, denn die Schatten fallen nach allen Seiten. Die Gestalten kriechen wie Larven aus ihren Gräbern, noch mit Resten von Leichentüchern umhüllt, und irren in völliger Orientierungslosigkeit mit schmerzverrenkten Gliedern und angstverzerrten Gesichtern chaotisch umher. Ihre Körper werden ihnen zur quälenden Last, können sie sich doch nicht aus ihnen befreien. Gefangene ihrer selbst, blicken sie ins Nichts oder verdecken ihre Augen vor dem furchtbaren Chaos.

Auf diese Welt der Hoffnungslosigkeit blickt nun aus einer Erdspalte (rechts im Vordergrund) der Maler; umgeben von seiner Familie und

Freunden. Er verbirgt sich hinter einer weiblichen Figur, die vermutlich seine Frau darstellt, und beobachtet mit starrem Blick die makabre Szene. Noch haben er und seine Angehörigen keinen Anteil an dem schrecklichen Vorgang - noch ist es eher ein visionärer Ausblick auf die eigene jenseitige Existenz, in der es keine Erlösung gibt.

Gegenüber, auf der linken Seite, erkennt man ein Bild im Bilde. Es zeigt die ältere Generation, die - obschon inmitten des apokalyptischen Geschehens - keinen Anteil an der Vision und der neu gewonnenen Einsicht des Künstlers hat, daß es keinen gnädigen Gott gibt, der die Menschen von ihren Leiden erlösen wird. Daran kann auch das Gebet nichts mehr ändern.

Peter Beckmann, der Sohn des Malers, schrieb zu diesem Gruppenbild im Bilde: "Vielleicht ist hier der Untergang aller bisher gemalten Bilder dargestellt, jener bis zum Ersten Weltkrieg genügenden Werke, für die jetzt die Wirklichkeit, der Himmel und die Farbe verloren ist".[250] Max Beckmann hat aus seiner neuen Daseinssicht Konsequenzen für seine Arbeit gezogen. Er wollte fortan seine Kunst ganz in den Dienst der leidenden Menschheit stellen. Kurz vor Kriegsende legte er ein Bekenntnis ab:

"Wir müssen teilnehmen an dem ganzen Elend, das kommen wird. Unser Herz und unsere Nerven müssen wir preisgeben dem schaurigen Schmerzensschrei der armen, getäuschten Menschen. Gerade jetzt müssen wir uns den Menschen so nahe wie möglich stellen. Das ist das einzige, was unsere eigentlich recht überflüssige Existenz einigermaßen motivieren kann. Daß wir den Menschen ein Bild ihres Schicksals geben, und das kann man nur, wenn man den Menschen liebt."[251]

Die unvollendete "Auferstehung" gewissermaßen vor Augen, beginnt Beckmann die Arbeit an seinem großformatigen Bild "Die Nacht" (Abb. 34), das er ein Jahr später lithographiert in seinen Welttheater-Zyklus "Die Hölle" als 6. Blatt aufnehmen sollte. In keinem anderen Werk gibt der Künstler so eindringlich den Menschen "ein Bild ihres Schicksals" wie hier. Nicht die Darstellung eines monströsen Verbrechens und der gefolterten Opfer ist beabsichtigt, sondern die Gewalt

---

250 P. Beckmann: Verlust des Himmels. In: Blick auf Beckmann, Dokumente und Vorträge. Schriften der Max-Beckmann-Gesellschaft II. München 1962, S. 24.

251 M. Beckmann: "Bekenntnis". Zitiert in Uwe M. Schneede: Die zwanziger Jahre. Köln 1979, S. 112f.

und das Martyrium schlechthin ist das Thema dieses Werkes: Sinnlos wird auf dieser Welt gefoltert, vergewaltigt und gelitten. Die Welt als Hölle wird in den engen Raum einer Dachkammer verlegt, aus dem es kein Entrinnen gibt. Die Äußerung Beckmanns, diese Szene solle "das Gegenwärtige zeitlos machen und das Zeitlose gegenwärtig"[252], widerspricht Interpretationen, die das Bild mit der blutigen Niederschlagung des Generalstreiks im März 1919 in Zusammenhang bringen oder in den Opfern den Künstler selbst und seine Familie sehen wollen.[253] Vielmehr klingt aus ihr die Überzeugung des Malers heraus, daß zu allen Zeiten Gewalt und Leiden das menschliche Dasein bestimmen, wobei Täter und Opfer austauschbar sind: Der kleinbürgerliche, hemdsärmelige Henker mit der Pfeife im Mund kann schon morgen der Gehenkte sein. Auch mit diesem Bild versucht Beckmann, seine traumatischen Kriegserlebnisse zu verarbeiten. Vergleicht man es mit der "Auferstehung", wird die Veränderung seines Malstils evident. Das enge Format der "Nacht" ist angefüllt mit Gegenständen und Möbeln, Dachbalken, vor allem aber mit weit ausladenden Figuren, und die gesamte Bildfläche wird durch ein kompliziertes Liniengeflecht verspannt. Das fahle Licht und die glasklaren, scharfen Linien, die Schwärze der Nacht hinter dem zerbrochenen Fenster, die umgekippte, verloschene Kerze - bereits im Barock ein Symbol für Tod und Verderben - steigern noch den fast unerträglichen Ausdruck von Gewalt, der diese brutale Szene beherrscht. Die Figur rechts im Bild ist einem Fresco von Francesco Traini[254] aus dem 14. Jahrhundert entnommen. Dadurch unterstreicht Beckmann zusätzlich die Zeitlosigkeit der Darstellung.

Auch auf diesem Bild manifestiert sich eine apokalyptische Vision, bei der die Hoffnung auf Erlösung nicht gegeben ist. Der Traum vom Aufbruch in eine neue Zeit und von einer umfassenden Menschheitsverbrüderung, der ihn noch vor dem Krieg mit dem Expressionismus verbunden hatte, ist nun zerstört; stattdessen wird die schonungslose Desillusionierung zum erklärten Ziel von Beckmanns Kunst:

---

252 Zitiert nach B. Schulz: Max Beckmanns "Die Hölle". In:
E. Roters und B. Schulz (Hrsg.): Ich und die Stadt. A. a. O., S. 146.
253 Vergl.: D. Elger: Expressionismus. A. a. O., S. 220, und M. Ebele: Der Weltkrieg und die Künstler der Weimarer Republik. A. a. O., S. 95.
254 Vergl.: Ebenda, S. 102.

"Nichts hasse ich so, wie Sentimentalität", äußerte er im Jahre 1918. "Je stärker und intensiver mein Wille wird, die unsagbaren Dinge des Lebens festzuhalten, je schwerer und tiefer die Erschütterung über unser Dasein in mir brennt, umso verschlossener wird mein Mund, um so kälter mein Wille, dieses schaurige Monstrum von Vitalität zu packen und in glasklare Schärfe, Linien und Flächen einzusperren, niederzudrücken, zu erwürgen."[255]

Mit der künstlerischen Bewältigung des Unsagbaren und Dunklen des Daseins gelingt es Max Beckmann, Weltangst, Verzweiflung und Ekel zu überwinden, um nicht selbst dem Dunkel und der Bedrohung zum Opfer zu fallen. Die Hoffnung auf eine neue, bessere Gesellschaft und eine durch die Katastrophe geläuterte Menschheit, die bei anderen Künstlern und Schriftstellern der Nachkriegszeit nach der Überwindung des ersten lähmenden Schocks wieder auflebte, konnte Beckmann nur vorübergehend teilen.

---

255 M. Beckmann: "Bekenntnis". A. a. O., S. 111f.

VII. Nach dem Schock: Neue Träume

1. Bittere Bilanz am "Tag danach"

> "Mein Herz ist so groß wie Deutschland und Frankreich zusammen,
> Durchbohrt von allen Geschossen der Welt."[256]

Am 11. November 1918 war der Krieg offiziell zuende. Die von der Kriegspropaganda heraufbeschworenen utopischen Träume und Zukunftsentwürfe zerplatzten wie Seifenblasen. Stattdessen herrschte Inflation, Arbeitslosigkeit und Elend in weiten Teilen Europas, ganz zu schweigen von der grauenvollen Hungersnot, die Rußland bedrohte. Eine verheerende Grippeepidemie, die sich zwischen 1918 und 1920 weltweit ausbreitete, raffte doppelt so viele Menschen hinweg wie der vierjährige Krieg, der gerade zuende gegangen war - sie forderte insgesamt zwanzig Millionen Opfer. Fast zehn Millionen Gefallene. Einundzwanzig Millionen Verwundete. Europas Wirtschaft zerrüttet. Der Bolschewismus droht, sich in ganz Mitteleuropa auszubreiten. Unruhen in Deutschland, Ungarn, Polen, Irland und Italien. Krieg zwischen Griechenland und der Türkei und blutige Auseinandersetzung im Nahen Osten; - kurz: überall war die Desillusionierung eine totale.

Angesichts der entsetzlichen Vorstellung, all die Kriegsqualen könnten womöglich umsonst gewesen sein, verscheuchte man solche Gedanken fürs erste, verdrängte das Elend, so gut es ging, und belog sich selbst.

Als der russische Diplomat Ilja Ehrenburg im Herbst 1921 Berlin besuchte, stellte er fest, daß sich "die Katastrophe als normales, wohlgeregeltes Leben aufspielte", obwohl die Wunden, die sie geschlagen hatte, noch überall deutlich sichtbar waren:

> "Die Schwerbeschädigten bemühten sich, mit ihren Prothesen möglichst lautlos aufzutreten, die leeren Ärmel waren mit Sicher-

---

256 W. Klemm: "Schlacht an der Marne". In: S. Vietta (Hrsg.): Lyrik des Expressionismus. Tübingen 1990, S. 127.

heitsnadeln zugeheftet. Die Männer mit den von Flammenwerfern verbrannten Gesichtern trugen große schwarze Brillen. Noch in den Straßen der Hauptstadt vergaß der verlorene Krieg die Tarnung nicht."[257]

Auch den meisten Expressionisten bereitete es unmittelbar nach Kriegsende verständlicherweise Schwierigkeiten, ihre persönlichen Fronterlebnisse psychisch zu verkraften und künstlerisch umzusetzen. Noch weniger schien zunächst die Erschütterung angesichts des Ausmaßes und der furchtbaren Hinterlassenschaft der Katastrophe eine intellektuelle Aufarbeitung ihrer Hintergründe, ihres Verlaufs und ihrer Auswirkungen auf die Gesellschaft zuzulassen. Eine neue Phase der Endzeitstimmung setzte ein. Die alte Welt, deren Untergang einerseits mit Grauen erwartet, anderseits aber auch so heftig herbeigesehnt worden war, lag in Schutt und Asche, und ganz Europa befand sich in einem Zustand nie dagewesener Erschöpfung, Desorientierung und Niedergeschlagenheit. Die erschreckende Anzahl der Toten überstieg jegliche menschliche Vorstellungskraft. Hinzu kam die alltägliche Konfrontation mit dem menschlichen Elend der zahllosen Invaliden, existentiell Entwurzelten und den ihrem Schicksal überlassenen Notleidenden. Das ganze Ausmaß der entfesselten Gewalt wurde an den Überlebenden ebenso wie an den Opfern des Infernos offenbar. Verwirrung, Ratlosigkeit und Daseinsangst bedrückten weite Kreise der Bevölkerung und schienen auch auf die Künstler und Intellektuellen zunächst eine lähmende Wirung auszuüben. So brauchte beispielsweise Otto Dix sechs Jahre quälender Auseinandersetzung, bis er 1924 seinen Zyklus "Der Krieg" der Öffentlichkeit vorlegen konnte. Auf fünfzig Radierungen breitet er hier das ganze Spektrum seines Grauens aus (Abb. 35 - 37).

Darüber hinaus litt er aber auch an der erbärmlichen Indolenz derer, die die Katastrophe überlebt hatten. Wie viele seiner Generation war er voller Verbitterung darüber, daß nach dem Krieg, in den er anfangs soviel Hoffnung auf Veränderung und Erneuerung gesetzt hatte, im Grunde alles beim Alten blieb und die Welt weiterhin träge dahindämmerte.

Betrachtet man heute die Bilder seiner Kriegsmappe und jene, in denen er die brutale Gleichgültigkeit seiner Zeitgenossen gegenüber

---

257 Zitiert nach: M. Eksteins: Tanz über Gräben. Die Geburt der Moderne und der Erste Weltkrieg. Reinbek b. Hamburg 1990, S. 380.

den Opfern der Kriegskatastrophe thematisiert, so wird die Wut und Verzweiflung verständlich, mit der Dix diese Nachkriegswelt erlebte. Auch weiterhin sah er sich mit Nietzsches "Stirb und Werde"-Lehre konfrontiert, mit diesem grausam rotierenden Kreislauf von Tod und Geburt, doch am Ende stand für ihn nicht der Übermensch, sondern der erbarmungswürdig Verstümmelte. Zwar trieb noch immer eine geradezu animalische Lebenskraft die Überlebenden auf eine grotesk-abscheuliche Weise in Büros, Fabriken, Bordelle und Tanzlokale, aber ähnlich wie George Grosz fühlte auch Dix sich jetzt eher angeekelt als fasziniert von diesem entsetzlichen Treiben und Getriebenwerden.

Er spürte dem Unsäglichen nach, arbeitete Vergangenes auf, analysierte das Gegenwärtige, registrierte, notierte, skizzierte und setzte die verheerenden Folgen des Krieges mit so grausamer Schärfe und akribischer Deutlichkeit ins Bild, daß der Betrachter diesem unbestechlichen Protokoll der brutalen Wirklichkeit nur widerstrebend standzuhalten vermag: Zerbrochene Schädeldecken, entstellte Gesichter, verstümmelte Glieder, zerfetzte Leiber und - auf der anderen Seite - die Grimassen eines geradezu bestialischen Selbsterhaltungstriebs.

An dieser Stelle sollte jedoch festgehalten werden, daß die bitteren Erfahrungen und traumatischen Erlebnisse nicht bei allen Künstlern und Intellektuellen der Nachkriegszeit zum Verlust endzeitlicher Hoffnungen führten. Die Gewißheit, dem Ende der Katastrophe werde der ersehnte Aufbruch zu einer neuen, besseren Welt folgen, blieb bei einigen Expressionisten trotz der bitteren Bilanz, die sie ziehen mußten, ungebrochen. Denn, wenn auch schwer angeschlagen, noch stand sie da: jene Generation, von der Gottfried Benn später sagte:

"Meine Generation! Hämmert das Absolute in abstrakte, harte Formen: Bild, Vers, Flötenlied. Arm und rein, nie am bürgerlichen Erfolg beteiligt, am Ruhm, am Fett des schlürfenden Gesindes. Lebt von Schatten, macht Kunst. Meine Generation - und heute fast alle tot - nur in den bildenden Künsten sind noch einige große Alte da. Nimmt man die Anthologie "*Menschheitsdämmerung*" zur Hand, die Kurt Pinthus 1920 als erste und einzige Sammlung dieses lyrischen Kreises herausgab, so zeigt sich, es ist auf dem westlichen Kontinent außer mir kaum noch jemand da. Es war eine belastete Generation: verlacht, verhöhnt, politisch als entartet ausgestoßen - eine Generation jäh, blitzend, stürzend, von Unfällen und Kriegen betroffen, auf kurzes Leben angelegt."*258*

Die aber, die überlebten, wollten weiterhin ihrem Traum von einer neuen Menschheit und einer gerechteren Gesellschaft folgen und sahen ihn bereits in der neuen Gesellschaftsordnung Rußlands Gestalt annehmen: im roten Stern des Sozialismus.

2. Neue Hoffnung: Der Stern des Sozialismus

Bereits während des letzten Kriegsjahres waren Tendenzen erkennbar geworden, Kunst und Literatur in den Dienst radikaler gesellschaftspolitischer Erneuerung zu stellen. Diese Bestrebungen nahmen ab 1918 immer deutlicher programmatische und ideologische Züge an, so daß die vielfältigen Umbruchsvisionen dieser Zeit zum Teil in hochfliegende Entwürfe von einer zum Guten gewandelten Menschheit oder in gesellschaftspolitische Utopien mündeten, denen jedoch mehr ein emotionsgeladenes Engagement für eine glücksverheißende Daseinsform als eine realistische Einschätzung der historischen und soziologischen Gegebenheiten zugrunde lag.

So entlud sich die dem Expressionismus eigene Spannung zwischen Endzeitvorstellung und Aufbruchsvision im Revolutionsjahr 1918 wie eine heftige, aber kurze Explosion. In der ersten Begeisterung für den totalen Umsturz der russischen Gesellschaft durch die Oktoberrevolution 1917 identifizierte sich eine Gruppe der Nachkriegs-Avantgarde mit den Ideen des Sozialismus und empfand es als ihre moralische und künstlerische Pflicht, aktiv in das politische Geschehen einzugreifen. Die junge russische Sowjetrepublik wurde ihr zum Inbegriff der neuen Welt, und die Verbrüderung von Arbeitern und Künstlern zu "Kameraden der Menschheit"[259] erschien ihr als der erste Schritt in eine strahlende Zukunft. Ihren politischen Aktivismus empfand sie keineswegs als Verrat an der Kunst, sondern vielmehr als ihre Erhöhung zum Leitstern der aufsteigenden gesellschaftlichen Realität.

---

258 G. Benn: Essays und Reden. A. a. O., S. 423.

259 "Kameraden der Menschheit" ist der Titel einer Anthologie expressionistischer Kriegs- und Nachkriegslyrik, die Ludwig Rubiner 1919 in Potsdam herausgegeben hat.

Selbst "unpolitische" Künstler zögerten zunächst nicht, den Sozialismus zu idealisieren und fast religiös zu verklären. So wurde für Lyonel Feininger die gotische Kathedrale, ein Gemeinschaftswerk religiös motivierter Baumeister und Künstler, zum Symbol für die Errichtung einer sozialistischen Friedensordnung (Abb. 38).

Etwas verhaltener äußerte Beckmann seine Hoffnungen, die er aus dem "kommunistischen Prinzip" schöpfte, aber auch er hatte die Vision einer neuen Kirche:

> "Vielleicht wird auch durch verringerte Geschäftstüchtigkeit, vielleicht sogar, was ich kaum zu hoffen wage, durch ein stärkeres kommunistisches Prinzip, die Liebe zu den Dingen um ihrer selbst willen größer werden, und nur darin sehe ich eine Möglichkeit, wieder zu einem großen, allgemeinen Stilgefühl zu kommen. Das ist ja meine verrückte Hoffnung, die ich nicht aufgeben kann und die trotz allem stärker ist in mir als je. Einmal Gebäude zu machen zusammen mit meinen Bildern. Einen Turm zu bauen, in dem die Menschen all ihre Wut und Verzweiflung, all ihre arme Hoffnung, Freude und wilde Sehnsucht ausschreien können. Eine neue Kirche."[260]

Conrad Felixmüller, der sich etwas länger als Beckmann und Feininger für die sozialistische Bewegung einsetzte, stellte für die Weihnachtsausgabe der Zeitschrift "Die Aktion" 1920 einen Holzschnitt mit dem Titel "Der Weihnachtsstern leuchtet" her (Abb. 39). Indem er den Erlösung verheißenden Stern von Bethlehem durch einen Stern mit dem Hammer-und-Sichel-Emblem ersetzt, verleiht er einer politischen Ideologie den Nimbus des Religiösen: Nur vom Kommunismus kann die neue Heilsbotschaft ausgehen und Intellektuelle und Künstler sind ihre Verkünder. Die neue Gemeinde aber ist das Proletariat. Die politisch motivierten Expressionisten waren der festen Überzeugung, daß Kunst, Kultur und Intellekt, von der Bourgeoisie von jeher verachtet und geschwächt, allein in der Arbeiterklasse noch waches Interesse fänden. So rühmte beispielsweise Ernst Toller - in seinem politischen Engagement einer der konsequentesten Dichter - während seines Prozesses wegen Hochverrats im Jahre 1919 enthusiastisch das Verlangen des Proletariats nach Schönheit, Kultur und Geist, ein Ver-

---

260 M. Beckmann: "Bekenntnis". A. a. O., S. 113.

langen, das der bürgerlichen Klasse verloren gegangen sei.[261] Er und seine Mitstreiter glaubten, das Streben nach Wissen sei das eigentliche Anliegen der Arbeiterklasse und somit könne ihr politisches Ziel, der Sozialismus, als Triumph des Geistes und als ein Gesellschaftssystem betrachtet werden, in dem zum erstenmal in der Geschichte der planende, ordnende und verantwortliche Verstand das menschliche Dasein gestalten würde. Der Aufstieg der bisher unterdrückten Massen galt als Symbol für den Aufstieg der gesamten Menschheit zu einer vergeistigten Existenzform. Künstler und Intellektuelle - so wurde leidenschaftlich postuliert - sollten Führer und Wegweiser in diese paradiesische Welt sein. Der uralte, im Abendland zumindest seit Platon vertraute Wunschtraum vom Geist, der die Geschicke der Gesellschaft bestimmt, klingt deutlich in den folgenden, in freien Rhythmen verfaßten Versen Johannes R. Bechers an, wenn er mit revolutionärem Sendungsbewußtsein pathetisch verkündet:

"Der Dichter meidet strahlende Akkorde.
Er stößt durch Tuben, peitscht die Trommel schrill.
Er reißt das Volk auf mit gehackten Sätzen.
Ich lerne. Ich bereite vor. Ich übe mich.
Wie arbeite ich - hah leidenschaftlichst! -
Gegen mein unplastisches Gesicht - :
Falten spanne ich.
Die Neue Welt
    (...)
zeichne ich, möglichst korrekt darin ein.
Eine besonnte, eine äußerst gegliederte, eine geschliffene Landschaft schwebt mir vor,
Eine Insel glückseliger Menschheit.
    (...)
... bald werden sich die Sturzwellen meiner Sätze zu einer unerhörten Figur verfügen.
Reden. Manifeste. Parlament. Das sprühende politische Schauspiel.
    (...)
Menschheit! Freiheit! Liebe!
Der neue, der Heilige Staat
Sei gepredigt, vom Blut der Völker, Blut von ihrem Blut, einge-

---

261 E. Toller: Eine Jugend in Deutschland. Amsterdam 1933, S. 230.

impft.
Restlos sei er gestaltet.
Paradies setzt ein.
- Laßt uns Schlagwetter-Atmosphäre verbreiten! -
Lernt! Vorbereitet! Übt euch!"[262]

So unscharf das "Gesicht" des neuen Menschen von Becher gezeichnet wird, so verschwommen ist auch die inhaltliche Bestimmung des "gepredigten Heiligen Staates". Wie so häufig im Expressionismus bleiben auch hier die angestrebte "Gestaltung" einer neuen Weltordnung und das Idealbild einer auf die neue "Freiheit" und "Liebe" geistig vorbereiteten, reifen Menschheit recht vage und diffus, die dichterische Darstellung einer Vision erschöpft sich mehr oder weniger in rhetorischen Exklamationen. Später paßte Becher allerdings seine hochfliegenden Zukunftsträume den ideologischen Doktrinen der marxistischen Lehre an und bezeichnete Verse dieser Art selbstkritisch als eine Mischung "von Gefühlskommunismus und verworrenem ekstatischen Gottsuchertum"[263]. Nachdem er zu der Überzeugung gelangt war, die Wandlung und Erlösung der Menschheit sei bereits in Rußland vollzogen, schloß er sich der kommunistischen Partei an und stellte sein unbestrittenes rhetorisches Talent ganz in ihren Dienst. Nur wenige Expressionisten - unter ihnen Ludwig Rubiner - folgten ihm auf diesem Wege. Die meisten hatten sich bereits während der kurzen Zeitspanne der sozialistischen Heilserwartung, die mit der Russischen Revolution 1917 begann und mit der Zerschlagung der Bayerischen Räterepublik 1919 endete, vom politischen Aktivismus wieder gelöst, weil sie das ruchbar gewordene martialische Vorgehen der Kommunisten nicht mit ihren pazifistischen Idealen vereinbaren konnten. Auch ahnten wohl manche, daß in einem kommunistischen System Künstler und Intellektuelle bald einer größeren Bedrohung ausgesetzt sein könnten als je zuvor. "Dann meine Freunde", schrieb René Schickele im Jahre 1919, "wollen wir ins Kloster gehen, bis die klassenbewußten Garden irgend eines Lenin die dringende Notwendigkeit empfinden, uns arme Kirchenmäuse des Idealismus auszurotten."

---

262 J. R. Becher: "Vorbereitung". In: K. Pinthus: Menschheitsdämmerung. A. a. O., S. 213.

263 Derselbe: Gesammelte Werke. 18 Bde. Berlin und Weimar 1969ff. Bd. 8, S. 104.

Aber es gab auch weniger Kleinmütige, die ihrem Traum von einer Neugeburt der Menschheit weiterfolgten.

3. Der neue Mensch?
Ernst Tollers "Die Wandlung"

Eine der schillerndsten und beeindruckendsten Persönlichkeiten des Nachkriegs-Expressionismus, der anders als die meisten seiner Kollegen den Glauben an eine gerechtere Weltordnung nicht aufgab, war der junge Dramatiker und Dichter Ernst Toller. Obwohl er stets ein glühender Vertreter des Sozialismus war und während der revolutionären Unruhen der Jahre 1918/19 aktiv das politische Tagesgeschehen mitbestimmte, unterwarf er sich im Gegensatz zu Becher und Rubiner nicht der Disziplin einer der linken Parteien, da ihm seine geistige Unabhängigkeit über alles ging. Schon sein Name klang "wie ein Schlachtruf", leitet Wolfgang Rothe seine durchaus kritische und doch sehr einfühlsame Biographie ein und fährt dann fort: "An ihm schieden sich die Geister. (...) Er war bewundert und verachtet, er wurde geliebt und gehaßt wie kaum ein anderer. Die ihn verehrten, haben seine nachgerade charismatische Ausstrahlung, seine rätselhafte Faszination, eine bestrickende Wirkung bezeugt, die ihm übelwollten oder als politischem Gegner gram waren, redeten von Schauspielerei, von Theatraliker, Ehrgeizling, der sich eitel in Szene zu setzen wisse. Zur Wahrheit Tollers gehört, daß er - höchst widersprüchlich - das alles tatsächlich war."[264]

Bei aller verwirrenden Ambivalenz seiner Ausstrahlung als Mensch, als engagierter Schriftsteller und als aktiver Politiker, bei all seiner Neigung zum großen Pathos und zu theatralischen Gesten war Ernst Tollers Existenz bis zu seinem allzu frühen Tod (nach dem Sieg der Faschisten in Spanien beging er Selbstmord) dennoch eindeutig geprägt von seinem unermüdlichen Kampf gegen jede Form von Unterdrückung und seiner - trotz manch desillusionierender politischer und menschlicher Rückschläge - geradezu unerschütterlichen Hoffnung auf die Befreiung und friedliche Koexistenz aller Menschen durch die innere Wandlung des Einzelnen. Trotz seiner irrealen Ein-

---

264 W. Rothe: Toller. Reinbek bei Hamburg 1989, S. 7.

schätzung der politischen Machtverhältnisse und des zweifellos zwar vorhandenen, aber doch eher bescheidenen revolutionären Potentials der süddeutschen Arbeiterschaft, erschien er vielen seiner Zeitgenossen aufgrund seiner lauteren, idealistischen Gesinnung und der suggestiven Überzeugungskraft seiner mitreißenden, emotionsgeladenen Reden als Inbegriff des revolutionären Dichters und Freiheitshelden. Ein eindrucksvolles Zeugnis seiner geradezu prophetischen Sprachgewalt stammt von dem späteren Dramatiker Günther Weisenborn, der ihn in Leipzig als politischen Redner auf einem Gewerkschaftstreffen erlebte:

> "Die alte wortlose Arbeitersehnsucht verwandelt Ernst Toller in Ausdruck, in Sätze, in Worte, und in der Glut seines Mundes werden die Worte zur sprungbereiten Wut der Ausgebluteten. Er steht hier im Park wie Feuer in den Bäumen, ein Mann, jung, schwarzhaarig, elektrisch, fast stammelnd vor Ergriffenheit, das Profil des Expressionisten. Man sieht ihn im Rahmen des offenen Fensters. Seine Sätze sind Peitschenschläge, die über die Masse schallen, er warnt vor dem Blut der Zukunft, das über uns kam. Es ist flammender Haß, der dort diesen hektischen Redner schüttelt. Der Haß auf den Krieg und die Kriegsstifter. Er weint, er ist erschüttert und er erschüttert die Masse. Sie wissen, dieser ist kein glatter Paganini der Rhetorik, der die Phrasen trilliert und das Consordino des Elends diskret serviert. (...) Dieser ist Ernst Toller."[265]

Toller entstammte einer wohlhabenden Kaufmannsfamilie, und er war Jude. Beide Tatsachen - der relative Reichtum seiner Eltern, der sein soziales Gewissen belastete, und seine Außenseiterrolle in der kleinbürgerlichen, judenfeindlichen Atmosphäre seines Heimatortes an der deutsch-polnischen Grenze - haben sein Leben stark geprägt. In seiner Jugend hatte er zunächst nur einen Wunsch: ein gleichwertiger Deutscher zu sein, ganz in die Volksgemeinschaft aufgenommen zu werden, in eine Gemeinschaft, die ihn fortwährend von sich stieß. Mit dem Ausbruch des Krieges schien sich sein Verlangen nach gesellschaftlicher Integration zu erfüllen, hatte doch der deutsche Kaiser lautstark verkündet, er kenne keine Parteien, keine Stände und keine Rassen mehr, alle sprächen die gleiche Sprache, alle verteidigten nur

---

265 G. Weisenborn: Gedächtnisrede, gehalten am 24.1.1947 am Deutschen Theater Berlin, veröffentlicht in der Zeitschrift "Sie", Jg. 1947, Nr. 5, S. 7.

eine Mutter - Deutschland. Geradezu besessen von patriotischer Begeisterung eilte er freiwillig zu den Waffen, konnte er doch nun endlich beweisen, daß er zwar Jude, aber an erster Stelle Deutscher war! Wie viele jüdische Leidensgenossen knüpfte er an den Krieg die geradezu sehnsüchtige Erwartung, durch ihn würden alle Schatten, die sein bisheriges Dasein als Außenseiter verdüstert hatten, beseitigt werden und seine Isolierung für immer ein Ende haben. Die Realität des Krieges desillusionierte freilich all seine Hoffnungen auf ein gemeinsames Vaterland und die schrankenlose Gemeinschaft aller Deutschen; denn im militärischen Alltag verdichteten sich Standesdünkel und rassistische Vorurteile zu einem noch unausweichlicheren System als im Zivilleben. Dieser Ernüchterung folgte bald der Schock: die Kriegsgreuel, der Anblick schreiender Verwundeter und zerfetzter Toter auf den Schlachtfeldern überwältigten ihn und verfolgten ihn zeitlebens. In seiner autobiographischen Schrift "Eine Jugend in Deutschland" schildert er seine schlagartige Bekehrung zum Pazifismus. Als sich eines Tages bei Arbeiten am Schützengraben sein Spaten in den Eingeweiden eines toten Soldaten verfängt, erwacht er aus seiner Verblendung:

"Ein - toter - Mensch -
und plötzlich, als teile sich
die Finsternis vom Licht,
das Wort vom Sinn,
erfasse ich die einfache Wahrheit Mensch,
die ich vergessen hatte,
die vergraben und verschüttet lag,
die Gemeinsamkeit,
das Eine und Einende.
Ein toter Mensch.
Nicht: ein toter Franzose. Nicht: ein toter Deutscher.
Ein toter Mensch.
Alle diese Toten sind Menschen,
alle diese Toten haben geatmet wie ich,
alle diese Toten hatten einen Vater,
eine Mutter, Frauen, die sie liebten,
ein Stück Land, in dem sie wurzelten,
Gesichter, die von ihren Freuden und ihren Leiden sagten,
Augen, die das Licht sahen und den Himmel.
In dieser Stunde weiß ich, daß ich blind war,

weil ich mich geblendet hatte,
in dieser Stunde weiß ich endlich,
daß alle diese Toten, Franzosen und Deutsche,
Brüder waren,
und daß ich ihr Bruder bin."*266*

Nicht zuletzt basiert auf solchen und ähnlich grauenvollen Kriegserlebnissen jenes oft abfällig belächelte O-Mensch und Verbrüderungs-
pathos der sogenannten expressionistischen Verkündigungs- und
Wandlungsliteratur der Nachkriegszeit.

Um aus dem unerträglichen "Massenmorden und Massensterben"[267]
auszubrechen, meldete sich Toller freiwillig zum Fliegerkorps, erlitt
jedoch kurz darauf einen Nervenzusammenbruch und wurde für
kriegsuntauglich erklärt. Der dem "Menschenschlachthaus" Entron-
nene nahm zum Jahresende 1916 ein Studium der Soziologie und Literatur in München auf, wo er unter anderem Rainer Maria Rilke, Richard Dehmel, Thomas Mann und eine Reihe prominenter Wissen-
schaftler wie etwa den Historiker Friedrich Meinecke, den Sozialöko-
nomen Werner Sombart und vor allem Max Weber begegnete, dem er
wegen seiner "unromantischen Scharfsichtigkeit" im Winter 1917/18
nach Heidelberg folgte, während ihn die übrigen Häupter deutscher
Geistigkeit wegen ihrer Deutschtümelei und opportunistischen Haltung zutiefst enttäuschten. "Große Worte wurden gesprochen, nichts
geschah."[268] Nachhaltig beeinflußt von Max Webers ökonomischem
und soziologischen Weltbild und Gustav Landauers "Aufruf zum Sozialismus", machte Toller zum ersten Mal in der Öffentlichkeit von
sich reden: Er gründete den "Kulturpolitischen Bund der Jugend" mit
dem Ziel, gemeinsam Chauvinismus und Militarismus, latente Gewalt
und jegliche Form von Machtpolitik zu bekämpfen, für Völkerver-
ständigung, "lebendige Menschenhaftigkeit" und die Abschaffung der
Armut einzutreten und die "verschütteten schöpferischen Keime" des
Volkes zu befreien, um so "zu einer Gemeinschaft von Persönlichkeiten"[269] zu gelangen. Eine solche Gemeinschaft könne nur - so fährt
Toller in seinem Gründungsaufruf fort, durch die "rein menschliche

---

266 E. Toller: Eine Jugend in Deutschland. In: E. Toller, Gesammelte Werke. Sechs
Bände, hrsg. v. W. Frühwald u. J. M. Spalek. München 1978-79. 4. Bd., S. 70.

267 Ebenda, S. 73.

268 Ebenda, S. 80f.

269 E. Toller: Gesammelte Werke, Bd. I. A. a. O., S. 31.

Liebe"[270] und die Wandlungsbereitschaft des Einzel-Ich erlangt werden:

"Jeder wirke, ausströmend Seele und Geist, als Mensch zum Menschen. Aus seinem Herzen soll er Gemeinschaftsbande spinnen. (...) Nur aus innerer Mensch-Wandlung kann die Gemeinschaft, die wir erstreben, erwachsen."[271]

Obwohl Tollers sozial-utopische Ziele wenig Widerhall in der eher bürgerlich-konservativen Studentenschaft fanden, wurde sein gerade erst gegründeter "Kampfbund" von der Obersten Heeresleitung sofort verboten. Er selbst mußte sich, um einer Verhaftung zu entgehen, für einige Monate nach Berlin absetzen, wo er bald Kontakt mit Kurt Eisler aufnahm, einem ungemein beliebten Arbeiterführer, der wegen seiner politischen Überzeugungen bereits mehrere Haftstrafen verbüßt hatte und nun neben Max Weber und Gustav Landauer Tollers politisches Denken mitbestimmte. Mit geradezu religiösem Eifer verfocht fortan der junge Dichter die Ideen des Sozialismus und solidarisierte sich öffentlich mit der Berliner Arbeiterschaft. Nach seiner Rückkehr nach München wurde er nach der Niederschlagung eines Massenstreiks zum ersten Mal verhaftet und in Handschellen abgeführt. Das schmutzstarrende, verwanzte Militärgefängnis in der Leopoldstraße war Tollers erste Station auf seinem zermürbenden Weg durch deutsche Haftanstalten.

In der Gefängniszelle befaßte er sich intensiv mit den Schriften von Marx, Engels, Bakunin und Lasalle, schrieb die "Lieder der Gefangenen" und vollendete sein erstes Bühnenwerk "Die Wandlung", das wegen seiner impliziten Hoffnungsbotschaft nicht nur vom zeitgenössischen kriegsmüden und psychisch niedergeschlagenen Publikum begeistert aufgenommen wurde, sondern bis heute als eines der wichtigsten Dramen des Nachkriegsexpressionismus gilt.

Seiner Dramaturgie und formalen Gestaltung nach ist es in Anlehnung an August Strindbergs "Nach Damaskus" als Stationendrama konzipiert, in dem der Held trotz allegorischer Verfremdung autobiographische Züge trägt und wie der Autor selbst in mehreren "Stationen" einen Wandlungsprozeß durchmacht, sich allmählich seiner Bestimmung als Mensch und Bruder bewußt wird und schließlich

---

270 Ebenda, S. 32.
271 Ebenda.

wie in einer apokalyptischen Vision den Weg zur Erlösung der irrege-
leiteten Menschheit erkennt.

Die Einteilung in "Stationen", das leitmotivisch eingesetzte Symbol
des Kreuzes und nicht zuletzt die zahlreichen biblischen Anklänge erinnern stark an die österlichen Passionsspiele des späten Mittelalters.
Auch der Protagonist selber - ein junger jüdischer Bildhauer - nimmt
im Verlaufe der Handlung mehr und mehr die Gestalt eines zeitgenössischen Heilandes an, der dazu ausersehen ist, nach einem Leidensweg zunehmender Selbst- und Welterkenntnis das verblendete
Volk wachzurütteln und durch einen unblutigen Umsturz in ein gol-
denes Zeitalter der Freiheit und Gerechtigkeit zu führen.

Diese dichterische Überhöhung politisch-sozialer Ideen zu religiösen
Heilsverheißungen, die Identifikation des Autors mit seinem Helden
und die dichterische Aufarbeitung der eigenen Biographie und Le-
benserfahrung sind nicht nur kennzeichnend für Tollers "Die Wandlung", sondern ein Merkmal des expressionistischen "Verkündigungs-
dramas" überhaupt. "Wenn mich Erlebnisse gequält haben, treibt es
mich , ein Drama zu schreiben, ein Werk zu bilden, wie im Fieber",
bekennt Toller in einem Brief, und an einer anderen Stelle charakterisiert er seine Dichtung als "gelebtes Leben"[272].

Sein Erstling "Die Wandlung - Das Ringen eines Menschen" ist zweifelsohne Ausdruck seiner seelischen Erschütterungen durch das Erlebnis des ersten Weltkrieges und die Manifestation seiner gesellschaftspolitischen Zukunftsvorstellungen, so realitätsfremd sie auch
sein mögen. Ort und Zeit des Geschehens werden jedoch nur unbe-
stimmt angegeben, um den Bedeutungshorizont des Dramas ins Universale und Zeitlose zu erweitern: Es ist "Nacht", "Abend" oder
"Morgen", und die Handlung "spielt in Europa vor Anbruch der Wiedergeburt". Der beabsichtigte Anspruch auf Allgemeingültigkeit des
Bühnengeschehens soll zusätzlich durch die auftretenden personae
dramatis betont werden: Lediglich dem Protagonisten Friedrich werden individuelle Charakterzüge verliehen; allein er agiert und treibt
die Handlung voran. Fast alle übrigen auftretenden Figuren sind entweder namenlose Typen oder allegorische Gestalten, die das menschliche Dasein in einer unheilvollen Situation repräsentieren.

---

272 Ebenda, Bd. V, S. 29.

Die Weltsicht, die in der "Wandlung" zum Ausdruck gebracht wird, ist eine extrem polarisierende und apokalyptische. Sie manifestiert sich in der Konfrontation der "alten Welt", einer "verpesteten Abfallgrube"[273], die verdorben, mörderisch und zu "Schutt und Schlacke"[274] abgestorben ist (konkret gemeint ist die Endphase des wilhelminischen Imperialismus, die in den 1. Weltkrieg mündete) mit der expressionistischen Vision der Entstehung eines neuen Friedensreiches voller Leben, Liebe und Freude. Während die eine einer "Totenkaserne" (...) "in lichtloser Nacht" gleicht, bevölkert von kalkbleichen Skeletten und erfüllt vom "Schmerzgebrüll" Verkrüppelter, wird die andere, die zukünftige Welt als eine strahlende "Menschheitskathedrale" visioniert, die zu betreten es der inneren Wandlung der Menschheit bedarf, die nur über einen dornigen Leidensweg durch das Elend der "alten Welt" führt. Stellvertretend für alle Menschen nimmt Tollers Protagonist Friedrich sein Kreuz auf sich: Entfremdet seiner Religion, seiner Familie und seinem antisemitischen, bürgerlichen Umfeld, irrt der junge Jude wie der ewig wandernde Ahasver[275] durch die feindliche Welt und sucht nach einer Heimat. Als er die Nachricht hört, daß Freiwillige für einen Krieg gebraucht werden, meldet er sich voller Begeisterung: einmal, weil er mit diesem Krieg die - für den Expressionismus typische - chiliastische Hoffnung auf den Anbruch einer neuen, großen Ära verknüpft, zum anderen, weil er glaubt, durch seinen patriotischen Einsatz beweisen zu können, daß er "zu den anderen" gehört, um so endlich die ersehnte Geborgenheit in einer solidarischen Gemeinschaft zu finden. Schon in der sich unmittelbar an diese erste Szene anschließende Traumepisode[276] "Transportzüge" verweist Toller auf die ver-

---

273 Ebenda, Bd. II, S. 55.

274 Ebenda.

275 Ebenda, S. 19.

276 Die 6 Akte, hier: "Stationen" der "Wandlung" sind in 13 Bilder unterteilt, von denen das siebente nicht nur formal die Achse des Dramas, sondern auch inhaltlich die Klimax der Handlung bildet. Und ein weiteres Strukturprinzip weist das Stück auf: Sieben der 13 Bilder sind Traum-Episoden oder Visionen, die die realistisch präsentierten Szenen dramatisch erläutern und ergänzen. Diese, "in Traumferne" oft grotesk oder surrealistisch dargestellten Episoden, in denen Friedrich in den verschiedensten Rollen auftritt, veranschaulichen wirkungsvoll dessen allmähliche Wandlung zu einem "Neuen Menschen". - Zur Struktur dieses Dramas vergl. insbesondere: R. Benson: Deutsches expressionistisches Theater. New York, Bern, Frankfurt, Paris 1987, S. 33ff; und S. Rothstein: Der Traum von der Gemeinschaft.

hängnisvolle Fehlentscheidung seines Protagonisten und konfrontiert Friedrichs naive Kampfbegeisterung mit der grauenvollen Realität des Krieges. Stumm muß er sich den Klagegesang einer Gruppe Soldaten anhören, in dem sie die Schrecken beschreiben, denen sie an der Front begegnet sind.

Schon bald erlebt Friedrich selber das Greuelgeschehen auf den Schlachtfeldern. Umgeben von verwundeten und sterbenden Soldaten, wird er wegen seines Patriotismus hämisch verspottet: Er werde immer ein Heimatloser sein, höhnen sie, denn sie seien alle ohne Vaterland. Friedrich, der sich weigert, die Wahrheit zu akzeptieren, meldet sich trotzig zu einem selbstmörderischen Fronteinsatz.

Die folgende Traumszene "Zwischen den Drahtverhauen" ist wohl die ausdrucksstärkste und auch bühnenwirksamste des ganzen Stücks. Bereits die Regieanweisungen wirken wie eine apokalyptische Schreckensvision:

> "Wolken peitschen dunkel um den Mond. Rechts und links Drahtverhaue, in denen kalkbespritzte Skelette hängen. - Zwischen den Drahtverhauen: von Granattrichtern aufgewühlte Erde."[277]

In einer Art "danse macabre" drehen sich die Skelette zum rhythmischen Geklapper der eigenen, amputierten Beinknochen. Zynisch wird hier Friedrichs Glaube, durch seinen tapferen Kampfeinsatz werde er als Gleichberechtigter in die Gemeinschaft "der anderen" aufgenommen, ad absurdum geführt; denn es ist der sinnlose Soldatentod, der alle gleich macht und die Unterschiede zwischen Generalen und Gemeinen, Freunden und Feinden, Christen und Juden aufhebt. Einem dreizehnjährigen Mädchen, das nach einer Massenvergewaltigung zu Tode gekommen ist und aus Scham vor ihrer Schändung am Tanz der Skelette nicht teilnehmen möchte, wird "Trost" zugesprochen:

> "Mein Fräulein (...) heute sind wir alle gleich. Drum Fräulein in die Mitte (...) Wenn ich bitten darf! Sie sind geschändet - Gott

---

Kontinuität und Innovation in Ernst Tollers Dramen. Frankfurt am Main 1987, S. 43ff.

277 E. Toller: Gesammelte Werke, Bd. II. A. a. O., S. 25.

wir sind es auch. Das will so wenig sagen. Ist kaum der Rede wert."*278*

Auch die dritte "Station" der "Wandlung" ist in eine "realistische" und in eine "Traumepisode" gegliedert. Friedrich ist als einziger Überlebender von jenem Selbstmordkommando zurückgekehrt, das seine Vaterlandsliebe beweisen sollte, und liegt nun mit einem Nervenzusammenbruch im Lazarett. Ehrenvoll mit dem Tapferkeitskreuz ausgezeichnet, hat sich sein Wunsch nach Eingliederung in die Gemeinschaft "der anderen" erfüllt, allerdings - um den Preis von zehntausend Menschen, die bei diesem Unternehmen umgekommen sind. Zum ersten Mal wird sich Friedrich der Ungeheuerlichkeit des Krieges bewußt und zweifelt an seinem Sinn - der erste Schritt auf dem Wege seiner Wandlung:

> "Zehntausend Tote! Durch zehntausend Tote gehöre ich zu ihnen. Warum quirlt nicht Lachen? Ist das Befreiung? Ist das die große Tat? Sind das die großen Menschen? - Nun gehöre ich zu ihnen!"*279*

In dem anschließenden Traumbild betritt Friedrich zunächst in der Rolle des "Hörers" einen großen Lazarettsaal, wo ein wichtigtuerischer, menschenverachtender Professor der Medizin - ausgestattet mit einem Totenschädel statt eines Kopfes - eine Reihe von Krüppeln vorführt, "sieben Musterexemplare", die aus Fleischstümpfen mit künstlichen Gliedmaßen bestehen und sich "wie aufgezogene Maschinen"*280* bewegen. Friedrich, der den Anblick und das Schmerzgeschrei der Gepeinigten nicht ertragen kann, entfernt sich und erscheint nach einer weiteren Verwandlung in der Rolle eines Priesters, um den Verstümmelten mit salbungsvollen Phrasen "den Heiland zu bringen". Als er aber mit dem ausweglosen Elend der Verkrüppelten konfrontiert wird, erkennt er die ganze Heuchelei seines Amtes und - indem er das Kruzifix in seinen Händen zerbricht - bricht er gewissermaßen den Stab über sich selbst und eine Kirche, die dem Krieg den Segen erteilt hat.

---

278 Ebenda, S. 27.
279 Ebenda, S. 29.
280 Ebenda, S. 30.

Hatte der Jude Toller im ersten Bild der "Wandlung" bereits mit dem verflachten Judentum - vertreten durch Friedrichs Mutter - abgerechnet, verurteilt er nun die "Kupplerin Kirche"[281], die die Botschaft des authentischen Christentums pervertiert hat und sich in den Dienst eines expansionssüchtigen, machtbesessenen Staates stellt.

Nachdem Toller im ersten Teil des Dramas die gesellschaftliche Realität, vertreten durch menschenverachtende Institutionen wie Militär, Kirche und Wissenschaft, aus seiner eigenen Erfahrung heraus als eine unheilvolle, mörderische gebrandmarkt hat, beschwört er in den Bildern des zweiten Teils den expressionistischen Traum von einer neuen, strahlenden Welt, die geschaffen wird von einer von Grund auf gewandelten Menschheit. Die Scheidelinie zwischen den beiden Teilen des Dramas, d. h. zwischen dem Versuch, die Katastrophe des ersten Weltkriegs künstlerisch und intellektuell aufzuarbeiten, und der messianisch-expressionistischen Heilsbotschaft sozial-utopischer Prägung, verläuft formal und inhaltlich mitten durch die vierte "Station", in der sich die eigentliche Wandlung Friedrichs zum neuen Menschen vollzieht:

Sich wieder auf sein Künstlertum besinnend, glaubt der Protagonist, trotz seiner aus schrecklichen Erfahrungen gewonnenen Zweifel an die Notwendigkeit von Kriegen noch einmal seinen Patriotismus unter Beweis stellen zu müssen: Verbissen arbeitet er an einer Statue, die symbolisch den Sieg des Vaterlandes darstellen soll. Doch die ernüchternde Konfrontation mit zwei von Syphilis verunstalteten Kriegsinvaliden reißt Friedrich nun endgültig aus seiner Verblendung:

"Ward der Staat Zuhälter und das Vaterland eine getretene Hure, die jeder brutalen Lust sich verkauft? Ausgestattet mit dem Segen der Kupplerin Kirche? Kann ein Vaterland, das das verlangt, göttlich sein? Wert, seine Seele dafür zu opfern?"[282]

Verbittert zerstört er die halbvollendete Statue und will Selbstmord begehen, wird aber von seiner Schwester - die wunderbar gleich einem deus ex machina plötzlich auf der Bühne erscheint - an seinem verzweifelten Vorhaben gehindert und seiner eigentlichen Bestimmung zugeführt:

---

281 Ebenda, S. 39.
282 Ebenda.

"Dein Weg führt dich zu Gott/Zu Gott, der Geist, Liebe und Kraft ist./Zu Gott der in der Menschheit lebt./Dein Weg führt dich zu den Menschen. ... Der Weg, den ich dich gehen heiße;/Führt dich durch alle Tiefen, alle Höhen."[283]

Überwältigt von den prophetischen Worten der Schwester, erkennt Friedrich in einer Vision nun den wahren Weg zum Heil:

"Sonne umwogt mich,
Freiheit durchströmt mich,
Meine Augen schauen den Weg.
Ich will ihn wandern, Schwester.
Allein und doch mit dir,
Allein und doch mit allen,
Wissend um den Menschen."[284]

Bezeichnenderweise wird Friedrichs innere Wandlung nicht als eine Folge rationaler Selbst- und Welterkenntnis dargestellt, sondern als ein mystisches Bekehrungs- und Erlösungserlebnis, das in einer für den Expressionismus typischen ekstatischen Gebärde gipfelt.[285]

Mit deutlicher Anspielung auf die biblische Passionsgeschichte findet dieser Wandlungsakt in den folgenden Traumszenen seine symbolische Ausformung: Aus Mitleid mit ihren Kindern hat Friedrich im Traum (!) eine irrsinnige Frau getötet und ist verhaftet worden. Im Gefängnis stürzt er sich zu Tode und wird auf dem steinernen Boden liegend gefunden, "den Kopf zurückgebeugt, die Arme gestreckt, als ob er gekreuzigt wäre"[286]. Bevor er stirbt, verkündet er einer verzweifelten, schwangeren Mitgefangenen, die angesichts des menschlichen Elends nicht weiß, wozu sie noch ihr Kind gebären soll, die Errettung des Menschen durch sich selbst:

"Wozu: Komm näher, daß ich's sage./Vielleicht gekreuzigt kann es sich befrein,/Aus seinen Malen wachsen lichte Kräfte./Vielleicht, gekreuzigt kann es sich erlösen,/Zu hoher Freiheit auferstehen."

---

283 Ebenda, S. 40.

284 Ebenda.

285 Friedrich "schreitet ekstatisch zur Tür hinaus" lautet Tollers Regieanweisung im Anschluß an den "Wandlungsakt" (ebenda).

286 Ebenda, S. 43.

Und voller Hoffnung greifen die Frau und mit ihr alle Gefangenen Friedrichs Worte auf und sprechen im Chor:

> "Bruder, deine Worte künden Wege./Gekreuzigt wollen wir uns befrein./Gekreuzigt wollen wir uns erlösen,/Zu hoher Freiheit auferstehn."[287]

Bedeutsam für Tollers Erneuerungsvision ist die expressionistische Adaption und Umdeutung der christlichen Heilsbotschaft: Sinn und Ziel der Wandlung liegen hier nicht mehr im religiösen, sondern im sozial-politischen Bereich. Nicht die religiöse Vision einer von Gott offenbarten Welterneuerung bringt die ersehnte Hoffnung, sondern die idealistische Vorstellung einer durch tausendfachen Tod und Kriegsleid geläuterten Menschheit, ethisch, geistig und politisch gereift, um selbst ihr Dasein radikal zu verändern. Friedrichs feierlich-pathetische Rede an die Jugend bildet den Höhepunkt seines expressionistischen Traums vom "Neuen Jerusalem" sozial-utopischer Prägung:

> "Nun öffnet sich, aus Weltenschoß geboren
> Das hochgewölbte Tor der Menschheitskathedrale,
> Die Jugend aller Völker schreitet flammend
> Zum nachtgeahnten Schrein aus leuchtendem Kristall.
> Gewaltig schau ich strahlende Visionen.
> Kein Elend mehr, nicht Krieg, nicht Haß,
> Die Mütter kränzen ihre lichten Knaben
> Zum frohen Spiel und fruchtgeweihten Tanz.
> Die Jugend schreite, ewig dich gebärend,
> Erstarrtes ewig du zerstörend,
> So schaffe Leben gluterfüllt vom Geist."[288]

Friedrichs "strahlende Vision" der "Menschheitskathedrale" weist nicht nur inhaltliche Bezüge zur biblischen "Offenbarung" auf, sondern es sind auch deutliche sprachliche Anklänge an den Text der Johannes-Apokalypse zu vernehmen, wo es im Schlußkapitel heißt:

> "Und ich sah die heilige Stadt, das neue Jerusalem, von Gott aus dem Himmel herabgefahren, bereitet wie eine geschmückte

---

287 Ebenda.
288 Ebenda, S. 51.

Braut. Und ich hörte eine große Stimme von dem Thron, die sprach. Siehe da, die Hütte Gottes bei den Menschen! Und er wird bei ihnen wohnen, und sie werden sein Volk sein, und er selbst wird mit ihnen sein, und Gott wird abwischen alle Tränen von ihren Augen, und der Tod wird nicht mehr sein, noch Leid und Geschrei, noch Schmerz wird mehr sein; (...) Und der auf dem Thron saß, sprach: Siehe, ich mache alles neu!"[289]

Ernst Tollers Drama endet mit dem Aufruf zur Revolution, bei der jedoch nicht Waffengewalt den totalen Umsturz herbeiführen soll, sondern das brüderliche Wirken von Mensch zu Mensch:

"Nun, ihr Brüder, rufe ich Euch zu: (...) Geht hin zu den Soldaten, sie sollen ihre Schwerter zu Pflugscharen schmieden. Geht hin zu den Reichen und zeigt ihnen ihr Herz, das ein Schutthaufen ward. Doch seid gütig zu ihnen, denn auch sie sind Arme, Verirrte. (...) Schreite durch unser freies Land: Revolution! Revolution! Revolution!"[290]

Ernst Tollers allzu optimistischer Glaube an die Möglichkeit einer gewaltlosen Revolution und der totalen Änderung der Gesellschaftsordnung allein durch die Macht des Geistes erwies sich schon allzu bald als eine Illusion. Die revolutionären Aufstände zwischen 1918 und 1919 verliefen keineswegs friedlich, die Münchener Räterepublik wurde blutig zusammengeschlagen und ihre Führer Landauer, Eisler und viele andere standrechtlich erschossen oder im Gefängnis bestialisch ermordet. Toller entging nur dank der Hilfe zweier Wärter knapp dem Mordkomplott von sechs mutmaßlichen Freikorpsoffizieren und wurde am 19. Juni 1919 wegen Hochverrats ohne ordentlichen Prozeß zu fünf Jahren Festungshaft verurteilt. Daß er schließlich seine Maxime "Gewalt um keinen Preis" angesichts der politischen Realität hatte aufgeben müssen, belastete sein Gewissen zeitlebens:

"Die unfaßbare Gewalt, die zu dem einen furchtbaren Weg führt! Könnte ich nur wie früher an Neugeburt, an reines Werden glauben."[291]

---

289 Offenbarung des Johannes, Kap. XXI, V. 1-5.
290 E. Toller: Gesammelte Werke, Bd. II. A. a. O., S. 61.
291 E. Toller: Gesammelte Werke. Bd. V, A. a. O., S. 57.

schrieb er 1920 in einem Brief, als ahnte er bereits, welche Katastrophe Europa in den kommenden Jahrzehnten noch bevorstand. Als seine "Wandlung" am 30. September 1919 erstmalig mit dem jungen Fritz Kortner in der Hauptrolle in Berlin über die Bühne ging, war das Publikum begeistert und erschüttert zugleich. Dem bereits inhaftierten Autor brachte man stürmische Ovationen dar, nicht zuletzt, weil "er einen Nerv traf" und "das von Unzähligen erwartete Wort der Stunde aussprach", wie der bekannte Theaterkritiker Alfred Kerr es formulierte.[292] Das "Wort der Stunde" aber, auf das so viele Zeitgenossen gewartet hatten, war: Hoffnung.

4. "Incipit vita nova": Ernst Blochs "Geist der Utopie"

Die Hoffnung, eine "letzte irdische Revolution" stehe "in Geburt" und werde die "absolute Verwandlung" bewirken[293], die radikale Wende der Dinge "zum Paradies"[294] herbeiführen und eine "neue Welt"[295] schaffen, hat auch Ernst Blochs erstes Hauptwerk "Geist der Utopie" geprägt. Erstmals im Jahre 1918 und fünf Jahre später in einer überarbeiteten Neufassung veröffentlicht, erhitzte diese außergewöhnliche Schrift bereits kurz nach ihrem Erscheinen die Gemüter in allen Lagern und ist noch heute in Fachkreisen Gegenstand ganz unterschiedlicher Kommentare. So würdigt sie etwa Jörg Drews als ein "stürmisch-ahnungsvolles Präludium zur utopischen Hoffnungsphilosophie Ernst Blochs"[296], während Norbert J. Schürges im Zusammenhang mit dem Schlußkapitel der Erstfassung von einer "sehr obskure(n) religiöse(n) Vision"[297] oder Bernhard Holeczek gar von einer

---

292 Zitiert nach G. Rühle: Theater für die Republik 1917-1933 im Spiegel der Kritik. Frankfurt a. M. 1967, S. 156-164.

293 E. Bloch: Thomas Münzer als Theologe und Revolutionär. München 1921, S. 150.

294 Ebenda, S. 151.

295 Derselbe: Geist der Utopie (Erstfassung von 1918). Bd. 16 der Ernst Bloch Gesamtausgabe. Frankfurt am Main 1959f, S. 341.

296 J. Drews: Expressionismus in der Philosophie. In: Ernst Blochs Wirkung. Arbeitsbuch zum 90. Geburtstag. Frankfurt am Main 1975, S. 24.

297 N. J. Schürges: Politische Philosophie in der Weimarer Republik. Stuttgart 1989, S. 114.

"kathartischen Vernichtungs-, Rache- und Endzeitvorstellung" spricht[298]. Einigkeit herrscht aber weitestgehend darüber, daß Blochs "Geist der Utopie" ein beschwörender Aufruf ist, die Dumpfheit und Hohlheit dieses Zeitalters zu überwinden, um in eine neue, "metaphysische" Ära einzutreten, die ein reifes, menschenwürdiges Leben und erst die wahre persönliche Freiheit bringen könne.

In der ersten Fassung dieses Buches, die ja bereits im Jahre 1917 abgeschlossen war, geht Bloch verständlicherweise noch kaum konkret auf die aktuellen Kriegsereignisse näher ein, wenngleich er schon hier aus seiner Abscheu vor dem wilhelminischen "Zwangsstaat" mit seiner kapitalistischen Wirtschaftsform keinerlei Hehl macht. Aber in einer etwa 1920 bearbeiteten Zweitfassung gewinnt seine Stellungnahme zu den politischen Ursachen und Hintergründen der Weltkriegskatastrophe an Deutlichkeit und Schärfe. Vor allem aber konnte hier bereits die gesellschaftspolitische Situation der ersten beiden Nachkriegsjahre mitberücksichtigt werden. Daher wird sich die folgende Untersuchung hauptsächlich auf diesen geänderten Text, der erstmals 1923 in Berlin erschienen ist, beziehen.

Obwohl Bloch selbst nicht als Soldat an der Front war wie die meisten expressionistischen Künstler und Dichter, war er dennoch ähnlich wie sie schockiert über die Barbarei des vierjährigen Massenmordens und das Elend der Nachkriegszeit. Mit glühendem Eifer verfocht daher auch er die Notwendigkeit einer allumfassenden Revolution, die jedoch nicht nur im gesellschaftlichen Bereich auf Umsturz zielen, sondern weit über den Aspekt des Politischen hinaus die metaphysische und ethische Erneuerung bewirken sollte. Schon die Lektüre einiger Sätze macht deutlich, daß das Blochsche Frühwerk nicht an den traditionellen Denkformen der akademischen Schulphilosophie gemessen werden kann. Auch geht es in dieser Schrift weniger um Reflexion im üblichen Sinne, sondern Kontemplation, Meditation und Spekulation ergänzen sich hier zu einer mystisch-religiösen und zugleich sozial-utopischen Heilslehre, die sich zwar im Laufe der Jahre zunehmend stärker an den Theorien des Historischen Materialismus orientiert, aber trotz allmählichen Zurücktretens der religiösen Elemente niemals ihren Einfluß auf das Blochsche Denken vollständig verlieren sollte.

---

298 B. Holeczek: Vorwort. In: Apokalypse. Ein Prinzip Hoffnung. A. a. O.

Bloch selbst hat rückblickend sein Utopie-Buch als "expressiv, barock" und "fromm" charakterisiert und es als ein "Sturm-und-Drang-Buch (...) des begonnenen utopischen Philosophierens"[299] bezeichnet, das noch ganz beherrscht wird von "revolutionärer Romantik". Offensichtlich hatte in jenen unruhigen Jahren die expressionistische Bewegung für ihn eine große Anziehungskraft. Und in der Tat: Sowohl das erregte Pathos der Blochschen Sprache als auch die apokalyptische Dimension der revolutionären Aussagen, die dieses Buch enthält, entsprechen weitestgehend den ästhetischen und ideellen Intentionen der expressionistischen Dichter und Künstler der Nachkriegszeit. Man kann also mit einigem Recht Blochs "Geist der Utopie" - freilich mit einigen Einschränkungen - durchaus als "Philosophie der expressionistischen Bewegung"[300] bezeichnen, in der sich die "authentische Weltanschauung"[301] und Ausdruckskraft dieser Avantgarde manifestiert: Religion und sozialistische Erwartung, Kunst und Moral, Humanum und Zeitkritik verschmelzen hier zu einem Opus, in dem gleich zu Beginn der erbärmliche Zustand des gegenwärtigen Daseins angeprangert und mit einem geradezu charismatischen Sendungsbewußtsein zu einem radikalen Neuanfang aufgefordert wird:

"Wie nun? Es ist genug. Nun haben wir zu beginnen. In unsere Hände ist das Leben gegeben. Für sich selbst ist es schon längst leer geworden. Es taumelt sinnlos hin und her, aber wir stehen fest, und so wollen wir ihm seine Faust und seine Ziele werden. (...) Was jung war, mußte fallen, aber die Erbärmlichen sind gerettet und sitzen in warmen Stuben; der Triumph der Dummheit, beschützt vom Gendarm, bejubelt von Intellektuellen, die nicht Gehirn genug auftreiben konnten, um Phrasen zu liefern (...) indes die Probleme unserer Sehnsucht, unseres religiösen Gewissens fortbrennen, (...) uneingelöst in ihrer absoluten Forderung (...). Das macht, wir haben keinen sozialistischen Gedan-

---

299 E. Bloch: Geist der Utopie. (2. Fassung von 1923). Bd. 3 der Ernst Bloch Gesamtausgabe, A. a. O., S. 19.

300 Ch. Eykman: Denk- und Stilformen des Expressionismus. München 1974, S. 91.

301 Vergl. Hans H. Holz: Logos spermatikos. Neuwied/Darmstadt 1975, S. 52f.; Silvia Markun: Ernst Bloch. Reinbek b. Hamburg 1977, S. 26.

ken (...). Hier nun aber, in diesem Buch, setzt sich genau ein Beginn, neu ergreift sich das verlorene Erbe."302

Das verlorene Erbe? Für Bloch ist der ersehnte Neubeginn nicht ein schöpferischer Akt ex nihilo, sondern der Versuch, das aufzuspüren und zu enthüllen, was immer schon da war und verdeckt allen großen geistigen und künstlerischen Werken der Menschheit zugrunde liegt: das Utopische als ein Prinzip, das uns ermöglicht,

"das Rechte zu finden, um dessentwegen es sich ziemt, zu leben, organisiert zu sein, Zeit zu haben, dazu gehen wir, hauen wir die phantastisch konstitutiven Wege, rufen, was nicht ist, bauen ins Blaue hinein, bauen uns ins Blaue hinein und suchen dort das Wahre, Wirkliche, wo das bloß Tatsächliche verschwindet - incipit vita nova"303.

Und in der Tat sind die nun folgenden philosophischen "Streifzüge" durch nahezu alle Bereiche der Kultur- und Geistesgeschichte in ihrer souveränen, außerordentlichen Kühnheit höchst "phantastisch" und zugleich "konstitutiv". Ob er in der Kunst, Musik oder Literatur, in der Philosophie, Geschichte oder Theologie nach Spuren sucht, ob er die Vergangenheit, Gegenwart oder Zukunft befragt - alles ist Bloch der Beachtung wert, was den Geist der Utopie in sich trägt. Seine Betrachtungen zur Kunst, insbesondere zur Musik, bilden dabei zugleich den Ausgangspunkt und das Kernstück seiner Ausführungen.

Nach einer halb kontemplativen, halb meditativen Umkreisung "der kleinen Dinge" des Alltags (Glas, Krug)304 und einiger ästhetischen Überlegungen, in denen es Bloch um den Unterschied zwischen "Zweckform" und "ausdrucksvollem Überschwang"305 und die "Hintergründe des Kunstwollens"306 geht, folgt ein längerer kunsthistorischer Exkurs, der mit den alten Griechen und Ägyptern beginnt und bis in die Moderne führt. Bloch stellt hier dem alles harmonisierenden "eudämonistischen Gleichgewicht zwischen Leben und Stren-

---

302 E. Bloch: Geist der Utopie (Erstfassung von 1918). 16. Band der Gesamtausgabe. A. a. O., S. 19.

303 Ebenda.

304 E. Bloch: Geist der Utopie (1923). Bd. 3 der Ernst Bloch Gesamtausgabe, A. a. O., S. 17.

305 Ebenda, S. 28ff.

306 Ebenda, S. 29ff.

ge"[307] der griechischen und dem "Werdenwollen wie Stein"[308] der ägyptischen Kunst die metaphysische Dimension der gotischen Kunst gegenüber. Denn in ihr offenbart sich für ihn am klarsten die Sehnsucht des Menschen, über die Grenzen seiner gegebenen Existenz hinauszuwachsen und sich der göttlichen Vollkommenheit anzunähern. Die Gotik ist daher für Bloch

> "das begriffene Leben, ist der Geist der Auferstehung, (...) ist das *expressiv*-deskriptive *Siegelzeichen* für ein unvollendetes Wir- und Grundgeheimnis, für eine an sich selber gärende, unvollendete (...) Symbolik; ist die künstlerische Andeutung des Lebenswillens, des wetterleuchtenden Wir-Problems wie aller Annäherung an den Logosmythos."*309*

Der innere Drang, aus der Enge und Dunkelheit dieser Welt in ein ewiges Reich der Freiheit und des Lichts vorzustoßen, offenbart sich Blochs Ansicht nach aber nicht nur in den hochstrebenden Formen der gotischen Kunst und Architektur, sondern insbesondere auch in dem künstlerischen "Überschwang" der expressionistischen Avantgarde. Zwar sei dem heutigen Menschen in seiner entgötterten Welt "das Letzte nicht mehr so leicht gegeben", aber:

> "Wie das Heilige nicht tiefer als bis zur Kunst herabsinken kann, läßt sich auch umgekehrt das farbig verdunkelte Hellfühlen der expressionistischen Kunst mit ihrer utopischen Inhalts- und Gegenstandsorientierung als der nächste Raum vor dem Haus einer kommenden Parusie ehren."*310*

Bloch schätzt die Gotik und den Expressionismus deshalb so hoch ein, weil gerade in diesen beiden Kunstrichtungen - jeweils ihrem zeitbedingten Weltbild entsprechend - die Überwindung der gegebenen, äußerst bedrückenden Realität und der Durchbruch zu einem neuen utopisch-chiliastischen "Reich" intendiert sind, in dem der Mensch endlich zu sich selbst finden kann. Daher sieht er gerade hier den Geist der Utopie wirken, gerade hier die Hoffnung aufleuchten, die Hoffnung auf das ganz andere und Neue, auf das Verheißene,

---

307 Ebenda, S. 30.
308 Ebenda, S. 32
309 Ebenda, S. 38.
310 Ebenda, S. 151.

aber noch nicht Erfüllte, das unnennbar bleibt und trotz gesteigerter Ausdrucksformen selbst Gotik und Expressionismus nur andeutungsweise vermitteln können. Die einzige unter den Künsten, die die Gebärde der Transzendenz ganz zu vollziehen und jene "andere Wahrheit zu verherrlichen" vermag, ist Bloch zufolge die Musik.

> "So wollen wir den Primat eines sonst Unsagbaren der Musik anweisen, diesem Kern und Samen, diesem Widerschein der bunten Sterbenacht und des ewigen Lebens."[311]

Demnach ist die Musik als die "frömmste" und "mystischste" aller Künste für Bloch der unmittelbarste und reinste Vorstoß der Seele zum "Grundgeheimnis" allen Seins, das nur als Sehnsucht in uns wirkt und "in jedem gelebten Augenblick als omnia ubique verschlossen mitzittert":

> "Es ist dieses, was noch nicht ist, das Verlorene, Geahnte, unsere im Dunkel, in der Latenz jedes gelebten Augenblicks verborgene Selbstbegegnung, Wirbegegnung, unsere durch Güte, Musik, Metaphysik sich zurufende, jedoch irdisch niemals zu realisierende Utopie."[312]

Ethik ("Güte"), Musik und Metaphysik - im Blochschen Denken eng miteinander verwandt - intendieren am reinsten die Artikulation dieses Grundgeheimnisses, dieses Unbekannten, das in der Philosophie als die "Gestalt der unkonstruierbaren Frage"[313] im Raum steht, als die Frage also: Wie verstehen wir uns? Sie ist deshalb unkonstruierbar, weil sie als Frage nach dem Sinn und dem Ende auf das Ganze zielt, das jedoch nicht konstruktiv, sondern nur, wenn überhaupt, metaphorisch faßbar ist. Noch sei der Mensch sich selbst unklar und stehe zwischen "Erinnerung und Prophetie" im Dunkel:

> "Was wir sind, wissen wir nicht, wir sind noch unruhig und leer (...). Es ist ungewiß, wie lange uns Zeit und Raum, mit denen wir arbeiten und die wir doch so paradox zerbrechen, als Schauplatz erhalten bleiben (...). Noch tiefer aber ist unbekannt, zu was wir Menschen, ist unser Geheimnis endlich gelöst, aufer-

---

311 Ebenda, S. 208.
312 Ebenda, S. 201.
313 Ebenda, S. 209.

stehen werden, zu welchem Ende die letzte, die einzig absolute Selbstverwirklichung hinausführt; dem jüngsten Tag (...) dem siebenten Schöpfungstag entgegen, jenseits all der verschwindenden Nebelrealitäten dieser uneigentlichen, unwahren, der Apokalypse verfallenen Welt.

Aber wer wahrhaftig geht, trägt auch den Raum mit, in dem es sich endlich zu röten beginnt. Mit uns wachsen die Dinge auf, völlig jenseits ihrer gerade zuständigen Regel, und treiben in die betreibbare Möglichkeit. Wir aber tragen diesen Funken des Endes durch den Gang, und der ist noch offen, voll unbeliebiger objektiver Phantasie."*314*

Da gilt es zunächst, im "einsamen Wachtraum" der inneren "Selbstbegegnung" den Geist der Utopie im eigenen "Ich" zu enthüllen, der uns aussendet, die äußere Welt "wenigstens entlastend"[315] zu gestalten, den Weg frei zu legen in ein neues vollkommenes Reich. Dies aber bedeutet für Bloch zunächst einmal den Umsturz der alten staatlichen Zwangsordnung, denn "erst, wenn das Falsche fällt, kann das Echte leben"[316]. Mit dem "Echten" aber ist hier der Sozialismus gemeint - so, wie Bloch ihn versteht.

So lassen sich dann auch im Schlußteil seines Utopie-Buches marxistisches "Plandenken", sozial-utopischer Messianismus und apokalyptische Vision zu einer "echten Ideologie des Reiches" verbinden, eines Reiches, in dem endlich die wirkliche Selbstbegegnung und Realisierung des "Wesen Mensch" möglich sein wird.

Nach einer kurzen evolutionstheoretischen Einleitung "Das untere Leben", die den Menschen als etwas Unfertiges bestimmt, aber auch auf die Möglichkeit seiner Vervollkommnung verweist, präsentiert Bloch in dem Kapitel "Der sozialistische Gedanke" sein utopisches Gesellschaftskonzept. Zwar hatte er schon in der ersten Fassung an marxistische Theorien angeknüpft, doch erst in der Zweitfassung setzt er sich ausführlicher mit dem Marxismus auseinander. Seine zwischen 1917 und 1920 betriebenen gesellschaftspolitischen Studien und die bittere Enttäuschung über die reaktionären, antisozialistischen Ten-

---

314 Ebenda, S. 285-286.
315 Ebenda, S. 296.
316 Ebenda, S. 297.

denzen in Deutschland, die das politische Leben bestimmten, hatten Bloch etwa im Jahre 1920 veranlaßt, den ursprünglichen Utopie-Text zu überarbeiten. Dadurch gewannen zwar einige Abschnitte, vor allem das Schlußkapitel, inhaltlich an Klarheit, auch wurde der expressive "Überschwang" der Sprache ein wenig gedämpft, aber die utopische Kühnheit der Aussage und die beschwörende Eindringlichkeit des Vortrags blieben selbst in diesen Passagen bestimmend.

Zunächst befürwortet Bloch hier in vollem Umfang die marxistische Lehre als einen ersten Schritt in ein "sich in nichts mehr ökonomisch rentierenden" Gesellschaftsgefüge, in dem "jeder produzierend nach seinen Fähigkeiten, jeder konsumierend nach seinen Bedürfnissen"[317] ohne wirtschaftliche Zwänge leben kann. Dies sei die erste "echte Gesamtrevolution, das Ende aller Klassenkämpfe, die Befreiung vom Materialismus der Klasseninteressen überhaupt". Aber - und hier setzt Blochs Kritik am Marxismus ein - "der Mensch lebt nicht vom Brot allein"[318]. Das, "was wirtschaftlich kommen soll, die notwendige ökonomisch-institutionelle Revolution" und eine "kommunistisch durchorganisierte Sozialwirtschaft" sei zwar bei Marx bestimmt, "aber dem neuen Menschen, dem Sprung, der Kraft der Liebe und des Lichts, dem Sittlichen selber" sei in der von ihm angestrebten sozialistischen Ordnung "noch nicht die wünschenswerte Selbständigkeit"[319] zugewiesen.

Ein "mühelos funktionierender Mechanismus der Ökonomie und des Soziallebens"[320] sei zwar notwendig, um "alles erbärmlich Störende" wegzuräumen, er solle aber nur den Boden bereiten für eine "utopisch überlegene Liebeswelt"[321], wie sie seit alters her erträumt werde. Daher müsse sich die marxistische wirtschaftstheoretische Ordnung "mit der politischen Mystik verbinden und sich von ihr aus legitimieren"[322].

Bereits den vorangegangenen Ausführungen war zu entnehmen, daß Blochs Verhältnis zur Religion ein äußerst vielschichtiges ist. Zwar steht er der institutionalisierten Kirche und der dogmatischen Theolo-

---

317 Ebenda, S. 306.
318 Ebenda, S. 303.
319 Ebenda, S. 303.
320 Ebenda, S. 304.
321 Ebenda, S. 306.
322 Ebenda.

gie grundsätzlich ablehnend gegenüber, übt aber zugleich auch harsche Kritik an jenem banalen "Vulgäratheismus"[323], wie er seiner Meinung nach der marxistischen Lehre anhaftet, denn

"Schließlich scheint es in diesen Tagen, wo das verzweifelte Abendrot Gottes schon genugsam in allen Dingen steht, kein besonderes philosophisches Verdienst, wenn der Marxismus atheistisch fix mit status quo bleibt, um der Menschenseele nichts als einen mehr oder minder eudämonistisch eingerichteten "Himmel" auf Erden zu setzen (...). Aber damit ist weder die utopische Tendenz in all diesem begriffen noch die Substanz ihrer Wunderbilder getroffen und gerichtet noch gar der religiöse Urwunsch verabschiedet, als welcher durchaus, in allen Bewegungen und Zielen des Weltumbaus, dem Leben Raum schaffen wollte, um sich göttlich zu verwesentlichen, sich chiliastisch in Güte, Freiheit, Licht des Telos endlich einzubauen."[324]

Bloch selbst schöpft in "Geist der Utopie" aus den verschiedensten religionsgeschichtlichen Quellen. Neben den heiligen Büchern des Judentums und Christentums ist es vor allem das überlieferte Gedankengut der Gnosis, der Häretiker, der jüdischen und christlichen Mystik und der Theosophie, die er in seine Philosophie mit einbezieht. Seine Rückgriffe auf die Lehren der Gnosis sind dabei kaum zu übersehen, und Bloch selbst hat mehrmals auf seine Affinität zu dieser durch ihre extrem dualistische Weltsicht gekennzeichnete religiöse Strömung[325] hingewiesen. Man kann aber durchaus wie S. Markun auch zu der Feststellung gelangen: "In diesem Buch ist Bloch ein ganz singulärer, Christentum, Judentum und Sozialismus auf häretische Weise durcheinanderwerfender und verkehrender Mystiker."[326]

So stellt er dann dem atheistisch-diesseitigen Sozialismus marxistischer Prägung eine im Metaphysischen angesiedelte "letzte Ideologie des Reichs" gegenüber, eines Reichs brüderlicher Liebe, in dem erst die wahre Freiheit und "Selbstbegegnung" zu verwirklichen sei. Nur hier werde es dem Menschen gelingen, nach vollendeter Läute-

---

323 Ebenda, S. 305.

324 Ebenda, S. 304, 305.

325 E. Bloch: Geist der Utopie. Zweite Fassung. Nachbemerkung von 1969. A. a. O., S. 347. Vergl. auch: L. Weimer: Das Verständnis von Religion und Offenbarung bei Ernst Bloch. München 1971, S.104-261.

326 S. Markun: Ernst Bloch. A. a. O., S. 29.

rung seiner Seele zu jener Reife zu gelangen, die es ihm ermöglicht, endlich "das Dunkel des gelebten Augenblicks" zu überwinden und den qualitativen, hier: apokalyptischen Sprung in eine neue Welt zu wagen.

> "Dorthin geht es, (...) nichts ist fertig, nichts ist bereits geschlossen, nichts zentral gediegen; es gilt, (...) unser Haupt aus der Geschichte weiter wachsen zu lassen, den Staat zur Begleitung der Brüdergemeinde zu zwingen und zuletzt das Korn der Selbstbegegnung zum furchtbaren Erntefest der Apokalypse zu bringen: - , nun aber spiegelt sich in uns allen des Herrn Klarheit, *mit aufgedecktem Angesicht*, und wir werden verklärt in dasselbe Bild von einer Klarheit zur andern, als vom Geist des Herrn."*327*

Hier am Ende seiner wahrlich hellsichtig, zuweilen auch visionär anmutenden metaphysischen Deutung des Utopie-Begriffs umschreibt Bloch noch einmal in eindringlichen apokalyptischen Bildern seine Botschaft an die Menschen seiner Zeit:

Wenn die Welt als Prozeß und Geschichte nicht ins absolute "Umsonst", ins "Sinnlose" führen soll, muß sie "unbedingt"(!) ihren "metahistorischen" und "metakosmischen" Zielpunkt im "absoluten Überhaupt" finden, denn, "daß wir selig werden, daß es das Himmelreich geben kann, (...) ist nicht nur denkbar, sondern *schlechterdings notwendig*"328. Daher sei die Menschheit hic et nunc aufgerufen, dem ihr a priori innewohnenden Drang zur Vollkommenheit größtmögliche Stoßkraft zu verleihen, um das Ende der jetzigen, erbärmlichen Welt zu beschleunigen, damit der Weg frei werde in das verheißene Gottesreich:

> "Denn wir sind mächtig; nur die Bösen bestehen durch ihren Gott, aber die Gerechten - da besteht Gott durch sie, und in ihre Hände ist die Heiligung des Namens, ist Gottes Ernennung selber gegeben, der in uns rührt und treibt, geahntes Tor, dunkelste Frage, überschwängliches Innen, der kein Faktum ist, son-

---

327 E. Bloch: Geist der Utopie. Zweite Fassung. A. a. O., S. 346.
328 Ebenda, S. 344.

dern ein Problem, in die Hände unserer gottbeschwörenden Philosophie und der Wahrheit als Gebet."[329]

Geist der Utopie - als das stets gärende Verlangen des Menschen, sich in seinem Streben nach Vollkommenheit als höchstes Ziel Gott immer wieder selbst zu schaffen, sich in ihm zu erkennen und mit ihm eins zu werden - ist für Bloch zugleich der Inbegriff alles menschlichen Hoffens auf Erlösung.

Mit seiner Schrift "Geist der Utopie" hat Ernst Bloch als politisch engagierter Philosoph seine Zeitgenossen provozieren und wachrütteln, aber auch ermutigen wollen, ihre unerträgliche existentielle Situation radikal zu ändern. Mehr als die Künstler und Dichter des sogenannten messianischen Expressionismus, deren Welt- und Menschenbild - wie etwa bei E. Toller - zumeist unmittelbar durch Kriegserfahrungen bestimmt war, hat der junge Philosoph die conditio humana insgesamt ins Blickfeld gerückt. Auch zeugen Blochs geistesgeschichtliche Querverbindungen und kritische Äußerungen zu Kultur und Gesellschaftspolitik von einem so weit gefächerten Wissen und tiefgreifenden Einblick in die existentiellen Probleme des modernen Menschen, daß sich in dieser Hinsicht nur wenige Expressionisten mit ihm hätten messen können.

Was jedoch das Humanum, die ethische Gesinnung, den Hang zur messianischen oder prophetischen Geste, die religiöse Verklärung des Sozialismus und nicht zuletzt die expressionistisch gesteigerte Ausdruckskraft der Sprache betrifft, zeigen sich weitgehende Übereinstimmungen.

Vor allem aber ist es das innere Bedürfnis, einer zutiefst verunsicherten, geschundenen Generation neue Hoffnungsperspektiven zu eröffnen, das Bloch mit dem messianischen Expressionismus verbindet. Darüber hinaus zeigt sich das Gemeinsame aber auch in dem hochfliegenden Traum, einer durch Transzendenzverlust und Selbstentfremdung orientierungslosen Menschheit das Tor aus einer sinnentleerten alten Welt in eine metaphysische Heimat zu zeigen, in der sie Erlösung und ewige Glückseligkeit erwartet. Sei es nun die sozialistische "Menschheitskathedrale", "das Himmelreich" oder "das Paradies": der direkte und einzige Weg führt jedoch auch für den jungen Ernst Bloch notwendigerweise über die Trümmer der Apokalypse.

---

329 Ebenda, S. 346.

Dieser bedingungslose Glaube an die Notwendigkeit einer radikalen Überwindung der Realität und einer totalen Negation der bisherigen Menschheitsgeschichte machte viele Künstler und Intellektuelle der expressionistischen Generation unfähig, die Tatsachen des politischen Geschehens wachsam und kritisch zu beobachten, angemessen zu beurteilen und entsprechend zu reagieren. Die illusionäre Hoffnung auf eine endgültige Lösung aller Welt- und Menschheitsprobleme durch einen apokalyptischen Feuersturm, der alle Leidensursachen auf einen Schlag hinwegfegt, und der chiliastische Traum vom irdischen Paradies hat bereits in den frühen zwanziger Jahren zwangsläufig ihren ideologischen Schiffbruch herbeigeführt.

Vergleichende Schlußbetrachtung

Das Anliegen dieser Untersuchung war zunächst die Auseinandersetzung mit der Apokalypse-Problematik, um anhand der wichtigsten Merkmale apokalyptischer Vorstellungen zu einem kritischen Verständnis der Endzeitstimmung im Expressionismus zu gelangen. Nach einem Exkurs in die Existenzphilosophie wurde die Weltangst als Ursache apokalyptischen Denkens bestimmt. Die Weltangst bewirkt den dringenden Wunsch nach Erlösung von leidvoller Daseinserfahrung und steigert die Sehnsucht nach dem Paradies, die die Menschheit seit biblischem Anbeginn bis in die Gegenwart begleitet hat, auch wenn sich im Laufe der Geschichte dieses Verlangen aus seinem religiösen Bezugsrahmen gelöst hat.

Eng mit dieser Hoffnung verknüpft ist die Erwartung der Vernichtung alles Bestehenden, das als verdorben erkannt worden ist. Sie hat ihren Ursprung in dem Glauben, erst müsse die alte, verrottete Welt zerstört sein, damit eine neue, vollkommene entstehen könne. Der Gedanke, daß diese Destruktion notwendig zur Erfüllung der Hoffnung auf Erlösung ist, führt mitunter zu der Tendenz, den Untergang - obwohl er Angst und Schrecken auslöst - geradezu heftig herbeizuwünschen. In diesem Phänomen wird die Ambivalenz der apokalyptischen Vorstellung in ihren verschiedenen Ausformungen, sei es in biblischen Offenbarungsschriften, sei es in der Philosophie, der Kunst oder der Literatur, erkennbar. Unter diesem Aspekt ist eine erste Einschätzung des Daseinsgefühls und der Weltsicht der hier vorgestellen Expressionisten möglich: Gezwungen, in einer verlogenen, materialistischen Gesellschaft zu leben, verabscheuten sie deren chauvinistische Selbstverherrlichung und dekadente Morbidität gleichermaßen. Darüber hinaus richtete sich ihr Zorn aber auch gegen die gesamte traditionelle Kultur, die aus diesem in ihren Augen erbärmlichen und geistig hohlen Bürgertum hervorgegangen war. Daher suchten sie leidenschaftlich nach neuen, möglichst expressiven Mitteln der ästhetischen Gestaltung, um der Literatur und Malerei eine nie dagewesene Ausdrucksgewalt zu verleihen. Mit dem Einsatz von Geist und "tatkräftiger Kunst" glaubten sie, die deutsche und - wenn möglich - die ganze in ihren Augen materialistische, morbide Gesellschaft Europas radikal erneuern zu können. Geradezu als

Ausgeburten von Gewinnsucht und Materialismus empfanden sie vor allem die monströse Ausbreitung der Industriemetropolen und die wachsende Macht der Technik. Im Gegensatz zu den wichtigsten zeitgenössischen Avantgarden im Ausland, dem französischen Kubismus und dem italienischen Futurismus, sahen sie in der Massengesellschaft und der zunehmenden Mechanisierung des Lebens etwas zutiefst Unheilvolles. Während sich die Kubisten diesem Phänomen weitgehend entzogen und sich jenseits dieser nicht mehr zu ändernden modernen Realität ausschließlich auf Probleme im ästhetischen Bereich konzentrierten und die Futuristen den rasanten Aufschwung der Technik und Industrie geradezu vergötterten, sahen die deutschen Expressionisten in dieser Entwicklung ein sicheres Anzeichen für eine unaufhaltsame Weltkatastrophe.

Sie spürten, daß die Endzeit dieser Epoche bereits eingeleitet war. Die inhaltlichen Aussagen ihrer Werke drücken aber nicht nur eine krisenbedingte, verschwommene Endzeitstimmung aus, sondern sie sind - trotz unterschiedlicher Gewichtung von Angst, Vernichtung und Hoffnung - durchaus als apokalyptisch zu bezeichnen. Besonders die Gedichte und Bilder, die in den letzten vier Jahren vor dem Ausbruch des Ersten Weltkrieges entstanden, sind zum Teil künstlerische Ausformungen von überwältigenden Untergangsvisionen, die je nach Temperament ihrer Urheber mit mehr oder weniger expressionistischer Wucht präsentiert wurden: Ludwig Meidner, Georg Heym, Georg Trakl und August Stramm antizipierten in ihren Werken den Einbruch und die Auswirkungen einer gewaltigen Weltkatastrophe oder gar die Selbstvernichtung der gesamten zivilisierten Welt.

Meidner war der explosivste von allen. In seinen apokalyptischen Stadtlandschaften ist alles in Aufruhr. "Eine Straße ist ein Bombardement von zwischen Fensterreihen sausenden Lichtkegeln, zwischen tausend Fuhrwerken aller Art, (...) Menschenfetzen und dröhnenden Farbmassen", schrieb der Künstler in seiner "Anleitung zum Malen von Großstadtbildern"[330]. Mit diesem Aufruhr, mit dieser ihr innewohnenden Brachialgewalt schafft sich die Stadt ihre eigene Apokalypse. Bei allem Widerwillen fühlte sich Meidner aber auch immer wieder magisch von ihr angezogen. Die Großstadt - es wurde bereits darauf hingewiesen - versinnbildlicht im Expressionismus die ganze erfahrbare Welt. Hin- und hergerissen zwischen Weltangst, Weltekel

---

330 Zitiert nach: T. Grochowiak: Ludwig Meidner. A. a. O., S. 78.

und Weltsüchtigkeit schrie dieser Maler - wie seine Bilder und Schriften bekunden - sein Leiden heraus. Dennoch - solange ihm seine Schaffenskraft erhalten blieb, wurde seine Hoffnung auf Erlösung durch schöpferisches Gestalten nicht zerstört.

Nicht weniger leidenschaftlich verlieh Heym seinen Untergangsvisionen Ausdruck. Zwar wird auch in seinem Werk die Großstadt zum Symbol für eine Welt, die ihrer Vernichtung entgegengeht; jedoch anders als bei Meidner, der erschreckend wirklichkeitsnah die Verheerungen kommender Katastrophen in seinen Bildern vorweggenommen hat, offenbaren sich in Heyms Gedichten die elementaren Kräfte der Naturgewalten als personifizierte Götter und Dämonen. Sowohl in seinem Großstadt- als auch in seinem Kriegsgedicht finden sich zahlreiche Bilder von Katastrophen apokalyptischen Ausmaßes, die ihren Ursprung in antiken Mythen oder in der Motivik der Propheten-Bücher des Alten Testaments haben und häufig miteinander verbunden werden. Dabei wird der ursprüngliche, biblische Bedeutungsinhalt dieser Bilder, in denen die Vernichtung eine Strafe Gottes zur Läuterung der Menschen war, aber häufig verdrängt. Eher soll wohl angedeutet werden, daß der Großstadt und der gesamten industrialisierten Zivilisation eine Tendenz zur Selbstdestruktion immanent ist, wie es auch an Meidners Bildern und Äußerungen erkennbar wird.

Beide Künstler entlarvten in ihren Werken unter der Oberfläche der scheinbar prosperierenden Zivilisation mit ihren angeblichen Errungenschaften das ihr innewohnende Zerstörungspotential. Sie durchbrachen aber auch die traditionellen ästhetischen Normen, wenn auch nicht in dem Maße, wie es etwa August Stramm oder Wassily Kandinsky gelang.

Meidner und Heym wollten keine objektiven Abbilder der Realität wie die Naturalisten schaffen und auch keine zur höchsten Sublimierung gesteigerte Ästhetisierung des Empfindens wie viele der fin-de-siècle-Künstler erreichen, sondern sie suchten die größtmögliche Dimensionierung der subjektiv erlebten Wirklichkeit. Sie waren hellsichtige Realisten, weil sie über den gegenwärtigen Zustand der Städte hinaus bereits ihre Vernichtung erkannten. Motive wie "Abendlärm der Städte", "Märkte", "Türme", "Mauern", "Tore", "Brücken", "Straßen", "Häuserblock", "Fabriken" sind bei Heym mit Bildern der Destruktion verbunden. Ähnlich kündet Meidner mit seinen zerberstenden Formen, extremen Verzerrungen der Perspektive, Aufhebung alles Geradlinigen, den zerfallenden Häusern und schwankenden Fabrikschornsteinen den ihm unaufhaltsam erscheinenden Zusammenbruch der städtischen Zivilisation der bürgerlichen Gesellschaft an. Darüber hinaus antizipieren sie in ihren Werken mit pathetischer Plastizität die Weltkatastrophe. Meidners Pathos der Sprache korrespondiert mit dem seiner Bilder, wenn er seinen Visionen von apokalyptischen Naturkatastrophen mit üppig aufgetragenen kalten oder düsteren Ölfarben Ausdruck verleiht. Feuersbrünste und Vereisungen, Kometeneinschläge und gewaltige Explosionen, Erdbeben und Menschen verschluckende Erdspaltungen sind seine bevorzugten Themen.

Georg Heym greift die gewaltigen Bilder der biblischen Apokalypsen auf: "Versinkende Städte" (Dämonen der Stadt), "Meer von Feuer" und "Glutqualm" (Gott der Stadt), "sturmzerfetzte Welten", "Pech und Feuer", "ausbrechende Vulkane", "fressende Flammen" (Der Krieg). Besonders in seinem Kriegsgedicht schildert er ein furchterregendes Szenarium, in dem panische Angst zum Ausdruck kommt. Dennoch ist die Darstellung der vernichtenden Katastrophe von Ambivalenz bestimmt: Sie löst einerseits Grauen aus und läßt andererseits eine Berauschung am verdienten Untergang der Welt erkennen, "so daß das Gesamtbild zugleich Schreck- und Wunschbild ist"[331].

Auch Ernst Ludwig Kirchner ist das Großstadt-Erlebnis vor allem der Anlaß zur Darstellung des Zustandes einer morbiden, endzeitlichen Welt. Aber mehr als Meidner oder Heym konzentriert er sich auf die Befindlichkeit des Individuums, das den Bedrohungen eines ihm feindlich gegenüberstehenden Lebensraumes ausgesetzt ist und in der Anonymität und Hektik der modernen Zivilisation untergeht. So sind viele seiner "Kokotten" Vertreterinnen einer materialistischen Weltauffassung, in der nur das Kauf- und Verkaufsprinzip herrscht, und zugleich Botinnen des unausweichlichen Unheils. Kirchners stilistische Mittel entsprechen den inhaltlichen Aussagen seiner Bilder: Die vorherrschenden abgedämpften Grau-, Blau- und Grüntöne seiner begrenzten Farbpalette vermitteln die endzeitliche Atmosphäre düsterer Öde. Die hektische Unruhe der modernen Zivilisation und die Verlorenheit des Menschen in der Massengesellschaft, seine Orientierungslosigkeit und seine bedrohte Identität finden ihre künstlerische Entsprechung: Auffächerung der Flächen, unruhige Pinselführung, zersplissene, schwache Konturen, nervöse Schraffuren, Ver-

---

331 K. Mautz: Mythologie und Gesellschaft im Expressionismus. A. a. O., S. 46.

schiebung der Perspektive, Unverhältnismäßigkeit der Dimensionen, spitze, scharfe Winkel, Stilisierung der Figuren mit maskenhaften Gesichtern, verweisen auf Unsicherheit, Bedrohung, Entindividualisierung und die Zerfallserscheinungen einer untergehenden Gesellschaftsordnung.

Latentes Unheil und unterschwellige Bedrohung kennzeichnen auch die zwielichtige Stimmung in Georg Trakls Gedicht "Unterwegs". Das beunruhigende, ja unheimliche Bild, das hier der Dichter von Wien entwirft, entspricht ganz den Haßgefühlen, die er gegen diese Stadt hegte. Obwohl er sie aber nach eigenen Aussagen zeitlebens geradezu als eine Hölle empfunden hatte, glaubte er dennoch, sich ihr als Künstler nicht entziehen zu dürfen.

Wie in anderen Gedichten auch, schildert er sie hier als ein verwirrendes Chaos zahlloser Einzelimpressionen und Bewegungsabläufe, die in ihrer Divergenz und Ziellosigkeit eine Gesamtschau des Geschehens nicht mehr erlauben: Die Wirklichkeit der Stadt zerfällt in ihre Bestandteile und ist in ihrer Vieldeutigkeit nicht mehr als ganze erfaßbar. Alles scheint hier in Auflösung begriffen, jede Möglichkeit der Orientierung zunichte gemacht, und der einzelne Mensch verliert sich in der Wirrnis nicht mehr durchschaubarer, befremdlicher "Nebelrealitäten". Auch für Trakl ist die Großstadt mehr als nur ein geographisch begrenzter Raum. In seinem Gedicht "Unterwegs" wird sie zum Sinnbild der modernen Realität, die sich dem Einzelnen mehr und mehr entzieht, und Gefühle der Fremdheit der Welt und sich selbst gegenüber auslöst.

Aber nicht nur der wachsende Ansturm immer neuer, nicht mehr integrierbarer "Realitäten" und Eindrücke des modernen Lebens verursacht diesen Zustand zunehmender Orientierungslosigkeit, der den Menschen verunsichert und ins Wanken geraten läßt; sondern vielmehr ist es das Gefühl geistiger, seelischer und metaphysischer Bezugslosigkeit, das ihm zunehmend den Boden unter den Füßen entzieht. Eine der beeindruckendsten Darstellungen dieser modernen Problematik, die in der Zeit des Expressionismus eine brisante Zuspitzung erfährt, ist Gottfried Benn in seiner frühen Novelle "Gehirne" gelungen. Exemplarisch führt er hier an der Gestalt des jungen Arztes Werff Rönne die Entwicklung einer fortschreitenden Selbst- und Wirklichkeitsentfremdung vor, die mit dem Zustand einer merkwürdigen Erschöpfung beginnt und mit dem totalen physischen und psychischen Zusammenbruch endet. Zwar ist Rönne zunächst verzweifelt bemüht, sich selbst und die Realität wieder "in den Griff" zu bekommen, aber der allmähliche Zerfall seiner Ich-Kontinuität macht ihn immer handlungsunfähiger. Aus dem Gefühl heraus, einer ihm unerträglichen Wirklichkeit ohnmächtig ausgeliefert zu sein, sieht er als den einzigen ihm noch verbleibenden Ausweg das "Hinüberschwingen" in eine imaginierte Traumwelt jenseits der Realität, allerdings um den Preis seines unvermeidlichen Persönlichkeitsverfalls.

Während Benn in seiner Novelle den Auflösungsprozeß der Beziehung von Mensch und Wirklichkeit thematisiert und ihn mit sprachkünstlerischen Mitteln ästhetisch nachzuvollziehen versucht, betont der Wiener Maler Egon Schiele einen anderen Aspekt der Zerfallsproblematik. Es ist die bohrende Frage nach der eigenen Identität: Wer bin ich wirklich? Wie besessen ist Schiele dieser Frage nachgegangen und hat in einer schier unglaublichen Anzahl von Selbstbildnissen und Selbstakten rastlos nach einer Antwort gesucht, indem er immer wieder fast selbstquälerisch sein Innerstes nach Außen kehrte, um am Ende feststellen zu müssen, daß er sein wirkliches Ich nicht zu identifizieren vermochte. In allen seinen Selbstdarstellungen blieb er sich stets ein Fremder, der bereits gezeichnet war vom Tod.

Als einer der wohl beklemmendsten und zugleich ausdrucksstärksten Darstellungen existentieller Bedrohungs- und Ohnmachtsgefühle gegenüber einer alles verschlingenden Welt wurde Edvard Munchs berühmtes Bild "Der Schrei" vorgestellt, ist es doch zugleich auch ein erschütterndes Zeugnis expressionistischer Daseinserfahrung überhaupt: der Erfahrung der Wirklichkeit als Zwang und Bedrohung.

Aus vielen Kunstwerken der Expressionisten spricht daher eine tiefgreifende existentielle Angst, zugleich aber auch das dringende Verlangen, sie durch schöpferische Gestaltung zu bewältigen. Als Beispiele für den Versuch der Selbstbefreiung durch Kunst wurden Gedichte von Jakob van Hoddis, Georg Trakl und August Stramm und Bildwerke von Malern der "Brücke"-Gemeinschaft und Wassily Kandinsky vorgestellt.

Während van Hoddis zum stilistischen Mittel der grotesken Verzerrung greift und das drohende Weltende lustvoll-ironisch ins Banale und Lächerliche zieht, wählt Trakl die lyrische Form der Ode, um mit der feierlichen Anrufung des untergehenden Abendlandes seine Endzeit-Angst zu kompensieren ("Ihr sterbenden Völker"). Dabei läßt er die poetische Sprache des Johannes von Patmos anklingen: "Gewaltig ängstet/Schaurige Abendröte/Im Sturmgewölk./Ihr sterbenden Völker: (...) Zerschellend am Strande der Nacht/Fallende Sterne." Zum Vergleich seien hier einige Sätze aus der Johannes-Apokalypse zitiert: "Und ich sah: (...) da ward ein großes Erdbeben, und die Sonne ward finster wie ein Sack, und der Mond ward rot wie Blut, und die Sterne des Himmels fielen auf die Erde, (...) und alle Berge und Inseln wurden bewegt von ihrer Stätte." (Off. 6, 12 - 14)

August Stramm suchte seinen Weg aus der Angst durch Zerstörung sämtlicher Konventionen der Sprache und aller bekannten lyrischen Formen. Seine Texte spiegeln im ästhetischen Bereich apokalyptisches Denken wider: Nur die vollständige Destruktion der tradierten Stilmittel kann seiner Meinung nach die Voraussetzung für eine neue "Wortkunst" schaffen. Die extreme Verkürzung der Sprache und die ausschließliche Konzentration auf Klang und Rhythmus waren in der Tat ein totaler Bruch mit den ästhetischen Normen und den herkömmlichen Gesetzen der Syntax. In seinem Gedicht "Urtod" sollte mit der Reduktion der Satzstruktur auf ein einziges Wort die Ausdruckskraft bei der Darstellung der apokalyptischen Auflösung von Raum und Zeit aufs Äußerste gesteigert werden. Es war seine Absicht, mit einer radikalen "Reinigung der Sprache" durch Vernichtung ihrer "alten" Strukturen der Dichtkunst einen neuen Weg zu weisen. Damit entsprach Stramms Intention den ambivalenten Aufbruchshoffnungen der Expressionisten.

In der bildenden Kunst waren es zunächst die jungen Mitglieder der "Brücke"-Gemeinschaft, die den tradierten Gesetzen der herkömmlichen Malerei entschieden den Kampf ansagten und versuchten, sich von ihnen zu befreien. Ihre Emanzipationstendenzen beschränkten sich jedoch nicht nur auf den ästhetischen Bereich, sondern richteten sich vor allem auch gegen die Normen der wilhelminischen Gesellschaft. Um ihrem Protest gegen die konservative, bürgerliche Überheblichkeit und Doppelmoral einerseits und den Auswüchsen materialistischen Fortschrittsdenkens andererseits adäquat Ausdruck verleihen zu können, entwickelten sie nach kurzer Zeit einen neuen, unverkennbaren Stil, der gemeinhin als "Brücke"-Expressionismus bezeichnet wird. Ihr erklärtes Ziel war es, den Menschen von allen Zwängen und Nöten durch Kunst zu befreien und dem Dasein seine unverfälschte Natürlichkeit zurückzugeben. Ob Heckel oder Pechstein mit breitflächigem, spontanen Farbauftrag das ungebundene Leben in paradiesischer Landschaft im Bild festhalten, ob Emil Nolde in flammenden Farben und dramatischer Pinselschrift kultische Tanzriten beschwört oder andere die Idylle malerischer Fischerdörfer als Sujet bevorzugen - fast alle "Brücke"-Werke zeugen von dem Versuch, mit den Mitteln expressionistischer Malerei Daseinsängste zu bewältigen und den Zwängen der Realität zu entrinnen.

Für Wassily Kandinsky wurde die Überwindung der herkömmlichen Gegenstandsmalerei und die Hinwendung zur "reinen" Form und zum Spirituellen in der Kunst zum entscheidenden Akt der Befreiung von Weltangst. Als Begründer der abstrakten Malerei und einer metaphysischen Farben- und Klangtheorie hat er nicht nur den Mitgliedern des "Blauen Reiter" Impulse gegeben, sondern der bildenden Kunst insgesamt neue Perspektiven eröffnet.

Jedoch - was im ästhetischen Bereich tatsächlich dem Neuen zum Durchbruch verhelfen kann, hat im politisch-gesellschaftlichen oft ernüchternde Konsequenzen: Die Zerstörung alter Ordnungen hinterläßt meistens eine erschreckende Anzahl von Toten.

Als Franz Marc sein Bild "Die Wölfe" malte, Georg Heym sein Gedicht "Der Krieg" schrieb, Ernst Stadler von einem "Aufbruch" in "Blut und Schlacht" schwärmte und von "Siegesmärschen" träumte, hatte sich der Himmel über Europa bereits verdunkelt. Die hoffnungsvolle Erwartung, ein großer Krieg werde - einer apokalyptischen Katastrophe gleich - einen radikalen Strukturwandel der Weltordnung und der menschlichen Existenz herbeiführen, steigerte die Kampfbereitschaft einer ganzen Generation. Arnolt Bronnen erinnert sich in seiner Autobiographie: "Ich aber spürte in meinem Herzen, daß der Krieg kommen mußte. Er mußte kommen, weil ich ihn wollte. Er mußte kommen, weil ich keinen Ausweg sah. Ich fühlte dies (...) so deutlich wie ich es heute noch fühle, - und als Schuld fühle: Nie ist ein Krieg so herbeigesehnt worden, von unzähligen jungen Menschen, von Bürgers-Söhnen, die sich verwirrt hatten in dieser Welt. Sie alle wollten, was auch ich wollte: ein Ende. Ein Ende dieser Zeit. (...) Eine Lebensform hatte sich aufgebraucht."[332]

Diese Stimmungslage der jungen Intellektuellen und Künstler, ihr tiefes Unbehagen und das Gefühl der Ausweglosigkeit mag die Erklärung für die allgemeine Begeisterung sein, mit der der Ausbruch des

---

332 A. Bronnen gibt zu Protokoll. Beiträge zur Geschichte des modernen Schriftstellers. Hamburg 1954, S. 34.

Krieges begrüßt wurde. Viele Expressionisten glaubten, endlich sei das apokalyptische Ereignis eingetroffen und die Stunde des "großen Mittags"[333] gekommen. In ihrem Enthusiasmus ließen sie sich vom vielbeschworenen "Geist von 1914" und der massiven Kriegspropaganda beeinflussen und mitreißen. Ihr abgrundtiefer Haß gegen jede Art von Autorität und Disziplinierung wurde verdrängt von ihrem unbezwingbaren Tatendurst und dem rauschhaften Erlebnis des gemeinschaftlichen Aufbruchs der Jugend: Der Krieg sollte die alte Welt stürzen und den Aufbau einer neuen ermöglichen. Die Realität der Schützengräben bewirkte freilich eine rasche Ernüchterung, und die anfängliche Euphorie schlug ins Gegenteil um. Unter dem Eindruck der Verheerung und des Massensterbens erkannten die meisten Expressionisten die Sinnlosigkeit des Gemetzels und äußerten ihren Abscheu gegen den Krieg mit der gleichen Vehemenz, mit der sie ihn vorher herbeigesehnt hatten. Viele überlebten ihn nicht. Andere, desillusioniert und erschüttert, zogen sich aus der Öffentlichkeit zurück. Die frühe Phase des Expressionismus war beendet.

Nach Kriegsende gewannen neue Namen an Bedeutung, und die expressionistische Bewegung schlug eine Richtung ein, die politisch bestimmt war. Diese Gruppe, zwar angewidert von den Mächten der Gewalt, forschte jedoch gar nicht oder nicht gründlich genug nach den Ursachen für die Leichenfelder von Verdun, sondern bekannte sich - getragen von hochfliegenden Idealen und charismatischem Sendungsbewußtsein - zu einem "Sozialismus des Herzens" und der allumfassenden Verbrüderung. Beeindruckt von der russischen Revolution verkündeten engagierte expressionistische Dichter und Dramatiker wie Ludwig Rubiner, Johannes R. Becher und Ernst Toller in ihren Werken einen reinen Kommunismus der Gesinnung, der vor allem auf der Umkehr und der Wandlung des Menschen zum Guten hin beruhen sollte. Sie glaubten fest, daß man der bürgerlich-kapitalistischen Realpolitik mit ihrer militanten Gewalt nur mit der Überzeugungskraft von Geist, Seele und Gemüt entgegenzutreten brauche, um eine radikale Veränderung der sozialpolitischen Verhältnisse herbeizuführen. Alle Künstler und Intellektuellen waren daher aufgerufen, die Massen aus ihrer Stagnation wachzurütteln, sie aus ihrer Unwissenheit zu befreien und sie auf das sozialistische "Paradies" vorzubereiten.

---

333 F. Nietzsche: Also sprach Zarathustra. Ein Buch für alle und keinen. In: Werke in 6 Bänden. Bd. III. München-Wien 1980, S. 428.

Einer der glühendsten Verfechter dieses engagierten Expressionismus war der junge Dramatiker Ernst Toller. Von traumatischen Kriegserlebnissen bis ins Mark getroffen, schrieb er 1917/18 sein erstes Bühnenstück "Die Wandlung", in dem er "in strahlenden Visionen" die Wiedergeburt einer geläuterten und zum Guten bekehrten Menschheit sieht, die eingeht in die "Kathedrale" des wahren Sozialismus in ein "heiliges Reich" des ewigen Friedens und der Freiheit, das allein beherrscht wird von Geist und Menschenliebe. Mit erregtem Pathos ruft er die "Brüder" auf, sich durch eine große Revolution selbst zu erlösen, mahnt sie aber zum Verzicht auf alle Gewaltaktionen auf ihrem Weg aus "Schutt und Asche" in eine neue, herrliche Welt.

Die geistig-religiöse Verklärung des Sozialismus als eine chiliastische Heilslehre und der schwärmerische Enthusiasmus ihrer Verkündigung sind kennzeichnend für den sogenannten messianischen Expressionismus überhaupt, der nicht nur von Dichtern und Künstlern getragen wurde, sondern auch von Intellektuellen wie etwa Gustav Landauer und Kurt Hiller, um nur die wichtigsten Namen zu nennen. Und nicht zuletzt war es der junge Philosoph Ernst Bloch, der in seinem ersten großen Werk emphatisch den "Geist der Utopie" als die einzig treibende Kraft der Weltgeschichte beschwor und eine "metaphysische Durchdenkung"[334] der marxistischen Lehre anstrebte. Er wurde zu einem der geistreichsten und hellsichtigsten Hoffnungsträger jener schweren Jahre.

Wie qualitativ unterschiedlich die expressionistischen "Dichter und Denker" der unmittelbaren Nachkriegszeit ihre sozialutopischen Ideen auch präsentiert haben mögen, sie alle träumten von der endgültigen Lösung aller Menschheitsprobleme in einer vollkommenen Welt. Dabei übersahen sie jedoch die Realität der tatsächlichen politischen Verhältnisse. Ihr Traum war daher kurz.

Während sie noch in leuchtenden Farben die Bilder der neuen Welt entwarfen, sammelten sich bereits die reaktionären Kräfte der alten. Als sich in den Zwanziger Jahren herausstellte, daß die Repräsentanten des Nationalismus erneut den Ton angaben, darüber hinaus sich die ungelösten sozialen Probleme in den Industrie-Metropolen deutlich verschärften und die Gesellschaft immer mehr dem Faschismus zutrieb, suchten sich die Künstler und Dichter neue Inhalte und For-

---

334 E. Bloch: Geist der Utopie. A. a. O., S. 301.

men, um ihrer Angst vor einer neuen Katastrophe Ausdruck zu geben. Wiederum setzte Endzeitstimmung ein.

"Der Untergang hat Entwicklung."[335]

Trotz ihres ideologischen Scheiterns ist der expressionistischen Bewegung vom künstlerischen, ästhetischen und stilistischen Standpunkt aus ein wesentlicher Anteil am Durchbruch zur Moderne nicht abzusprechen.

Vor allem in seiner frühen Phase hat der Expressionismus eine Anzahl bedeutender Werke hervorgebracht, die nicht nur die kurze Zeit seines Bestehens überdauerten, sondern trotz mancher Verunglimpfung unterschiedlicher Provenienz inzwischen einen festen Stellenwert in der Kunst- und Literaturgeschichte haben.

Mit ihrem Ringen um den "letzten erfühlbaren Ausdruck" bei der Darstellung einer existentiellen Befindlichkeit, die zugleich von apokalyptischen Endzeitvorstellungen und drängendem Aufbruchswillen beherrscht war, hat diese Avantgarde Kunst und Literatur um neue Ausdrucksmöglichkeiten bereichert.

Zu manchem freilich, was in jenen zwei expressionistischen Jahrzehnten mit oft immensem seelischen Kraftaufwand aus einer epochalen Umbruchsituation heraus geschaffen wurde, ist in heutiger Zeit ein unmittelbarer Zugang nur noch schwer zu finden. Die bis zum äußersten gesteigerte gestalterische Intensität der Expressionisten war schon wenige Jahre später Geschichte geworden und selbst denjenigen rätselhaft, die sie gestaltet hatten. So schreibt einer von ihnen bei der Durchsicht seiner früheren Gedichte im Jahre 1936:

"... finde zu so vielem keinen Weg mehr. Stehe vor Rätseln? Das war in mir? Mußte raus, Wort werden, galt als Schöpfung. Was für ein Inferno! Das ist immer wieder mein Hauptempfinden dabei. Was für ein Gemisch von Heidentum, christlicher Innerlichkeit, Glauben u. Haß, Zersprengungen u. Sammeln, eben: Inferno."[336]

---

335 K. Kraus: Die Fackel, Heft 811, 1929, S. 36.

336 G. Benn: Briefe an Elinor Büller 1930-1937. Hrsg. v. Marguerite Valerie Schlüter. Stuttgart 1992, S. 45. Der Brief ist datiert 22. Februar 1936. Ihm ist auch die Wendung "bis zum letzten erfühlbaren Ausdruck" entnommen.

Kurzbiographien

Johannes Robert Becher (1891 - 1958)

Johannes R. Becher wird in München als Sohn eines Oberlandesgerichtspräsidenten geboren. Er studiert Philosophie und Medizin in Berlin, München und Jena, gibt aber das Studium auf, um als freier Schriftsteller zu leben. 1913 ist er bereits Mitherausgeber der Zeitschriften "Revolution" und "Die Neue Kunst". Die revolutionären Veränderungen in Russland beeinflussen ihn stark. Er wird Mitglied der USPD und später der KPD, die ihn in den Reichstag delegiert. 1933 entkommt er der geplanten Verhaftung und emigriert erst nach Prag, dann nach Wien und Frankreich. Die Aberkennung der deutschen Staatsbürgerschaft durch die Nationalsozialisten trifft ihn tief; 1935 geht er in die Sowjetunion, wo er bis 1945 lebt. Nach Kriegsende kehrt er nach Berlin zurück und beeinflußt nachhaltig das kulturpolitische Leben in der sowjetischen Besatzungszone und späteren DDR. Er schreibt die Nationalhymne des neuen Staates und arbeitet von 1954 bis zu seinem Tod als dessen Minister für Kultur.

Max Beckmann (1884 - 1950)

Max Beckmann studiert nach dem Abitur an der Kunstschule in Weimar. Von 1907-1913 ist er Mitglied der Berliner "Secession". 1914 meldet er sich freiwillig als Sanitätssoldat. 1915 hat er einen Nervenzusammenbruch und braucht Jahre, um die Kriegserlebnisse menschlich und künstlerisch zu verarbeiten. Seine zeitkritischen Bilder schaffen eine eigene Symbolwelt, die die Basis seiner Malerei bildet. Er zieht nach Frankfurt, erhält 1925 einen Lehrauftrag und 1929 eine Professur für freie Malerei an der dortigen Städelschule. 1933 wird er aus dem Lehramt entlassen, 1937 werden im Zuge der Aktion "Entartete Kunst" 590 seiner Werke in deutschen Museen beschlagnahmt. Er emigriert nach Amsterdam und übersiedelt 1947 in die USA. Beckmann erhält dort einen Lehrauftrag an der Washington University Art School in St. Louis und 1949 eine Professur an der Art School des Brooklyn Museums in New York.

Gottfried Benn (1882-1956)

Gottfried Benn, in Mansfeldt/Priegnitz geboren, gibt das von seinem Vater erwünschte Studium der Theologie und Philosophie bald auf und wird Arzt. Nach dem Medizinstudium in Berlin besucht er die Akademie für Militärärzte und wird nach kurzem Heeresdienst Schiffsarzt. Trotz seines literarischen Engagements widmet er sich ein Leben lang der Medizin. Seine starke Bindung an Nietzsches Philosophie und der Einfluß einer Gruppe expressionistischer Autoren, die er während seines Medizinstudiums kennenlernte, bestimmen seine literarischen Arbeiten. 1912 erscheint sein erster Gedichtband "Morgue", 1917 ein weiterer und später die Rönne-Novellen und Essays. Zusammen mit Hindemith verfaßt er 1931 das Oratorium "Das Unaufhörliche". Er wird Mitglied der Preußischen Akademie der Künste. Nach Hitlers Machtergreifung steht er dem Nationalsozialismus zunächst durchaus positiv gegenüber, erkennt dann seinen großen Irrtum sehr bald und wird nun von den Nazis heftig bekämpft und angegriffen (Schreibverbot, Ausschluß aus der Akademie der Künste und der Reichsschrifttumskammer). Späten Ruhm und Ehrungen (Büchner-Preis 1951, Verdienstkreuz der Bundesrepublik 1953) erlangt Benn mit seinen Alterswerken. Er stirbt 1956 in Berlin.

Ernst Bloch (1885-1977)

Ernst Bloch wird am 8. Juli 1885 in Ludwigshafen geboren. Er studiert bei Theodor Lipps und Max Scheler in München und schreibt später bei Külpe in Würzburg seine Doktorarbeit über Rickert. Seinen Durchbruch erlebt Bloch 1907 mit dem Manuskript "Über die Kategorie des Noch-Nicht". Damit ist der Kerngedanke seiner Philosophie geboren, der in seinem ersten größeren Buch "Geist der Utopie" weiter Gestalt annimmt und später dann in seinem dreibändigen Werk "Das Prinzip Hoffnung" seine endgültige Ausformung findet. Bloch ist politisch stark engagiert. Als linker Intellektueller, Marxist und Jude ist er im Nationalsozialismus stark gefährdet und emigriert daher zunächst nach Zürich und später über Prag in die USA. Im Jahre 1949 folgt er einem Ruf an die Universität Leipzig und erhält 1955 den Nationalpreis der DDR. Bloch gerät jedoch mehr und mehr in Widerspruch zu Partei und Regime und erhält Publikations- und Redeverbot. Er verläßt die DDR und geht 1961 nach Tübingen. Dort stirbt er im Jahre 1977.

Umberto Boccioni (1882-1916)

Umberto Boccioni, in Reggio Calabria geboren, möchte zwar freier Schriftsteller werden, arbeitet aber zunächst als Journalist. Um die Jahrhundertwende schreibt er sich in Venedig an der Akademie der Schönen Künste ein. In Mailand wird er Mitglied der Künstlervereinigung Famiglia Artistica und unterzeichnet mit anderen Künstlern im Jahre 1910 das "Manifest der futuristischen Maler". Im Herbst 1911 besucht Boccioni in Paris Apollinaire und einige Maler der französischen Avantgarde. Seine Bilder und Skulpturen dieser Zeit werden auf allen Ausstellungen gezeigt. Bei Eintritt Italiens in den Krieg meldet er sich mit anderen Futuristen freiwillig an die Front. Sein Bataillon wird aufgelöst, und er bekommt - als Gast im Hause des Musikers Busoni - noch einmal Gelegenheit zu künsterischer Arbeit. Dann erfolgt eine erneute Einberufung. Nach einem Sturz vom Pferde stirbt Boccioni am 17. August 1916 im Militärlazarett in Verona.

Georges Braque (1882-1963)

Georges Braque wird in Argenteuil-s. S. geboren. Während seiner Oberschulzeit in Le Havre nimmt er an Abendkursen der Kunstakademie teil. Ab 1899 macht er eine Lehre als Dekorationsmaler, siedelt dann nach Paris über und arbeitet im Atelier von Bonnat an der Ecole des Beaux-Arts und anschließend an der Akademie Humbert. Beeindruckt von Cézanne, malt er 1908 seine ersten 'kubistischen' Bilder, die bei Kahnweiler ausgestellt werden. Gemeinsam mit Picasso entwickelt er einen Stil, der die herkömmlichen Gesetze der Ästhetik sprengt: den Kubismus. Bei Kriegsausbruch wird er Soldat und 1915 schwer verwundet. Braques Werke werden 1919 in der Galerie Rosenberg ausgestellt. Er erhält 1937 den Carnegiepreis und 1948 den Preis der Biennale von Venedig. 1952 erhält er den Auftrag für ein Deckengemälde im Louvre, 1954 für Glasmalereien in der Kirche von Varengeville. Braque stirbt 1963 in Paris.

Otto Dix (1891 - 1969)

Otto Dix macht eine Lehre als Dekorationsmaler, anschließend beginnt er sein Studium an der Kunstgewerbeschule in Dresden, für das er ein Stipendium erhalten hat. 1914 meldet er sich freiwillig zum Kriegsdienst, den er in Frankreich und Rußland an der Front ableistet. Nach Kriegsende studiert er an der Kunstakademie Dresden weiter. Er wird Mitbegründer der "Dresdener Secession-Gruppe 1919" und

beteiligt sich an der "Ersten Internationalen DADA-Messe" in Berlin
1920. Währenddessen setzt er sein Studium an der Kunstakademie
Düsseldorf fort. 1927 erhält er eine Professur an der Kunstakademie
Dresden. 1931 wird Dix Mitglied der Preußischen Akademie der Künste. 1933 bereits erfolgt seine Entlassung aus dem Lehramt, 1937 wird
er als "entartet" verfemt, 260 seiner Werke werden beschlagnahmt.
1939 wird Dix kurzfristig inhaftiert; als 54jähriger wird er noch zum
Landsturm eingezogen. Fünf Jahre nach Kriegsende erhält er Profes-
suren an den Kunstakademien Düsseldorf und Dresden; bis zu seinem Tode 1969 folgen viele Ehrungen und Ausstellungen seiner
Werke.

Carl Einstein (1885-1940)

In Neuwied geboren, verläßt Carl Einstein das Gymnasium ohne Abschluß, bricht auch ein Studium ab und erlangt bereits 1912 mit seinem Experimentalroman "Bebuquin oder die Dilettanten des Wahn-
sinns" internationale Geltung. Seine Vielseitigkeit paßt in keine Scha-
blone. Er ist mit Braque und Kahnweiler befreundet und erfaßt sehr
bald den Kubismus in seiner Bedeutung für die moderne Kunst. Immer seiner Zeit voraus, schreibt er bereits expressionistische und
dadaistische Texte, bevor es diese Kunstrichtungen überhaupt gibt.
Als Jude emigriert er 1933 nach Paris und gerät dort in finanzielle
Not. Sein Leben verläuft niemals "glatt"; in allen Wirrungen weiß er
jedoch: er will die bürgerliche Ästhetik mit ihrer falschen Innerlichkeit
mit allen Mitteln vernichten. Schreiben ist für ihn eine Lebensnot-
wendigkeit. Als er 1940 vor den Deutschen fliehen muß, nimmt er
sich in Südfrankreich das Leben.

Georg Heym (1887 - 1912)

Als Sohn eines Staatsanwalts in Hirschberg/Schlesien geboren, besucht er das Gymnasium in Berlin. Es folgt ein Jurastudium in Würzburg, Berlin und Jena. Gleichzeitig mit seinem Studienabschluß erscheint 1911 sein einziges zu Lebzeiten veröffentlichtes Buch: der Gedichtband "Der ewige Tag". Erst nach seinem Tod (er ertrank
25jährig) wird eine Novellensammlung "Der Dieb" publiziert, die
Heym noch selbst zusammengestellt hatte, ebenso wie der zweite
Gedichtband "Umbra vitae". Erst die Gesamtausgabe der "Dichtungen
und Schriften" nach 1960 läßt sein ganzes Werk sichtbar werden: außer Novellen und einigen Versuchen im Drama enthält es vor allem

Gedichte, weit über sechshundert, die zu mehr als zwei Dritteln in seinen beiden letzten Lebensjahren entstanden.

Erich Heckel (1883-1970)

Erich Heckel, Sohn eines Eisenbahningenieurs, macht seinen Schulabschluß am Realgymnasium in Chemnitz, wo er sich mit Karl Schmidt aus Rottluff befreundet und sich mit ihm einem literarischen Zirkel anschließt. Dostojewski, Strindberg und Ibsen stehen im Mittelpunkt ihrer Interessen. Während seines einjährigen Architekturstudiums lernt Heckel dann an der Technischen Hochschule Ernst Ludwig Kirchner kennen. Mit ihm, Karl Schmidt-Rottluff und Fritz Bleyl gründet er 1905 die "Künstlergemeinschaft Brücke" und übernimmt die Geschäftsführung. Es werden Werke van Goghs, Gauguins und zahlreicher Neoimpressionisten ausgestellt. Für Heckel wird vor allem der Einfluß van Goghs maßgebend. In der "Brücke" spielt Heckel bis zu ihrer Auflösung eine dominierende Rolle. Im Ersten Weltkrieg dient er freiwillig als Sanitäter des Roten Kreuzes. Von der nationalsozialistischen Kunstkammer erhält Heckel 1937 Ausstellungsverbot, seine Arbeiten werden beschlagnahmt oder als "entartet" angeprangert. Von 1949-1955 erhält er einen Lehrstuhl an der Akademie der Bildenden Künste in Karlsruhe. Heckel stirbt 1970 in Radolfzell am Bodensee.

Jakob van Hoddis (1887 - 1942)

Als Hans Davidsohn in Berlin geboren, verbringt Jakob van Hoddis eine glückliche Jugend in Thüringen. Nach seinem Abitur studiert er in München Architektur und arbeitet in Berlin ein halbes Jahr praktisch am Bau. Den Beruf gibt er jedoch wegen seiner "Kleinheit" auf, unter der er zeitlebens leidet. Ab 1907 studiert er Griechisch und Philosophie in Jena und Berlin, gründet 1909 mit Kurt Hiller, Ernst Blass u. a. den "Neuen Club", aus dem sich das "Neopathetische Kabarett" entwickelt. Dort trugen junge Schriftsteller ihre Werke vor, unter anderem auch Georg Heym, dessen früher Tod ihn sehr erschüttert. Ab 1912 macht sich eine latente Schizophrenie bei ihm bemerkbar. 1913/14 tritt er jedoch wieder mit neuen Dichtungen bei Autorenabenden auf, wird aber schließlich nach Ausbruch der Krankheit ab 1915 in verschiedenen Heilanstalten untergebracht. Ab 1933 in einer Anstalt in Koblenz interniert, wird er von dort 1942 verschleppt und, man weiß nicht wo, von den Nationalsozialisten "vernichtet".

Wassily Kandinsky (1866 - 1944)

Kandinsky absolviert ein Jurastudium in Moskau und wird Dozent an der Moskauer Universität. 1896 übersiedelt er nach München und studiert an der Privatschule von Azbè Malerei, ab 1900 dann an der Münchner Kunstakademie. Er wird Mitbegründer der Künstlergruppe "Phalanx". 1903-1908 reist er mit Gebriele Münter nach Italien, Holland, Frankreich, Schweiz, Tunesien und Rußland. Im Jahre 1911 gründet er in München den "Blauen Reiter", muß jedoch 1914 bei Ausbruch des Krieges nach Rußland zurückkehren und erhält 1918 eine Professur für Malerei in Moskau. 1922 verläßt er Rußland wieder und wird bis 1933 Lehrer am Bauhaus in Weimar und Dessau. 1924 ist er Mitbegründer der Gruppe "Die Blauen Vier" (Feininger, Klee, Jawlensky). 1933, nach Schließung des Bauhauses, emigriert Kandinsky nach Paris und lebt dort bis zu seinem Tode im Dezember 1944.

Ernst Ludwig Kirchner (1880 - 1938)

Ernst Ludwig Kirchner absolviert ein Architekturstudium in Dresden, studiert dann an der Kunstschule von Debschitz und Obrist in München, anschließend setzt er sein Architekturstudium in Dresden fort und macht seinen Abschluß mit Diplom. 1905 gründet er zusammen mit Bleyl, Heckel und Schmidt-Rottluff die Künstlergruppe "Brücke"; er ist der Verfasser des Programms der Gruppe. Ab 1910 wird er außerdem Mitglied der "Neuen Secession". 1911 übersiedelt Kirchner nach Berlin, gründet mit Pechstein das MUIM-Institut (Moderner Unterricht in Malerei). 1914 meldet er sich freiwillig zum Kriegsdienst, wird jedoch 1915 aus gesundheitlichen Gründen aus dem Militärdienst entlassen. Sanatoriumsaufenthalte in Königstein, bei Davos und Kreuzlingen folgen. 1923 zieht er nach Wildboden bei Davos. Große Ausstellungen seiner Werke sind in Basel 1925 sowie 1933 in Bern zu sehen. 1937 wird Kirchner in Deutschland als "entartet" verfemt und 639 seiner Werke in öffentlichen Sammlungen werden beschlagnahmt. Die Entwicklung in Deutschland nimmt dem gesundheitlich Angegriffenen vollends den Lebensmut; er begeht 1938 Selbstmord.

Wilhelm Klemm (1881 - 1968)

Klemm studiert Medizin, arbeitet nach dem Staatsexamen vier Jahre als Assistenzarzt und ist anschließend während des ganzen Krieges

Feldarzt an der Westfront. Danach übernimmt er die Buchhandlung seines Vaters und später, nach dem Tode seines Schwiegervaters Alfred Kröner auch dessen Verlag. Ein erster Band Gedichte wird 1915 sehr gut aufgenommen. Das veranlaßt ihn, bis 1922 weitere Gedichtbände herauszugeben, obwohl er eine starke Scheu gegenüber der Veröffentlichung seiner eigenen Werke hat. Ab 1937 wird Klemm politisch verfolgt, 1943 sind alle seine Betriebe zerstört. Nach 1945 lebt er bis zu seinem Tode in Wiesbaden.

Franz Marc (1880 - 1916)

Franz Marc absolviert ein Philosophiestudium an der Münchner Universität und studiert dann an der Akademie der Bildenden Künste in München. Reisen nach Paris und Italien folgen. 1911 wird er Mitglied in der "Neuen Künstlervereinigung München", gründet mit Kandinsky die Redaktionsgemeinschaft "Der Blaue Reiter" und ist Mitherausgeber des Almanachs "Der Blaue Reiter". Er wird auch Mitglied der "Neuen Secession" in Berlin. Mit Macke reist Marc nach Paris, dort besuchen sie u. a. Delaunay. Marc untermauert seine Malerei mit erkenntnistheoretischen Überlegungen. Kurz vor Kriegsbeginn zieht er nach Ried in Oberbayern. 1914 meldet er sich als Freiwilliger zum Kriegsdienst und fällt bereits 1916 vor Verdun. Noch im gleichen Jahr wird eine Gedenkausstellung seiner Werke in der Galerie "Der Sturm" in Berlin organisiert.

Filippo Tomaso Marinetti (1876-1944)

Marinetti wird in Alexandrien (Ägypten) als Sohn italienischer Eltern geboren. Er besucht die Jesuitenschule, macht in Paris sein Abitur, wendet sich nach einem Jurastudium der Literatur zu und wird Redaktionssekretär der Pariser Zeitschriften "La Vogue" und "La Plume". Nachdem einige Bücher und ein Theaterstück aus seiner Feder erschienen sind, unternimmt er Vortragsreisen durch französische und italienische Städte, um die symbolistische Dichtung bekanntzumachen. 1905 gibt er in Mailand die Zeitschrift "Poesia" heraus. Mit einer Gruppe junger Dichter bringt er den "vers libre" in die italienische Lyrik ein. 1909 gründet er den Futurismus, dessen Führer, Theoretiker und Organisator er bis zu seinem Tode bleibt. Seine Manifeste und theoretischen Schriften faßt er in dem Band "Le futurisme" zusammen. Marinetti meldet sich beim Kriegseintritt Italiens freiwillig zu den Waffen. Nach dem Kriege kämpft er Seite an Seite mit Mussolini für den Sieg des Faschismus ("Futurismo e Fascismo"). 1929 wird Marinetti

Mitglied der Akademie Italiens. Er nimmt am Abessinien-Krieg und am Zweiten Weltkrieg teil und stirbt 1944 in Bellagio.

Ludwig Meidner (1884 - 1966)

Meidner macht eine Lehre als Maurer, dann studiert er an der Königlichen Kunstschule in Breslau und zieht anschließend nach Berlin. 1906/07 setzt er sein Studium der Malerei an der Académie Julian und der Académie Cormon in Paris fort. Es entsteht eine Freundschaft mit Modigliani. 1911 wird Meidner Mitarbeiter der Zeitschaft "Die Aktion" und gründet mit Janthur und Steinhardt die Gruppe "Die Pathetiker". Er ist ebenso Mitglied der "Freien Secession" in Berlin. 1916 wird er zum Kriegsdienst einberufen, nach Kriegsende ist er als Mitglied im "Arbeitsrat für Kunst" und in der "Novembergruppe" und als Lehrer an den Studien-Ateliers für Malerei und Plastik in Berlin tätig. Ab 1937 ist er als "entartet" verfemt (84 seiner Werke werden beschlagnahmt), was ihn schließlich 1939 veranlaßt, nach England zu emigrieren. Dort wird er von 1949-41 auf der Isle of Man interniert. Erst 1952 kehrt Meidner nach Deutschland zurück. Er malt nach dem Kriege nicht mehr und stirbt 1966 in Darmstadt.

Edvard Munch (1863-1944)

Munch wird in Loten/Hedmark (Norwegen) geboren. Nach Besuch der Technischen Schule nimmt er an einer Zeichenschule in Oslo seine ersten Malstudien auf. Im Jahre 1882 eröffnet er mit sechs anderen Künstlern im Zentrum der Hauptstadt ein Atelier und kann sich bereits 1883 an einer Gruppenausstellung in Oslo beteiligen. Munch gehört 1884 zu dem Kreis der Osloer "Bohème". Seine erste Einzelausstellung hat er 1889 in Paris. Weitere Ausstellungen folgen in Berlin, Düsseldorf und Köln. Im sogenannten "Ferkel"-Kreis in Berlin begegnet er skandinavischen und deutschen Dichtern und Malern. In Berlin entstehen seine ersten Radierungen, und vor allem sein Hauptwerk "Lebensfries". Im Verlauf seiner zahlreichen Reisen durch Europa arbeitet er u. a. auch an Bühnenbildern und großen Wandgemälden. Mit einem Nervenzusammenbruch kommt er 1908 in eine Kopenhagener Klinik. Umfassende Retrospektiven seiner Werke werden 1927 in Oslo und Berlin gezeigt. Die 1928 begonnene Arbeit für eine Ausmalung des geplanten Osloer Rathauses bricht Munch 1936 ab. In vielen deutschen Museen werden seine Werke 1937 als "entartet" beschlagnahmt. Munch stirbt 1944 in Oslo.

Emil Nolde (1867-1956)

Als Emil Hansen in Nolde/Schleswig-Holstein geboren, übernimmt er 1902 den Namen seines Geburtsortes. Nach einer Lehre als Möbelzeichner und Schnitzer arbeitet er zunächst in verschiedenen Möbelfabriken in München, Karlsruhe, Berlin und später als Lehrer für ornamentales Zeichnen und Modellieren an der Kunstgewerbeschule St. Gallen. Von seinen hier entstandenen Maskenbildern und postkartengroßen Aquarellen werden zwei der Aquarelle in so großer Auflage verkauft, daß es ihm fortan möglich ist, als freier Maler zu arbeiten. Er besucht eine private Malschule sowie die Hölzel-Schule in Dachau und die Académie Julien in Paris, wo er sich mit dem Impressionismus von Cézanne und van Gogh auseinandersetzt. Im Jahre 1907 wird er in Dresden mit Mitgliedern der Berliner Secession bekannt. Da von der Secession seine Werke abgelehnt werden, beteiligt er sich an der zweiten Ausstellung des "Blauen Reiters" und an der Sonderbund-Ausstellung in Köln. Er beschäftigt sich intensiv mit der Kunst der Naturvölker, unternimmt mehrere Studienreisen in ferne Länder. Seine Südseegemälde, die bei Kriegsausbruch verloren gehen, finden sich erst im Jahre 1921 in England wieder. Ab 1926 lebt Nolde bis zu seinem Tod im Jahre 1956 in Seebüll. Seine Bilder werden im Nationalsozialismus als "entartet" abgelehnt und beschlagnahmt, obwohl er sich zunächst von ihm Unterstützung erhofft hatte.

Max Pechstein (1881-1955)

Pechstein macht eine Malerlehre in Zwickau und studiert anschließend an der Kunstgewerbeschule und an der Akademie der Bildenden Künste in Dresden. 1906 wird er Mitglied der "Brücke" und erhält im selben Jahr den Sächsischen Staatspreis. Er tritt nach seiner Übersiedlung nach Berlin zunächst der Secession bei und wird zusammen mit Heckel und Kirchner Mitbegründer der "Neuen Secession". 1911 gründet er mit Kirchner das Institut für "Modernen Unterricht in Malerei (MUIM). Wegen seiner Beteiligung an der Berliner "Secession" im Jahre 1912 scheidet er aus der "Brücke" aus. Vermutlich angeregt durch Gaugin unternimmt er 1914 eine Südseereise. Während seiner Rückfahrt bricht der Krieg aus, an dem er 1915/16 an der Westfront teilnimmt. Nach Kriegsende engagiert er sich vorübergehend für die sozialistische Idee und wird Mitbegründer des "Arbeitsrats für Kunst". Im Jahre 1922 wird er dann Mitglied der Preußischen Akademie der Künste. Zur Zeit des Nationalsozialismus erhält er Mal- und Ausstellungsverbot und wird 1937 als "entartet" verfemt. 326 seiner Werke werden in deutschen Museen beschlagnahmt. 1944 wird seine Berliner Wohnung und mit ihr ein Großteil seiner Werke zerstört. 1945 erhält Pechstein eine Professur an der Hochschule für Bildende Künste in Berlin; er stirbt 1955.

Pablo Ruiz Picasso (1881-1973)

Picassos Vater, ein Maler und Zeichenlehrer in Malaga, erkennt früh die Begabung seines Sohnes; durch entsprechende Förderung kann er bereits im Alter von 16 Jahren seine ersten Bilder in Barcelona ausstellen. In der Zeitschrift "Joventut" erscheinen um 1900 seine ersten Illustrationen. Bei einem Paris-Aufenthalt hat er Gelegenheit, die Werke von van Gogh und Toulouse-Lautrec kennenzulernen und ist begeistert. Nach seiner Rückkehr gründet er in Madrid mit Freunden die Zeitschrift "Arte Joven", kehrt aber bald wieder nach Paris zurück. In der sogenannten "Blauen Periode" malt er Arme, Kranke und Zirkusleute. Seine eigenen Lebensverhältnisse sind zu dieser Zeit recht schwierig. Etwa 1905 beginnt seine sogenannte "Rosa Periode". Er begegnet Apollinaire, Gertrude Stein und Matisse und befreundet sich eng mit George Braque. Mit ihm zusammen entwickelt er den kubistischen Stil; ab 1912 entstehen die ersten Collagen der beiden Maler. 1945 siedelt er nach Vallauris an der Cote d'Azur über; er malt, töpfert, lithographiert und bildhauert. In Paris zeigt er regelmäßig seine neuesten Arbeiten. Als er 1973 in Mougins stirbt, hinterläßt er das unter den Künstlern des 20. Jahrhunderts umfassendste Lebenswerk.

Egon Schiele (1890-1918)

Egon Schiele kommt in der Nähe von Wien zur Welt, er besucht bis 1905 Gymnasien in Krems und Klosterneuburg. In diesem Jahr stirbt sein Vater, und Schiele, der bis dahin bereits eine große Zahl von Gemälden, v. a. Selbstporträts, geschaffen hat, tritt 1906 gegen den Willen seines Vormundes in die Wiener Akademie ein. Sein Stil wird beeinflußt von Gustav Klimt und der Wiener Secession. Nach einigen Ausstellungsbeteiligungen verläßt er die Akademie und gründet mit Freunden die "Neukunstgruppe". Um 1910 findet er dann seinen eigenen Stil. Es entstehen eine große Anzahl Bilder mit expressionistischen Aktdarstellungen, ebenso seine ersten Gedichte. Als Mitglied der Künstlervereinigung "Sema" in München hat er dann die Möglichkeit, seine Bilder in Wien, München und Köln auszustellen. Da seine Arbeiten in Wien als "unsittlich" angesehen werden, erhält er eine kurze Haftstrafe. 1913 tritt Schiele dem "Bund Österreichischer Künstler" bei und arbeitet außerdem für Pfemferts Zeitschrift "Die Aktion". Im Jahre 1915 wird er Soldat in Prag und Wien und erlangt erst zwei Jahre später wieder seine künstlerische Aktivität; er hat große Erfolge bei der Ausstellung der Wiener Secession 1918 sowie mit Ausstellungen in Zürich, Prag und Dresden. Schiele stirbt im Oktober 1918 an der Spanischen Grippe.

Ernst Stadler (1883 - 1914)

Ernst Stadler wird in Colmar als Sohn eines Staatsanwalts geboren. Er besucht das Gymnasium in Straßburg, studiert dort und in München Sprachwissenschaft und promoviert mit einer Parzival-Studie. Bereits 1910 habilitiert er sich und wird Hochschullehrer in Straßburg, Oxford und Brüssel. Eine Berufung nach Toronto 1914 kurz vor Ausbruch des Krieges kann er nicht mehr annehmen; er rückt als Artillerieoffizier ein und wird schon am 30. Oktober 1914 bei Ypern durch eine Granate getötet. Stadler hat sich stets für eine Annäherung zwischen Frankreich und Deutschland eingesetzt; seine völkerverbindende Gesinnung steht dabei im Gegensatz zu seiner expressionistischen Lyrik mit ihren kriegerischen Visionen.

August Stramm (1874 - 1915)

Geboren in Münster, besucht August Stramm das Gymnasium in Aachen und Eupen. Nach seinem Studium wird er auf Wunsch des Vaters trotz inneren Widerstrebens Beamter im Postdienst, zuletzt Postdirektor im Reichspostministerium. Nebenbei studiert er als Gasthörer und promoviert in Halle zum Dr. phil. Stramm gehört zum Freundeskreis von Herwarth Walden und dem "Sturm", der viele seiner Gedichte druckt. Walden ist es auch, der in Berlin den Futurismus propagiert. Nachdem Stramm das von Marinetti selbst vorgetragene "Technische Manifest der Futuristischen Literatur" gehört hat, vernichtet er seine frühere Lyrikproduktion, und es entstehen 1913 alle in den Bänden "Du" und "Tropfblut" abgedruckten Gedichte. Im Gegensatz zum 'technischen' Lebensgefühl der Futuristen behandeln Stramms Gedichte jedoch eher Themen der traditionellen Lyrik. Bei Ausbruch des Krieges wird er als Hauptmann der Reserve eingezogen. Er fällt 1915 bei einem Sturmangriff in Rußland.

Ernst Toller (1893-1939)

In einer Familie deutsch-jüdischer Kaufleute im polnischen Grenzgebiet geboren, litt Ernst Toller stark unter Identitätskonflikten, die er in seiner autobiographischen Erzählung "Eine Jugend in Deutschland" zu bewältigen sucht. Bei Kriegsausbruch studiert er in Grenoble Jura; durch seine freiwillige Meldung zu den Waffen glaubt er, sich in die allgemeine Kriegsbegeisterung integrieren zu können. Seine Erfahrungen in den Schützengräben lassen ihne jedoch schnell zum entschiedenen Pazifisten werden. Er kämpft gegen jeglichen Untertanengeist, verschleierte Gewalt und Massenarmut. Er wird Mitglied der "Gruppe revolutionäre Pacifisten". Als Vorsitzender der bayerischen Arbeiter-, Bauern- und Soldatenräte wird er nach dem Scheitern der Münchner Räterepublik 1919 wie ein Schwerverbrecher gesucht und fünf Jahre lang inhaftiert. Seine Dramen propagieren die gewaltfreie Revolution; es gelingt ihm, Krieg und politische Brutalität auf der Bühne anzuklagen und seine Ideale dialektisch darzustellen. Als die Faschisten in Spanien siegen, nimmt sich Toller 1939 in New York das Leben.

Georg Trakl (1887 - 1914)

Als Sohn eines Eisenhändlers in Salzburg geboren, studiert Georg Trakl Pharmazie, wird Militärapotheker und lernt bei seiner Arbeit im Garnisonshospital Innsbruck seinen großen Förderer Ludwig von Ficker, Herausgeber der Zeitschrift "Der Brenner", kennen. In dieser Zeitschrift werden fortlaufend fast sämtliche Gedichte von ihm veröffentlicht. Entscheidend beeinflußt werden seine literarischen Arbeiten durch die Lektüre von Rimbaud und Hölderlin. Trakl ist ein schwieriger, schwermütiger Charakter, alkohol- und drogenabhängig und ständig wechselnd in seinen Stimmungen. Obwohl schweigsam und in sich verstummt, ist er nicht verschlossen, sondern kann sich, besonders mit Kindern, auf sehr menschliche Art verständigen. Bei Kriegsausbruch muß Trakl mit einer Sanitätskolonne nach Galizien einrücken und 90 Schwerverwundete in einer Scheune betreuen, ohne ihnen nennenswert helfen zu können. Ein erster Selbstmordversuch wird vereitelt, er stirbt jedoch kurz darauf 1914 im Garnissonsspital in Krakau, vermutlich an einer Kokainvergiftung, die er sich beigebracht hat. Ein erster Versuch, Trakls lyrisches Oeuvre vorzustellen, waren 1917 die "Dichtungen". Die Gestalt des Dichters bleibt jedoch verschattet, sein Erleben "geht wie in Spiegelbildern" (Rilke).

Abbildungen

Literaturverzeichnis

Altmeier, Werner: Die bildende Kunst des deutschen Expressionismus im Spiegel der Buch- und Zeitschriftenpublikationen zwischen 1910 und 1925. Zur Debatte ihrer Ziele, Theorien und Utopien. Saarbrücken 1972.

Anders, Günter: Die Antiquiertheit des Menschen. Über die Seele im Zeitalter der zweiten industriellen Revolution. München 1980.

Apollinaire, Guillaume: Les peintres cubistes. Genève 1950.

Apollonia, U. und H. Richter (Hrsg.): Der Futurismus. Manifeste und Dokumente einer künstlerischen Revolution 1909-1918. Köln 1972.

Arnold, Armin: Die Literatur des Expressionismus. Sprachliche und thematische Quellen. Stuttgart u. a. 1966.

Arnold, Matthias: Edvard Munch. Reinbek b. Hamburg 1986.

Bab, Julius : Der deutsche Krieg im Gedicht. Heft I. Berlin 1914.

Bachmann, Michael: Die apokalyptischen Reiter. Dürers Holzschnitt und die Auslegungsgeschichte von Apk. 6, 1-8. In: Zeitschrift für Theologie und Kirche 86, 1 (1989)

Bahr, Hermann: Expressionismus (1906). In: Kulturprofil der Jahrhundertwende. Essays von Hermann Bahr. Wien 1962.

Balthasar, Hans Urs von: Apokalypse der deutschen Seele. Studien zu einer Lehre von letzten Haltungen. 3 Bd. Salzburg u. Leipzig 1937 bis 1939

Baumgarth, Christa: Die Geschichte des Futurismus. Reinbek b. Hamburg 1966.

Becher, Johannes R.: Gesammelte Werke. 18 Bde. Berlin und Weimar 1969ff.

Beckmann, Max: Briefe im Kriege. Gesammelt von M. Tube. München 1984.

Beckmann, Peter: Verlust des Himmels. In: Blick auf Beckmann, Dokumente und Vorträge. Schriften der Max-Beckmann-Gesellschaft II. München 1962.

Benn, Gottfried:
- Doppelleben. Wiesbaden 1950.
- Ausdruckswelt. Wiesbaden 1954.
- Gesammelte Werke in vier Bänden. Hrsg. v. D. Wellershoff. Wiesbaden 1958-1961.
- Essays und Reden. In der Fassung der Erstdrucke hrsg. v. B. Hillebrand. Frankfurt am Main 1989.
- Der Dichter über sein Werk. München 1976.
- Lyrik. Auswahl letzter Hand. Wiesbaden und München 1975.

- Briefe an Elinor Büller 1930-1937. Hrsg. v. Marquerite Valerie Schlüter. Stuttgart 1992.

Benson, Renate: Deutsches expressionistisches Theater. New York, Bern, Frankfurt, Paris 1987.

Best, Otto F. (Hrsg.):
- Expressionismus und Dadaismus. Stuttgart 1974.
- Theorie des Expressionismus. Stuttgart 1976.

Die Bibel oder die ganze Heilige Schrift des Alten und Neuen Testaments. Nach der deutschen Übersetzung Martin Luthers. Württembergische Bibelanstalt Stuttgart 1965.

Bilang, Karla: Die Rezeption ozeanischer und afrikanischer Kunst in der Künstlergemeinschaft "Brücke" und der Exotismus in der bürgerlichen Kunst. In: Bildende Kunst. Berlin 1980, H. 7, S. 6-16.

Bischoff, Ulrich: Edvard Munch. 1863-1944. Köln 1988.

Bloch, Ernst:
- Gesamtausgabe in 16 Bänden und einem Ergänzungsband Frankfurt am Main 1959-197
- Geist der Utopie. Faksimile der Ausgabe von 1918. Bd. 16 der Gesamtausgabe (1971).
- Geist der Utopie. Bearbeitete Neuauflage der zweiten Fassung von 1923. Bd. 3 der Werkausgabe (1964), Frankfurt am Main 1969.
- Das Prinzip Hoffnung. Frankfurt am Main 1967.
- Thomas Münzer als Theologe und Revolutionär. München 1921.

Ernst Bloch zu ehren. Beiträge zu seinem Werk, hrsg. v. Siegfried Unseld. Frankfurt am Main 1965.

Ernst Blochs Wirkung. Ein Arbeitsbuch zum 90. Geburtstag. Frankfurt a. M. 1975.

Verdinglichung und Utopie. Ernst Bloch und Georg Lukacs zum 100. Geburtstag. Hrsg. v. Michael Löwy, Arno Münster u. Nicolas Tertulian. Beiträge des internationalen Colloquiums in Paris. Frankfurt a. M. 1985.

Blumenberg, Hans:
- Die Legitimation der Neuzeit. Frankfurt a.M. 1966.
- Säkularisierung und Selbstbehauptung. Frankfurt a. M. 1974.

Boccioni und Mailand. Ausstellungskatalog. Kunstmuseum Hannover. Hannover 1983.

Böckmann, Paul: Gottfried Benn und die Sprache des Expressionismus. In: H. Steffen (Hrsg.): Der deutsche Expressionismus. Formen und Gestalten. Göttingen 1965.

Bode, Dietrich (Hrsg.): Gedichte des Expressionismus. Stuttgart 1967

Braque, Georges: Vom Geheimnis in der Kunst. Gesammelte Schriften 1917-1957. Zürich 1958.

Bredow, Wilfried v. u. Hans-Friedrich Foltin: Zwiespältige Zufluchten. Zur Renaissance des Heimatgefühls. Berlin, Bonn 1981.

Bredow, Wilfried v. u. Thomas Noetzel: Lehren des Abgrunds. Politische Theorie für das 19. Jahrhundert. Münster 1991.

Breuer, Gerda u. Ines Wagemann: Ludwig Meidner. Zeichner, Maler, Literat. 1884-1966. 2 Bde. Darmstadt u. Stuttgart 1991.

Brieger, Ludwig: Ludwig Meidner. Junge Kunst, Bd. IV. Leipzig 1919.

Brinkmann, Richard:
- 'Abstrakte' Lyrik im Expressionismus und die Möglichkeit symbolischer Aussage. In: H. Steffen (Hrsg.): Der deutsche Expressionismus. Formen und Gestalten. Göttingen 1965, S. 88-114.
- Zur Wortkunst des Sturm-Kreises. Anmerkungen über die Möglichkeiten und Grenzen abstrakter Dichtung. In: Unterscheidung und Bewahrung. Festschrift für H. Kunisch. 1961.
- Expressionismus. Internationale Forschung zu einem internationalen Phänomen. Stuttgart 1980.

Bronnen, Arnolt: Arnolt Bronnen gibt zu Protokoll. Beiträge zur Geschichte des modernen Schriftstellers. Hamburg 1954.

Buchheim, Lothar-Günther: Die Künstlergemeinschaft Brücke. Feldafing 1956.

Bütow, H. G.: Philosophie und Gesellschaft im Denken Ernst Blochs. Berlin 1963.

Buddeberg, Elsa: Gottfried Benn. Stuttgart 1961.

Bultmann, Rudolf: Das Urchristentum im Rahmen der antiken Religionen. Hrsg. v. E. Grassi. Reinbek b. Hamburg 1966.

Calvesi, Maurizio:
- Le due avanguardie. Milano 1966.
- Der Futurismus. Kunst und Leben. Köln 1987.

Carmignac, J.: Description du phénomène de l'Apocalypthique dans l'Ancien Testament. In: Hellholm, D. (Hrsg.): Apocalypticism in the Mediterranean World and the Near East. Uppsala 1979, Tübingen 1983.

Carrieri, Raffaele: Il Futurismo. Milano 1961.

Chiellino, Carmina: Die Futurismusdebatte. Frankfurt/M. 1978.

Cohen, Daniel: Weltuntergang? Eine Analyse der Möglichkeiten (How the World will End). Aus dem Amerikanischen v. Helga Weisbrodt). Bergisch Gladbach 1974.

Cohn, Norman:
- Das Ringen um das tausendjährige Reich. Bern 1961.
- Das neue irdische Paradies. Revolutionärer Millenarismus und mystischer Anarchismus im mittelalterlichen Europa. Reinbek b. Hamburg 1988.

Crespelle, Jean Paul: Fauves und Expressionisten. München 1963.

Daix, Pierre: Le cubisme de Picasso. Neufchâtel 1979.

Damman, Günter; Schneider, Karl Ludwig; Schöberl, Joachim: Georg Heyms Gedicht "Der Krieg". Handschriften und Dokumente. Untersuchungen zur Entstehungsgeschichte und zur Rezeption. Heidelberg 1978.

Delumeau, Jean: Angst im Abendland. Die Geschichte kollektiver Ängste im Europa des 14. bis 18. Jahrhunderts. 2 Bde. Reinbek b. Hamburg 1985.

Demetz, Peter: Worte in Freiheit. Der italienische Futurismus und die deutsche Avantgarde (1912-1934). München 1990.

Ditfurth, Hoimar v. (Hrsg.): Aspekte der Angst (Starnberger Gespräche 1964). München 1981.

Dix. Ausstellungskatalog Galerie Stuttgart. Stuttgart 1991.

Döblin, Alfred: Schriften zur Politik und Gesellschaft. Olten 1972.

Drews, Jörg: Expressionismus in der Philosophie. In: Ernst Blochs Wirkung. Ein Arbeitsbuch zum 90. Geburtstag. Frankfurt am Main 1975.

Dube, Wolf-Dieter: Der Expressionismus in Wort und Bild. Stuttgart 1983.

Ebele, Mathias: Der Weltkrieg und die Künstler der Weimarer Republik. Stuttgart, Zürich 1989.

Edschmid, Kasimir:
- Die kleine Grausamkeit. In: Zeit-Echo, 1. Jg. 1914/15, Heft 6.
- Lebendiger Expressionismus. Auseinandersetzungen. Gestalten. Erinnerungen. München 1964.
- (Hrsg.): Briefe der Expressionisten. Frankfurt/M. u. Berlin 1964.

Einstein, Carl:
- Werke. Band 1 (1908-1918). Band 2 (1919-1928). Band 3 (1929-1940). Berlin 1980/81.
- Anmerkungen. Berlin 1916.
- Die Kunst des 20. Jahrhunderts. Berlin 1926.

Eksteins, Modris: Tanz über Gräben. Die Geburt der Moderne und der 1. Weltkrieg. Reinbek bei Hamburg 1990.

Elger, Dietmar: Expressionismus. Eine deutsche Kunstrevolution. Köln 1988.

Eliel, Carol S. (Hrsg.): Ludwig Meidner. Apokalyptische Landschaften. München 1990.

Engels, Friedrich: Die arbeitende Klasse in England (1845). Berlin 1972.

Ensor - ein Maler aus dem späten 19. Jahrhundert. Ausstellungskatalog Württembergischer Kunstverein. Stuttgart 1972.

Eykman, Christoph:
- Denk- und Stilformen des Expressionismus. München 1974.
- Die Funktion des Häßlichen in der Lyrik Georg Heyms, Georg Trakls und Gottfried Benns. Bonn 1965.

Fischer, Jens-Malte: Fin de siècle. Kommentar zu einer Epoche. München 1978.

Freud, Sigmund:
- Vorlesungen zur Einführung in die Psychoanalyse. Studienausgabe, Bd. I. Frankfurt a. M. 1970.
- Zeitgemäßes über Krieg und Tod. In: Sigmund Freud Studienausgabe, Hrsg. v. A. Mitscherlich, A. Richards, J. Strackey. Frankfurt a. M. 1969 ff. Bd. IX, S. 38.

Fry, Edward F.: Der Kubismus. Köln 1966.

Gassen, Richard W. und Holeczek, Bernhard (Hrsg.): Apokalypse. Ein Prinzip Hoffnung? Ernst Bloch zum 100. Geburtstag. Heidelberg 1985.

Gekle, Hanna (Hrsg.): Ernst Bloch. Abschied von der Utopie? Frankfurt a. M. 1980.

George, Stephan - Gundolf, Friedrich: Briefwechsel. München und Düsseldorf 1962.

Gerhards, Hans-Joachim: Utopie als innergeschichtlicher Aspekt der Eschatologie. Gütersloh 1973 (Diss. 1968, Münster).

Glaser, Hermann: Die Kultur der Wilhelminischen Zeit. Topographie einer Epoche. Frankfurt 1984.

Glaser, Horst A. (Hrsg.): Gottfried Benn. Frankfurt am Main 1989.

Gollek, Rosel: Der blaue Reiter im Lehnbachhaus. München 1974.

Greulich, Helmut: Georg Heym. Leben und Werk. Ein Beitrag zur Frühgeschichte des deutschen Expressionismus. Berlin 1931. Nachdruck Nenndeln/Liechtenstein 1967.

Grimm, G. E.; Faulstich, W.; Kuon, P.(Hrsg.): Apokalypse. Weltuntergangsvisionen in der Literatur des 20. Jahrhunderts. Frankfurt a. M. 1986.

Grimm, Reinhold: Gottfried Benn. Die farbliche Chiffre in der Dichtung. Nürnberg 1958.

Grimm, Reinhold u. Jost Hermand (Hrsg.): Deutsches utopisches Denken im 20. Jahrhundert. Stuttgart 1974

Grochowiak, Theodor: Ludwig Meidner. Recklinghausen 1966.

Grohmann, Will: Expressionisten. München-Wien-Basel 1956.

Gutzen, Dieter: Zur Poesie der Offenbarung des Johannes. In: G. R. Kaiser (Hrsg.): Poesie der Apokalypse. Würzburg 1991.

Habersetzer, Karl-Heinz (Hrsg.): Deutsche Schriftsteller im Porträt. Bd. 6: Expressionismus und Weimarer Republik. München 1984.

Haesaerts, Paul: James Ensor. Brüssel 1957.

Haftmann, Werner: Malerei im 20. Jahrhundert. München 1965.

Hartman, Ludwig: Survey of the Problem of Apocalyptic Genre. In: D. Hellholm (Hrsg.): Apocalypticism in the Mediterranean World and the Near East. Uppsala 1979, Tübingen 1983, S. 495-530.

Heidegger, Martin: Sein und Zeit. Tübingen 1979.

Heiler, Friedrich: Religionen der Menschheit. Neu hrsg. von K. Goldammer. Stuttgart 1980.

Heimann, Bodo: Der Ich-Zerfall als Thema und Stil. Untersuchungen zur dichterischen Sprache Gottfried Benns. In: Germanisch-Romanische Monatsschrift. Hrsg. von Franz R. Schröder. Neue Folge Bd. XIV. Heft 4. Heidelberg 1964, S. 384-403.

Heise, Carl Georg (Hrsg.): Die Kunst des 20. Jahrhunderts. München 1957.

Hellholm, D. (Hrsg.): Apocalypticism in the Mediterranean World and the Near East. Uppsala 1979, Tübingen 1983.

Herden, Editha M.: Vom Expressionismus zum sozialistischen Realismus. Der Weg Johannes R. Bechers als Künstler und Mensch. Ein Beitrag zur Phänomenologie der marxistischen Ästhetik. Diss. Heidelberg 1962.

Heselhaus, Clemens (Hrsg.): Die Lyrik des Expressionismus. Voraussetzungen, Ergebnisse und Grenzen. Nachwirkungen. Tübingen 1956.

Hess, Hans: Dokumente zum Verständnis moderner Malerei. Hamburg 1956.

Heym, Georg: Dichtungen und Schriften. Gesamtausgabe. Hrsg. v. Karl Ludwig Schneider. 4 Bde. Hamburg und München 1964.

Hinz, Manfred: Die Zukunft der Katastrophe. Mythische und rationalistische Geschichtstheorie im italienischen Futurismus. Berlin 1982.

Hoddis, Jakob van:
- Weltende. Gesamtausgabe. Hrsg. v. Paul Pörtner. Zürich 1958.
- Dichtungen und Briefe. Zürich 1989.

Hodin, J. P.: Edvard Munch - Der Genius des Nordens. Stockholm 1948.

Hoffmann, Dieter: Das Weltende in der zeitgenössischen Literatur. Mainz 1972.

Hofmann, Werner: Die Kräfte wachsen. In: W. Hofmann (Hrsg.): Schrecken und Hoffnung. Künstler sehen Krieg und Frieden. Hamburg 1987, S. 36 u. 145.

Hofmannsthal, Hugo von: Ein Brief. In: Gesammelte Werke in Einzel-ausgaben. 15. Bd. Frankfurt a. M. 1979.

Holz, Hans Heinz: Logos spermatikos. Ernst Bloch. Bonn 1965.

Hüppauf, Bernd (Hrsg.): Expressionismus und Kulturkrise. Heidelberg 1983.

Jäger, Ernst Alfred: Reich ohne Gott. Zur Eschatologie Ernst Blochs. Zürich 1969 (Diss. 1967, Basel)

Jähner, Horst: Künstlergruppe "Brücke". Geschichte - Leben und Werk ihrer Maler. DDR-Berlin 1984; Stuttgart 1986.

Jonas, Hans:
- The Gnostic Religion. Boston 1963.
- Gnosis und spätantiker Geist. Die mythologische Gnosis. Göttingen 1964.

Jünger, Ernst: In Stahlgewittern. Berlin 1927.

Kamlah, Wilhelm: Utopie, Eschatologie, Geschichtsteleologie. Kritische Untersuchungen zum Ursprung und zum futuristischen Denken der Neuzeit. Mannheim 1969.

Kamper, Dietmar: Die kupierte Apokalypse. Eschatologie und Posthistoire. In: Ästhetik und Kommunikation 16 (1985).

Kahnweiler, Daniel-Henry:
- Juan Gris. Paris 1946.
- Der Weg zum Kubismus. Stuttgart 1958.

Kaiser, Gerhard R. (Hrsg.): Poesie der Apokalypse. Würzburg 1991.

Kandinsky, Wassily:
- Essays über Kunst und Künstler. Kommentiert u. hrsg. von Max Bill. Stuttgart 1955.
- Rückblick. Einleitung von Ludwig Grote. Baden-Baden 1956.
- Über das Geistige in der Kunst. Insbesondere in der Malerei. München 1912. Neuausgabe Bern 1970.
- Über die Formfrage. In: Der Blaue Reiter. Neudruck München 1965.

Kierkegaard, Sören
- Der Begriff Angst. GW, 11. Abt. Übers. v. E. Hirsch u. H. Gerdes. Gütersloh 1981.
- Die Wiederholung. GW, 5. Abt., Übers. von E. Hirsch. Gütersloh 1980.

Klages, L.: Mensch und Erde. Fünf Abhandlungen. München 1920. (Erst-veröffentlichung in der Festschrift der Freideutschen Jugend zur Jahrhundertfeier auf dem Hohen Meißner 1913).

Klee, Paul: Über moderne Kunst (1924). Bern 1945.

Klemm, Ernst Wilhelm:
- Gloria. Kriegsgedichte aus dem Felde. München 1915.

- "Lazarett". Erstdruck in: Die Aktion 4 (1914).

Knoll, Joachim H. u. Schoeps, Julius (Hrsg.): Von kommenden Zeiten. Geschichtsprophetien im 19. und 20. Jahrhundert. Stuttgart u. Bonn 1984.

Koch, Klaus: Ratlos vor der Apokalyptik. Eine Streitschrift über ein vernachlässigtes Gebiet der Bibelwissenschaft und die schädliche Auswirkung auf Theologie und Philosophie. Gütersloh 1970.

Koch, Klaus u. Schmidt, Johann M. (Hrsg.): Apokalyptik. Darmstadt 1982.

Körner, Ulrich H. K.: Weltangst und Weltende. Eine theologische Interpretation der Apokalyptik. Göttingen 1988.

Kohlschmidt, Werner:
- Der deutsche Frühexpressionismus im Werke Heyms und Trakls. In: Ders.: Dichter, Tradition und Zeitgeist. Bern/München 1965.
- Zu den soziologischen Voraussetzungen des literarischen Expressionismus in Deutschland. In: Literatur - Sprache - Gesellschaft. Hrsg. v. Karl Rüdiger. München 1970. S.3149.
- Die Lyrik Ernst Stadlers. In: H. Steffen (Hrsg.): Der deutsche Expressionismus. Formen und Gestalten. Göttingen 1965, S. 37.

Kollwitz, Käthe: Tagebuchblätter und Briefe. Berlin 1948.

Konrad, Paul: Apokalyptische Zeit. Zur Literatur der mittleren 80er Jahre. Frankfurt am Main 1987.

Korte, Hermann: Der Krieg in der Lyrik des Expressionismus. Studien zur Evolution eines literarischen Themas. Bochum 1978.

Kraus, Karl: Die Fackel, Heft 811, 1929.

Kubismus, Künstler, Themen, Werke 1907-1920. Ausstellungskatalog. Josef-Haubrich-Kunsthalle. Köln 1982.

Die Künstlergemeinschaft "Brücke" und der deutsche Expressionismus. Ausstellungskatalog der Sammlung Buchheim. Bd. 1 und Bd. 2. München 1965.

Künzle, A.: Die Angst als abendländische Krankheit, dargestellt am Leben und Denken S. Kierkegaards. Zürich 1948.

Läufer, Bernd: Jakob van Hoddis: Der "Varieté"-Zyklus. Ein Beitrag zur Erforschung der frühexpressionistischen Großstadtlyrik. Frankfurt/M., Berlin, Bern, New York, Paris, Wien 1992.

Lambert, Malcolm: Ketzerei im Mittelalter. Häresien von Bogumil bis Hus. München 1981.

Lankheit, Klaus (Hrsg.):
- Franz Marc. Köln 1976.
- Franz Marc. Schriften. Köln 1978.

Lehmann, Joachim: Religion und Expressionismus. Dargestellt an der Künstlergemeinschaft Brücke. Halle/Saale 1965.

Lessing, Gotthold Ephraim: Die Erziehung des Menschengeschlechts. In: Lessings Werke. 5 Bde., Hrsg. von F. Bornmüller, Leipzig (o. J.)

Levine, Frederick S.: The Apocalyptic Vision. The Art of Franz Marc as German Expressionism. New York 1979.

Leymarie, Jean: Braque. Genf 1961.

Lista, Giovanni: Marinetti. Paris 1976.

Löwy, Michael, A. Münster u. N. Tertulian (Hersg.): Verdinglichung und Utopie. Ernst Bloch und Georg Lukács zum 100. Geburtstag. Frankfurt a. Main 1987.

Loshak, David: Munch. New York 1990.

Lotz, Ernst Wilhelm: Prosaversuche und Feldpostbriefe. Hrsg. von H. Draws-Tychsen. München 1955.

Lücke, Friedrich: Versuch einer vollständigen Einleitung in die Offenbarung des Johannes oder Allgemeine Untersuchungen über die apokalyptische Literatur überhaupt und die Apokalypse des Johannes insbesondere. Bonn 1832.

Maass, Max Peter: Das Apokalyptische in der modernen Kunst. München 1965.

Mach, Ernst: Beiträge zur Analyse der Empfindungen. Wien 1986.

Mackworth, Cecily: Guillaume Apollinaire und die Kubisten. Frankfurt/M. 1963.

Mann, Otto und Rothe, Wolfgang (Hrsg.): Deutsche Literatur im 20. Jahrhundert. Strukturen und Gestalten. 2 Bde. 5. Aufl. Bonn und München 1967.

Mann, Thomas: Doktor Faustus. Das Leben des Adrian Leverkühn erzählt von einem Freunde. In: Thomas Mann: Werke in zwölf Bänden. Frankfurt a. M. 1967.

Mannheim, Karl: Ideologie und Utopie. Frankfurt a. M. 1985.

Marc, Franz:
- Schriften. Hrsg. von Klaus Lankheit. Köln 1978.
- Das geheime Europa. In: Franz Marc. Schriften. S. 164-165.
- Der hohe Typus. In: Franz Marc. Schriften. S. 173.
- Briefe 1914-16. Aus dem Felde. Berlin 1959.

Marinetti, Filippo Tommaso: Teoria e invenzione futurista. Milano 1968.

Markun, Silvia: Ernst Bloch. Reinbek. b. Hamburg 1977.

Martens, Gunter: Vitalismus im Expressionismus. Ein Beitrag zur Genesis und Deutung expressionistischer Stilstrukturen und Motive. Stuttgart, Berlin, Köln, Mainz 1971.

Martini, Fritz:
- Was war Expressionismus. Urach 1948.
- Georg Heym: Der Krieg. In: Die deutsche Lyrik. Form und Geschichte. Interpretationen. Hrsg. von Benno von Wiese. Bd. 2. Düsseldorf 1962.

Matisse, Henri: Farbe und Gleichnis. Gesammelte Schriften. Zürich 1955.

Maurer, Karin (Hrsg.): Vom Klang der Bilder. Die Musik in der Kunst des 20. Jahrhunderts. München 1985.

Mautz, Kurt: Mythologie und Gesellschaft im Expressionismus. Die Dichtung Georg Heyms. Frankfurt a. M. und Bonn 1961.

Meidner, Ludwig:
- Im Nacken das Sternemeer. Leipzig 1918.
- Septemberschrei. Hymnen, Gebete, Lästerungen. Berlin 1920.
- Mein Leben. In: Lothar Brieger: Ludwig Meidner. Junge Kunst, Bd. 4. Leipzig 1923.
- "Ein denkwürdiger Sommer". In: Der Monat 16, Nr. 191 (August 1964).

Meckel, Christoph: Allein im Schatten seiner Götter. Über Georg Heym. In: Der Monat 20. 1968. S. 63-70.

Metzner, Joachim: Persönlichkeitszerstörung und Weltuntergang. Das Verhältnis von Wahnbildung und literarischer Imagination. Tübingen 1976.

Meurer, Reinhard: Gedichte des Expressionismus. Interpretationen. München 1988.

Michel, W.: Tathafte Form. In: Die Erhebung. Jahrbuch für neue Dichtung und Wertung. Hrsg. v. A. Wolfenstein. 2. Buch. Berlin 1920.

Münster, A.: Utopie. Messianismus und Apokalypse im Frühwerk von Ernst Bloch. Frankfurt am Main 1982.

Musil, Robert: Die Verwirrungen des Zöglings Törleß. Reinbek bei Hamburg 1983.

Muthesius, Ehrenfried: Ursprünge des modernen Krisenbewußtseins. München 1963.

Myers, Bernhard S.: Malerei des Expressionismus. Eine Generation im Aufbruch. Köln 1957.

Nebehay, Christian M.:
- Egon Schiele 1890-1918. Leben-Briefe-Gedichte. Salzburg, Wien 1979.
- Egon Schiele. Leben und Werk. Salzburg und Wien 1980.

Nietzsche, Friedrich:
- Der Wille zur Macht. Versuch einer Umwerthung aller Werthe. In Gesamtausgabe, hrsg. v. A. Kröner. Bd. XV. Leipzig 1911.
- Werke in sechs Bänden. Hrsg. v. K. Schlechta. München-Wien 1980.

Nitzsch, F.A.B.N.: Lehrbuch der evangelischen Dogmatik. Tübingen 1912.

Nolde, Emil:
- Jahre der Kämpfe. Flensburg o. J.
- Das eigene Leben. Köln 1967.

Otten, Karl (Hrsg.): Expressionismus - grotesk. Zürich 1962.

Petroniconi, Hellmut: Das Reich des Untergangs. Bemerkungen über ein mythologisches Thema. Hamburg 1958.

Pfemfert, Franz (Hrsg.):
- Die Aktion. Jg. 1-22. Berlin 1911-32. Photomech. Nachdruck Bde. 1-4. Stuttgart 1961. 5-6 München 1967.
- (Hrsg.): 1914-16. Eine Anthologie. Berlin 1916.

Picasso 1900-1955. Ausstellungskatalog. München-Köln-Hamburg 1955-59.

Pfeiffer, K. Ludwig: Apokalypse: It's Now and Never - Wie und zu welchem Ende geht die Welt so oft unter? In: Sprache im technischen Zeitalter (1982), H. 83.

Pinthus, Kurt (Hrsg.): Menschheitsdämmerung. Ein Dokument des Expressionismus (1919). Rev. Neuauflage Hamburg 1988

Pörtner, Paul (Hrsg.): Literaturrevolution 1910-1925. Dokumente, Manifeste, Programme. Bd. I.: Zur Ästhetik und Poetik. Neuwied 1960.

Raabe, Paul (Hrsg.):
- Expressionismus. Literatur und Kunst 1910-1923, Katalog der Marbacher Ausstellung. Stuttgart 1960.
- Die Revolte der Dichter. Die frühen Jahre des literarischen Expressionismus 1910-1914. In: Der Monat 16. 1964. S. 86-93.
- (Hrsg.): Expressionismus. Aufzeichnungen und Erinnerungen der Zeitgenossen. Olten und Freiburg 1965.

Raphael, Max: Raumgestaltungen. Der Beginn der modernen Kunst im Kubismus und im Werk von George Braque. Frankfurt/M. 1968.

Rasch, Wolfdietrich: Was ist Expressionismus? In: Ders.: Zur deutschen Literatur seit der Jahrhundertwende. Gesammelte Aufsätze. Stuttgart 1967. S. 221-227. (Erstdruck in: Akzente 1956)

Reinicke, Helmut (Hrsg.): Revolution der Utopie. Texte von und über Ernst Bloch. Frankfurt a. Main 1979.

Révész, Geza: Einführung in die Musikpsychologie. Bern 1946.

Riedel, Walter E.: Der neue Mensch. Mythos und Wirklichkeit. Bonn 1970.

Riha, Karl: Deutsche Großstadtlyrik. München u. Zürich 1983.

Ringbom, Sixten: The Sounding Cosmos. A Study in the Spiritualism and the Genesis of Abstract Painting. Turku 1970.

Roberts, David: "Menschheitsdämmerung". Ideologie, Utopie, Eschatologie. In: Bernd Hüppauf (Hrsg.), Expressionismus und Kulturkrise. Heidelberg 1983.

Roethe, Hans K.; Jean K. Benjamin (Hrsg.): Kandinsky. Werkverzeichnis der Ölgemälde. 2 Bde. München 1982.

Rosenblum, Robert: Der Kubismus und die Kunst des 20. Jahrhunderts. Stuttgart 1960.

Rossek, Detlef: Tod, Verfall und das Schöpferische bei Gottfried Benn. Augsburg 1968.

Roters, Eberhard und Schulz, Bernhard (Hrsg.): Ich und die Stadt. Mensch und Großstadt in der deutschen Kunst des 20. Jahrhunderts. Ausstellungskatalog, Berlin 1987.

Roters, Eberhard: Nächte des Malers. In: Ludwig Meidner. Apokalyptische Landschaften. München 1990.

Rothe, Wolfgang:
- Der Expressionismus. Theologische, soziologische und anthropologische Aspekte zur Literatur. Frankfurt a. M. 1977.
- (Hrsg.): Expressionismus als Literatur. Gesammelte Studien. Bern und München 1969.
- Toller. Reinbek bei Hamburg 1989.

Rothstein, Sigurd: Der Traum von der Gemeinschaft. Kontinuität und Innovation in Ernst Tollers Dramen. Frankfurt am Main 1987.

Rubin, W.: Picasso und Braque. Die Geburt des Kubismus. München 1990.

Rubiner, Ludwig: Kameraden der Menschheit. Potsdam 1919.

Rühle, Günther: Theater für die Republik 1917-1933 im Spiegel der Kritik. Frankfurt a. M. 1967.

Scheler, M.: Der Friede unter den Konfessionen. In: Ders.: Gesammelte Werke. Bern u. München 1955 ff.

Schickele, René:
- Unterwegs (1914). In: J. Bab: Der deutsche Krieg im Gedicht. Heft I. Berlin 1914, S. 45.
- Mein Herz - Mein Land. Ausgewählte Gedichte. Leipzig 1915.

Schneede, Uwe M.:
- Die zwanziger Jahre. Köln 1979.

- Edvard Munch. Die frühen Meisterwerke. München 1988.

Schneider, Karl Ludwig:
- Zerbrochene Formen. Wort und Bild im Expressionismus. Hamburg 1967.
Georg Heyms "Krieg I" und die Marokkokrise von 1911. In: G. Damman/K.L. Schneider/J. Schöbel: Georg Heyms Gedicht "Der Krieg". Heidelberg 1978.
- (Hrsg.): Das Leben und die Dichtung Ernst Stadlers. In: Ernst Stadler: Dichtungen. Gedichte und Übertragungen mit einer Auswahl der kleinen kritischen Schriften und Briefe. Bd. II Hamburg (o. J.), S. 148.

Schöbel, Joachim: Georg Heyms Gedicht "Der Krieg I" und die Ge-schichte seiner Deutung. In: G. Damman/K. L. Schneider/ J. Schöbel: Georg Heyms Gedicht "Der Krieg". Heidelberg 1978

Schreyer, Lothar:
- Expressionistische Dichtung. In: Theorie des Expressionismus. Hrsg. v. Otto Best. Stuttgart 1976.
- Erinnerung an Sturm und Bauhaus. Hamburg 1966.

Schröder, Klaus Albrecht u. Harald Szeemann (Hrsg.): Egon Schiele und seine Zeit. Österreichische Malerei und Zeichnung von 1900-1930. Aus der Sammlung Leopold. Zürich 1988.

Schubert, D.: Otto Dix. Reinbek bei Hamburg 1980.

Schürges, Norbert R.: Politische Philosophie in der Weimarer Republik. Stuttgart 1989.

Schulz, Bernhard: Natursehnsucht und Großstadthektik. Der deutsche Expressionismus zwischen "Brücke" und Berlin. In: E. Roters u. B. Schulz (Hrsg.): Ich und die Stadt. Ausstellungskatalog. Berlin 1987.

Schulz-Hoffmann, C.: Mythos Italien, Wintermärchen Deutschland: Kon-stanten der italienischen Kunst des 20. Jahrhunderts im Vergleich mit Deutschland. In: Mythos Italien, Wintermärchen Deutschland: Die italienische Moderne und ihr Dialog mit Deutschland, hrsg. von C. Schulz-Hoffmann. München 1988.

Schumacher, Fritz: Stufen des Lebens. Erinnerungen eines Baumeisters. Stuttgart und Berlin 1935.

Schumacher, J.: Die Angst vor dem Chaos. Über die falsche Apokalypse des Bürgertums. Frankfurt a. M. 1972.

Sebarsky, Serge: Malerei des deutschen Expressionismus. Stuttgart 1987.

Sedlmayr, Hans:
- Kunst und Wahrheit. Theorie und Methode der Kunstgeschichte. Hamburg 1961.
- Die Revolution der modernen Kunst. Köln 1985.

Seiler, Bernd W.: Die historischen Dichtungen Georg Heyms. Analyse und Kommentar. München 1972.

Simmel, Georg: Die Großstadt und das Geistesleben. In: Die Großstadt. Jahrbuch der Gehe-Stiftung. Dresden 1903.

Sokel, Walter H.: Der literarische Expressionismus. Der Expressionismus in der deutschen Literatur des zwanzigsten Jahrhunderts. München 1970.

Spanger, E.: Psychologie des Jugendalters. Leipzig 1925.

Spengler, Oswald: Der Untergang des Abendlandes. Umrisse einer Morphologie der Weltgeschichte. München 1918.

Stadler, Ernst: Der Aufbruch. Gedichte und Übertragungen mit einer Auswahl der kleinen kritischen Schriften und Briefe. Band I. (Hrsg. von K. L. Schneider). Hamburg (o.J.).

Steffen, Hans (Hrsg.): Der deutsche Expressionismus. Formen und Gestalten. Göttingen 1965.

Steinacker-Berghäuser, K.-P.: Das Verhältnis der Philosophie Ernst Blochs zur Mystik. Berlin 1973.

Steiner, Reinhard: Egon Schiele. 1890-1918. Die Mitternachtsseele des Künstlers. Köln 1991.

Stramm, August: Das Werk. Hrsg. v. René Radrizzani. Wiesbaden 1963.

Thomke, Hellmut: Hymnische Dichtung im Expressionismus. Bern, München 1972

Toller, Ernst: Gesammelte Werke. Sechs Bände, hrsg. v. W. Frühwald u. J. M. Spalek. München 1978-79.

Trakl, Georg:
- Dichtungen und Briefe. Historisch-kritische Ausgabe. Hrsg. v. Walther Killy und Hans Szklenar. 2 Bde. Salzburg 1969.
- Nachlaß und Biographie, Gedichte, Briefe, Essays. Hrsg. v. W. Schneditz. Salzburg 1949.
- Werke. Entwürfe. Briefe. Hrsg. v. Hans-Georg Kemper und Frank R. Max. Stuttgart 1984.
- Erinnerungen an Georg Trakl. Dritte erweiterte Auflage. Darmstadt 1966.

Tillich, P.: Der Mut zum Sein. Stuttgart 1958.

Toller, Ernst: Eine Jugend in Deutschland. Amsterdam 1933.

Tüns, Gerhard: Musik und Utopie bei Ernst Bloch. Berlin 1981 (Diss. FU Berlin).

Unseld, Siegfried: Ernst Bloch zu ehren. Beiträge zu seinem Werk. Frankfurt a. Main 1965.

Vietta, Silvio (Hrsg.): Lyrik des Expressionismus. Tübingen 1976 (3. Auflage 1990).

Vogt, Paul:
- Expressionismus. Deutsche Malerei 1905-1920. Köln 1978.
- Geschichte der deutschen Malerei im 20. Jahrhundert. Köln 1972.

Vondung, Klaus: Die Apokalypse in Deutschland. München 1988.

Walden, Herwarth (Hrsg.): Der Sturm. Wochenschrift (ab 4. Jahrg. Halbmonatsschrift, ab 8. Jahrg. Monatsschrift für Kultur und Künste). Jg. 1-21. Berlin 1910-1932. Reprint 1970.

Weimer, Ludwig: Das Verständnis von Religion und Offenbarung bei Ernst Bloch. München 1971.

Weissenborn, Günther: Gedächtnisrede, gehalten am 24.1.1947 am Deutschen Theater Berlin, veröffentlicht in der Zeitschrift "Sie", Jg. 1947, Nr. 5.

Wellershoff, Dieter: Gottfried Benn. Phänotyp dieser Stunde. Köln, Berlin 1958.

Wentzel, Hans: Bildnisse der Brücke-Künstler voneinander. Stuttgart 1961.

Wiese, Stefan v.: Graphik des Expressionismus. Stuttgart 1967.

Wiegand, Wilfried: Pablo Picasso. Reinbek bei Hamburg 1973.

Willet, John: Expressionismus. München 1970.

Wirz, Ursula: Die Sprachstruktur Gottfried Benns. Ein Vergleich mit Nietzsche. Göppingen 1971.

Zech, Paul: Das Grab der Welt. Eine Passion wider den Krieg auf Erden. Hamburg 1919.

Zimmermann, Christel: Gottfried Benn. Sein Werk in der Dimension von "Wort" und "Gestaltung". Bonn 1987.

Zimmermann, Werner: Deutsche Prosadichtungen des 20. Jahrhunderts. Düsseldorf 1989.

Zweig, Stefan: Die Welt von Gestern. Erinnerungen eines Europäers. Frankfurt a. M. 1947.

Abbildungsverzeichnis

Quellenangaben zu den Abbildungen:

Die Vorlagen zu den für diese Dissertation angefertigten Schwarz-weiß-Fotokopien befinden sich in folgenden, bereits im Literaturverzeichnis aufgeführten Werken:

M. Calvesi: Futurismus. Kunst und Leben. Köln 1987 (Abb. 4); M. Ebele: Der Weltkrieg und die Künstler der Weimarer Republik. Stuttgart, Zürich 1989 (Abb. 32, 33, 34); D. Elger: Expressionismus. Eine deutsche Kunstrevolution. Köln 1988 (Abb. 7, 22, 23, 24, 38); C. S. Eliel: Ludwig Meidner. Apokalyptische Landschaften. München 1990 (Abb. 9, 10, 11, 28, 29, 30); R. W. Gassen und B. Holeczek (Hrsg.): Apokalypse. Ein Prinzip Hoffnung? Ernst Bloch zum 100. Geburtstag. Heidelberg 1985 (Abb. 1); R. Gollek: Der blaue Reiter im Lehnbachhaus. München 1974 (Abb. 25, 31); P. Haesaerts: James Ensor. Brüssel 1957 (Abb. 5); Kubismus. Künstler-Themen-Werke 1907-1920. Ausstellungskatalog Josef-Haubrich-Kunsthalle. Köln 1982 (Abb. 2); K. Lankeit: Franz Marc. Köln 1976 (Abb. 26, 27); D. Loshak: Munch. New York 1990 (Abb. 6, 18); W. Rubin: Picasso und Braque. Die Geburt des Kubismus. München 1990 (Abb. 3); Schrecken und Hoffnung. Künstler sehen Krieg und Frieden. Ausstellungskatalog Münchener Stadtmuseum. München 1988 (Abb. 35, 36, 37); R. Steiner: Egon Schiele. 1890-1918. Die Mitternachtsseele des Künstlers. Köln 1991 (12, 13, 14, 15, 16, 17); St. v. Wiese: Graphik des Expressionismus. Stuttgart 1967 (Abb. 19, 20, 21, 39)

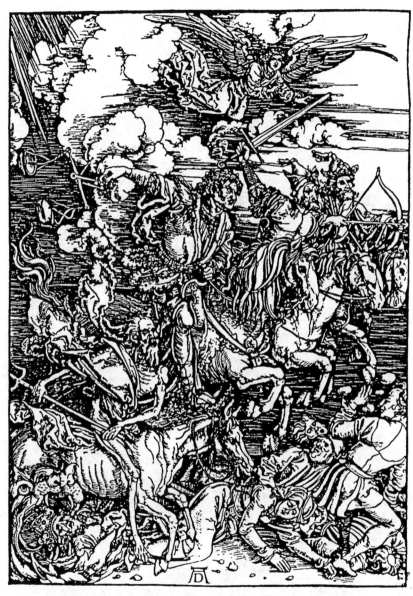

Abb. 1: Albrecht Dürer: Apokalypsis cum figuris, fig. 3, 1498

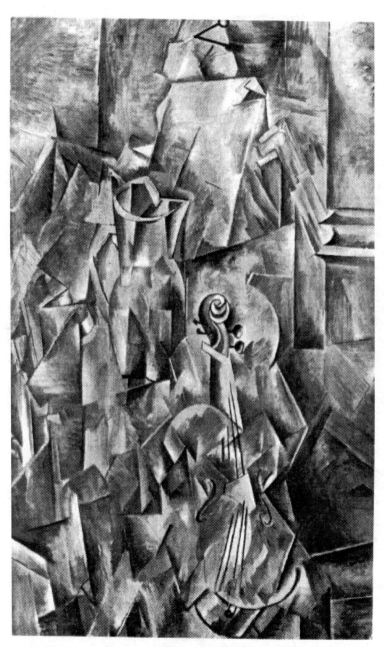

Abb. 2: Georges Braque: Violine und Krug, 1910

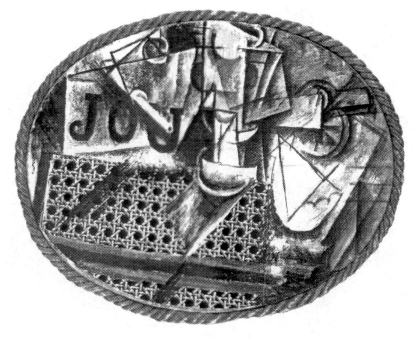

Abb. 3: Pablo Picasso: Stilleben auf Flechtstuhl, 1911/12

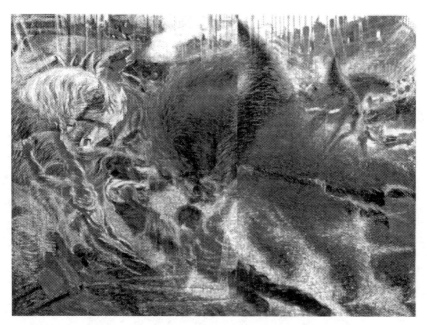

Abb. 4: Umberto Boccioni: Stadt im Aufbruch, 1910

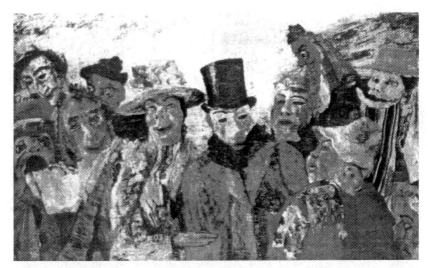

Abb. 5: James Ensor: Die Intrige, 1890

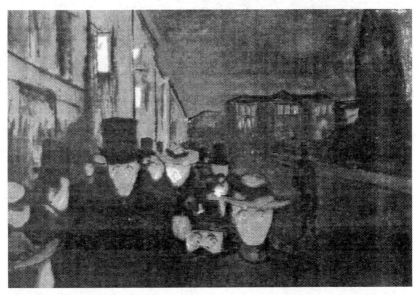

Abb. 6: Edvard Munch: Abend auf der Karl-Johann-Straße, 1892

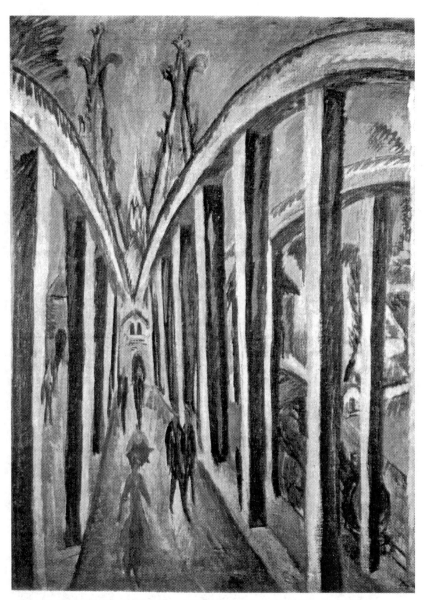

Abb. 7: Ernst Ludwig Kirchner: Rheinbrücke bei Köln, 1914

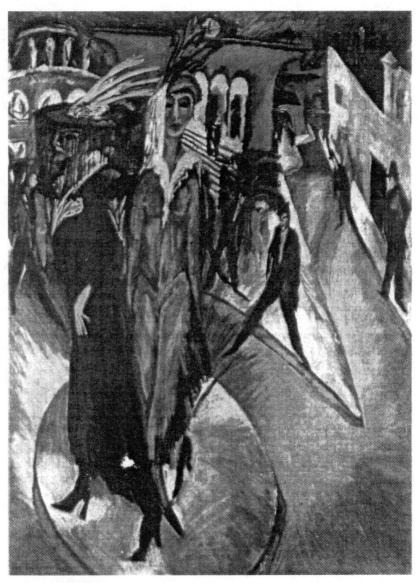

Abb. 8: Ernst Ludwig Kirchner: Potsdamer Platz, Berlin, 1914

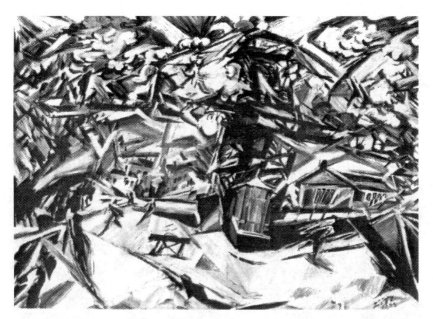

Abb. 9: Ludwig Meidner: Apokalyptische Landschaft
(Spreehafen Berlin) 1913

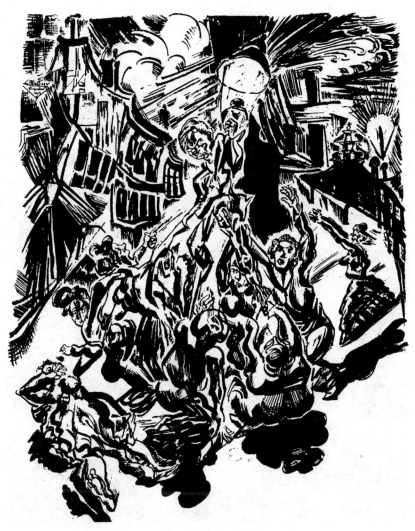

Abb. 10: Ludwig Meidner: Apokalyptische Vision, 1913

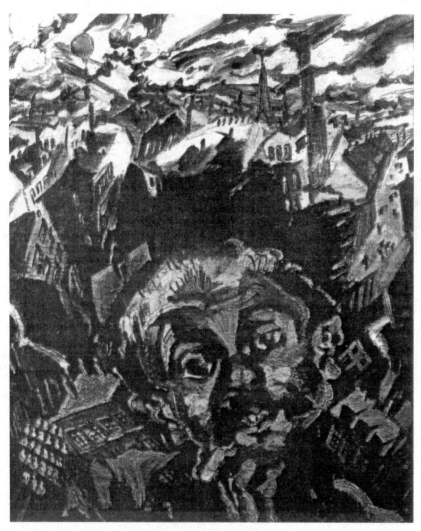

Abb. 11: Ludwig Meidner: Ich und die Stadt, 1913

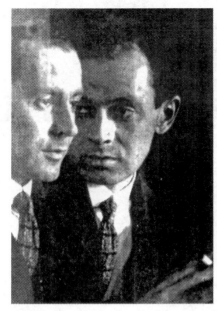

Abb 12:
Egon Schiele vor dem Spiegel
(Photo)

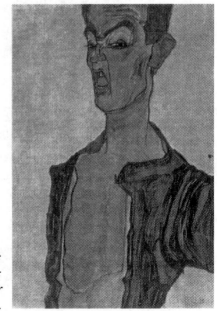

Abb. 13:
Egon Schiele:
Grimasseschneidender
Mann.
Selbstbildnis, 1910

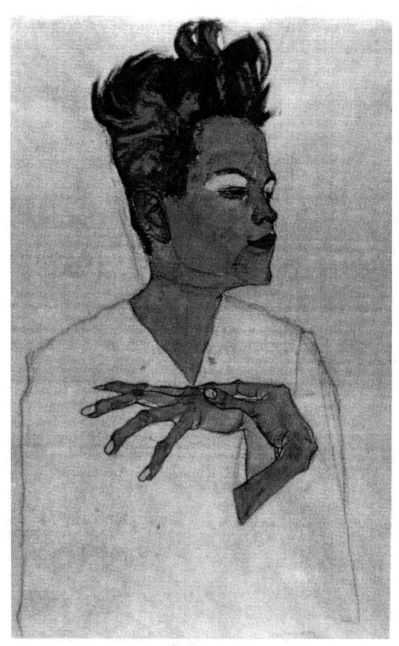

Abb. 14: Egon Schiele: Selbstbildnis mit Händen, 1910

216

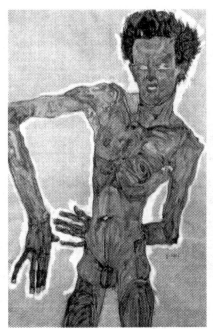

Abb. 15:
Egon Schiele:
Aktselbstbildnis, 1910

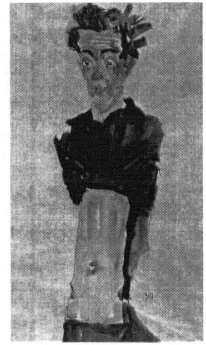

Abb. 16:
Egon Schiele:
Selbstbildnis mit entblößtem
Bauch, 1910

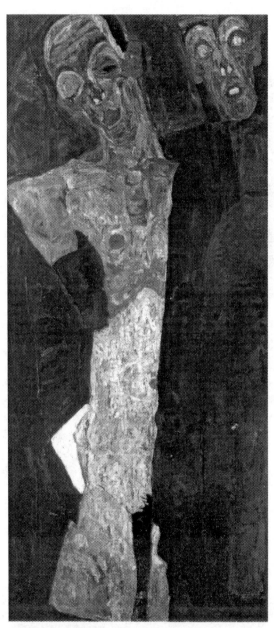

Abb. 17: Egon Schiele: Der Prophet.
Doppelselbstbildnis, 1911

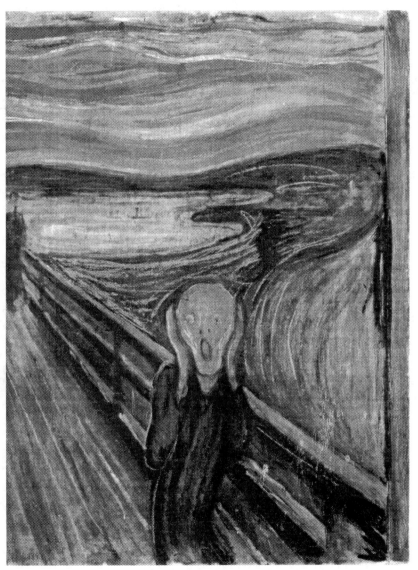

Abb. 18: Edvard Munch: Der Schrei, 1893

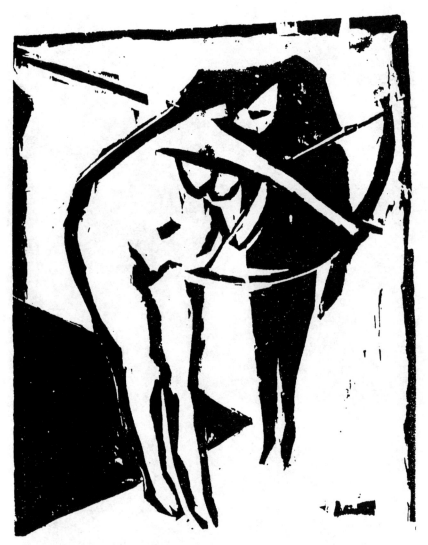

Abb. 19: Ernst Ludwig Kirchner: Akt mit Bogen schießend, 1910

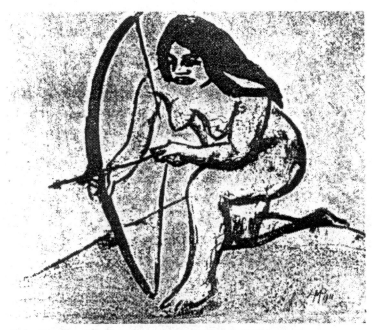

Abb. 20: Max Pechstein: Bogenschützin, 1910

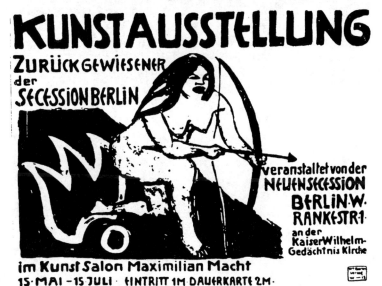

Abb. 21: Max Pechstein: Plakat zur Ausstellung

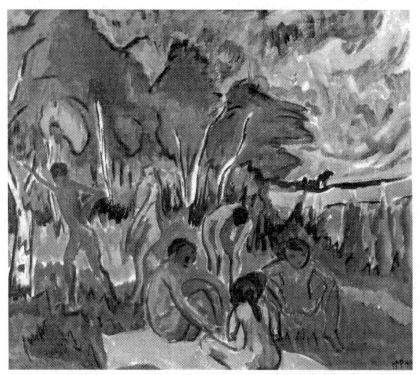

Abb. 22: Max Pechstein: Freilicht. Badende in Moritzburg, 1910

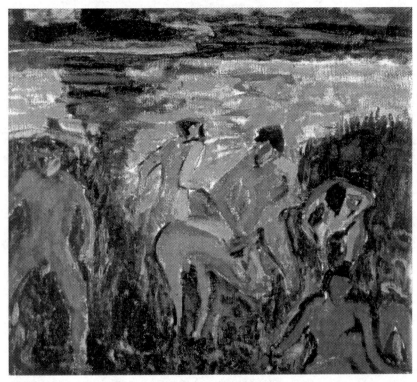

Abb. 23: Erich Heckel; Badende im Schilf, 1909

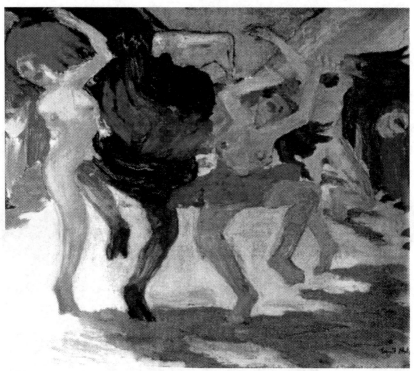

Abb. 24: Emil Nolde: Tanz um das Goldene Kalb, 1910

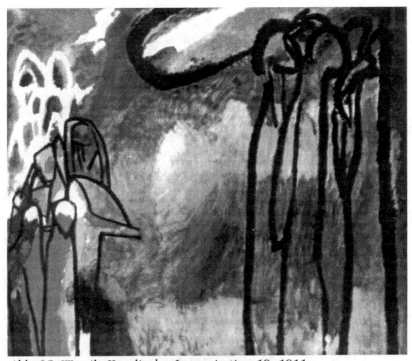

Abb. 25: Wassily Kandinsky: Improvisation 19, 1911

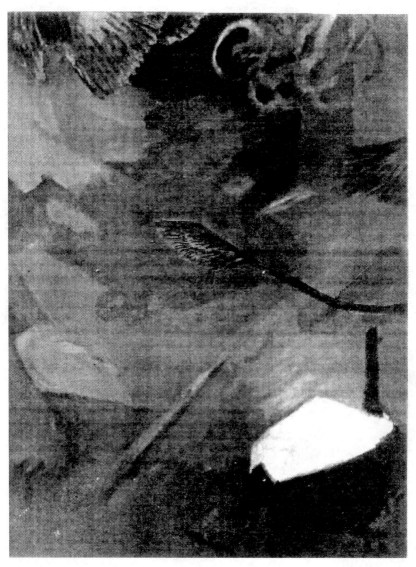

Abb. 26: Franz Marc: Reh im Walde I, 1911/12

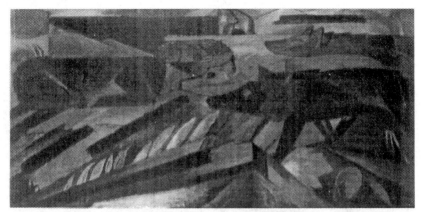

Abb. 27: Franz Marc: Die Wölfe. Balkankrieg, 1913

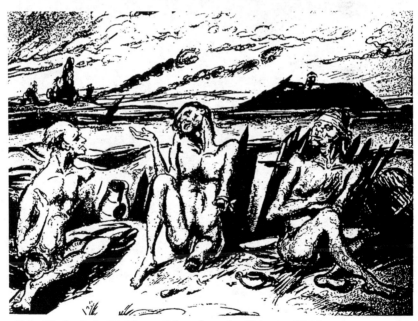

Abb. 28: Ludwig Meidner: Schrecken des Krieges, 1911

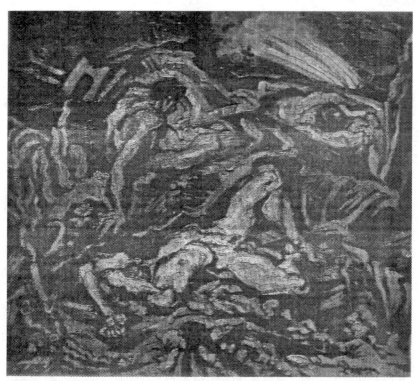

Abb. 29: Ludwig Meidner: Vision eines Schützengrabens, 1912

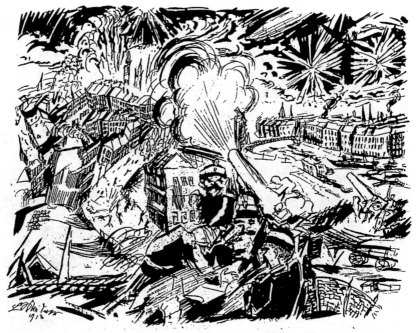

Abb. 30: Ludwig Meidner: Bombardement einer Stadt, 1913

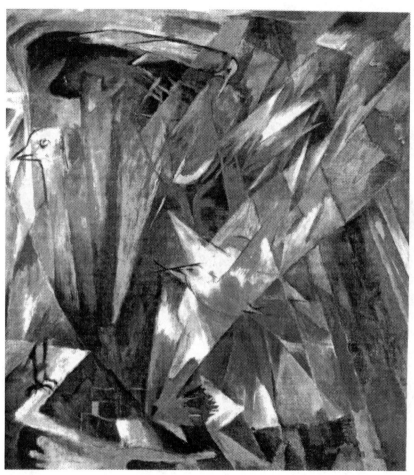

Abb. 31: Franz Marc: Die Vögel, 1914

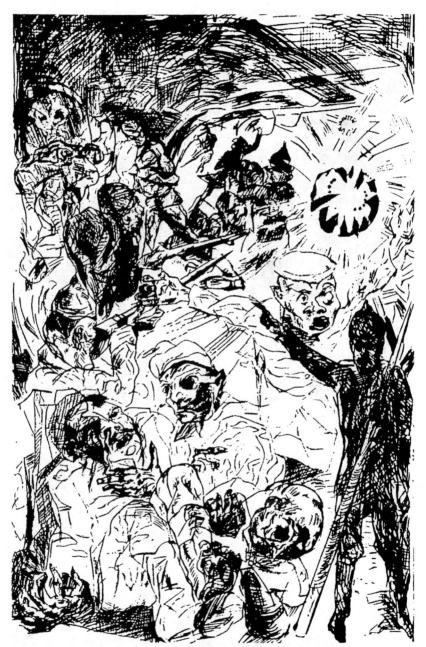

Abb. 32: Max Beckmann: Die Granate, 1915 (Radierung)

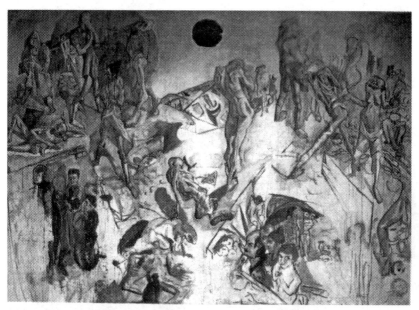

Abb. 33: Max Beckmann: Die Auferstehung, 1916

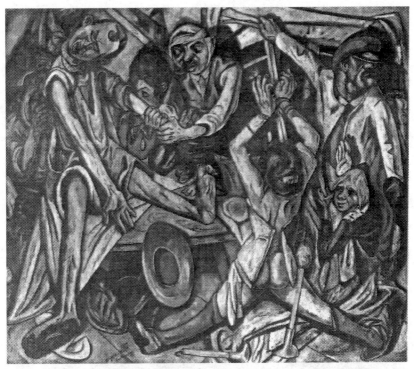

Abb. 34: Max Beckmann: Die Nacht, 1918

Otto Dix: Drei Radierungen aus der Folge "Der Krieg", 1924

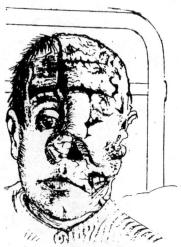

Abb. 35: Toter Sappenposten

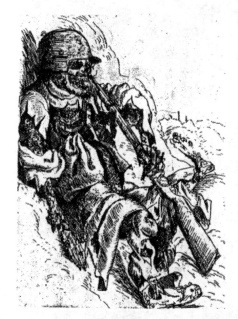

Abb. 36: Transplantation

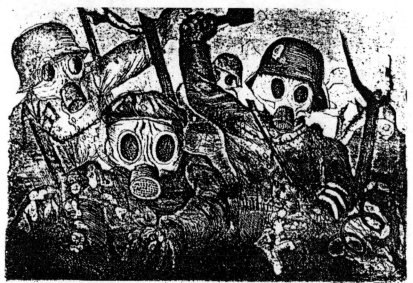

Abb. 37: Sturmturppe geht unter Gas vor

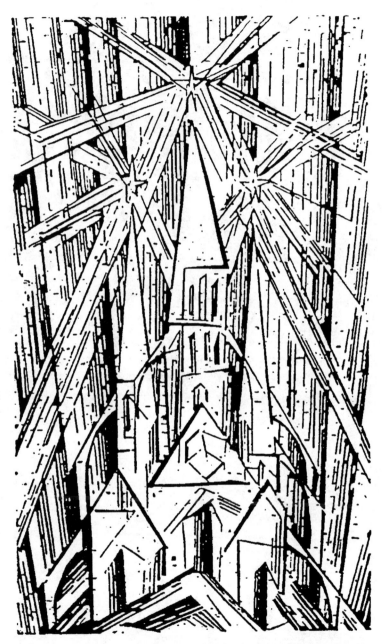

Abb. 38: Lyonel Feininger: Kathedrale des Sozialismus, 1919

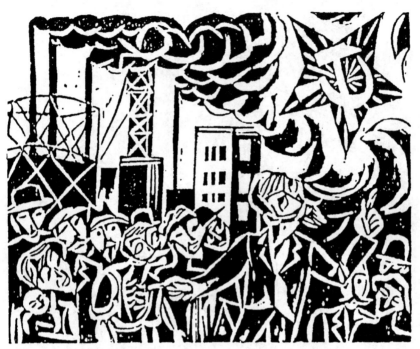

Abb. 39: Conrad Felixmüller: Der Weihnachtsstern leuchtet, 1920